熊十力 著

# 破破新唯识论 摧惑显宗记

十力丛书

03

上海古籍出版社

# "十力丛书"出版缘起

大约在 2006 年，我动念想出版熊十力先生的书，遂与熊先生后人联系。其时我不过是初入出版界的资浅编辑，没想到万承厚女士欣然慨允，给予我极大的信任。万女士为此事咨询王元化先生，元化先生又委托时任上海书店出版社社长的王为松先生主持出版事宜，事情很快落实，由当时我所在的世纪文景公司与上海书店出版社联合出版。

熊十力先生的曾孙女熊明心博士参与了丛书的编校工作，现代新儒家的传人罗义俊先生担任丛书的学术顾问。罗先生不顾久病体弱，亲自参与审稿或复校。王元化先生则将旧文中有关熊先生的片段连缀成《读熊十力札记》以代丛书序，并在前面写了一段引言，据说这是王先生亲撰的最后文字。丛书自 2007 年 8 月起陆续出版，历时两年，而王先生于 2008 年 5 月去世，未及见到丛书出齐。

转眼间十多年过去了，万女士也于今年仙逝。今由上海古籍出版社联合上海书店出版社再版"十力丛书"，因记其始末。新版"十力丛书"改正了不少初版未校出的错讹和不当的标点，将初版遗漏的《论六经》与《中国历史讲话》《中国哲学与西洋科学》等合为一册，《熊十力论学书札》增补了若干新发现的书信，"十力丛书"庶几完备焉。

当时为初版所撰"出版说明"，仍录于下：

1947 年门人刘虎生、周通旦等于熊先生家乡谋印先生著作，名

1

之曰"十力丛书"。盖先生亲定名焉。丛书原拟印先生前期主要著作，因赀力不继，仅印出《新唯识论》语体本及《十力语要》各千部。先生晚年自筹付印《与友人论张江陵》《原儒》《体用论》《乾坤衍》诸书，亦以十力丛书为名，显见先生续成之意。然亦止成数百部以便保存而已。今汇集出版先生前后期主要著作，成为一完整系列，仍决定沿用"十力丛书"之名，亦为完成先生夙愿云。

本丛书编辑体例如下：

一、采用简体横排，以广流传。

二、以原始或原校较精之版本为底本，并参考其他版本点校。

三、依熊先生原文之句读，重施标点。通假字保留；异体字酌改为通行字；凡显系手民误植者，径改不出校记。

四、引文约引、节引或文字与出典稍有出入处，一般保持原貌；与出典差异较大者，予以说明。引文或正文少数缺略的内容有必要补出者，补入文字加〔 〕。原版个别无法辨识的文字以□示之。

补记：《新唯识论》立"翕闢成变"之义，系熊十力哲学的重要概念，为尊重故，丛书中与此相关的"闢"字不简化成"辟"，而写作"闢"。另外适当照顾作者的用字习惯，如"执著"之"著"熊先生习惯写成"着"，古印度论师世亲之兄，熊先生也写作"无着"，今亦仍其旧。

刘海滨

2018 年 12 月 5 日

# 目录

## 破破新唯识论

# 破破新唯识论

# 题　记

　　本书是一部反批评的著作。《新唯识论》(文言文本)1932 年出版后，南京支那内学院刘定权(衡如)于同年 12 月在内院年刊《内学》第六辑发表《破新唯识论》予以驳难，欧阳竟无(渐)特为作序。熊先生随后于 1933 年 2 月出版本书反驳刘著；是书由北平斌兴印书局代印，北京大学出版部等处代售。此次出版即以该版本为底本，并参考中华书局 1985 年本点校。

破新唯識論

此书 1933 年版题签（未署名，疑为著者自题）

近由友人见示某君《破新唯识论》一册，署《内学》第六辑之一。其目曰：《征宗》《破计》《释难》，《破计》又分甲至辛八子目。偶为检视，觉其于吾书完全不求了解，横施斥破。病榻无聊，因取彼文，略为酬正，名曰《破破新唯识论》。仍准彼目，曰：《破征宗》《破破计》《破释难》。客曰："宇宙至大，狂蜂有息，微蚁有声，何况于人，焉得一一喻以吾意？"余曰：子之言达己，而疑于玩世。孟氏有言："予岂好辨哉？予不得已也。"此不得已之心，是何心欤？此不得已之辨，是何辨欤？以不得已之心，行不得已之辨，不容加上一毫作意，是则吾之所以自省。虽然，不得已之心无穷也，不得已之辨则亦有时而穷。挟胜心而不反，无知而难以理喻者，又恶从辨之哉？故如来有所不记，犹言不答。尼父亦曰"吾末如何"。

# 破　征　宗

初阅《征宗》之目，方冀于吾立论宗旨，有所赐正。言有宗，事有君，无君不成乎事，无宗不成乎言，固也。不求其是，不体其真，入主出奴，以为宗君。如是而事，无乃偾事，如是而言，无乃妄言。吾于此凛之久矣。故破者《征宗》，果中吾失，不惮馨香，以承雅命。乃阅《破》文，竟于吾书纲领旨趣全无所触，遑论是非，而徒寻章摘句，拣取枝节，不深维义理得失，轻肆诋诽，此何与于征宗事耶？审破者所陈辞义，本不须驳，然愍其迷执，仍复相酬。

一来破云"熊君自当以诸佛为宗矣。然三性之说，佛口亲宣，诸经备载，今谈三性，则存善恶而废无记，任情取舍"云云。须知：说到本性，善不可名，恶亦奚立？然本性难以善名，却无妨说之为善，经云"清净"，亦即善义。唯断断乎不可说为恶耳。此须将佛家经论，字字反之身心，辛辛苦苦做过一番工夫，方见自性清净。愿勿在名词中作活计，以自误毕生也。至佛家所云三性之"性"字，与吾上言本性之"性"字，原不同义。本性之性，即谓本体。此三性之"性"字可训为德性，乃言乎吾人习心所具之德性也。此须详玩吾书《功能》《明心》两章。德者得也，言此法之所以得成为此法也。如云恻隐之心，即此心以具如是善性而得成为此一念善心法；如云贪心，即此心以具如是恶性而得成为此一念染心法。凡经论言三性者，皆就习心言，无有于本性上说善、恶、无记之三者。如不了此义而自称佛家正统，终是谤佛，此甚可惧也。吾所异夫旧说者，唯不许有无记耳。盖非善非恶，方名无记。记者记别，于善恶两无可记别，只是非善非恶，故名"无记"。吾意此或诸佛菩萨顺俗之谈，未为了义。须知习心动处，不善即恶，未有善恶两非之境。曾涤生言："不为圣贤，便为禽兽。"此盖本之孟子。孟子曰："庶民去之，君子存之。"如彼之意，庶民去此"几希"，即是禽兽，实无有介于圣贤禽兽之间者。不善即恶，势无中立，所谓"道二，仁与不仁而已"。孟子于人生参透深切,自非真志乎为己之学者,何足以语此!又吾幼读《孟子》,至"鸡鸣而起"章,尝发问曰:鸡鸣而起,不孳孳为利,亦不孳孳为善者,其得为舜之徒欤?若不许为舜之徒,而又不许为蹠之徒,则是有舜蹠中间之一流。此于世俗虽复可云,若衡诸真理,则凡不舜者,即皆蹠之徒也。特其为蹠之程度较低浅,而非与蹠为性质之异也。故夫吾人念念之间,不善即恶,未有中立之境。此理须于自身求之,宗佛与否,吾何问哉?设令诸佛现世,吾以此理求证,又安见其不蒙印可哉?

二来破云:"四智之说,佛所证得。今熊君挟私逞妄,于净位中不许有四。"吾请破者深心思维,智义云何?而可横分为四耶?大乘诸经虽言四智,读者切须荡涤胸怀,于言外会意。如彼长者,当明月夜呼诸童稚,以指指月,令共观玩。其聪慧者,不滞于指,故乃指外得月;其愚痴者,凝视指端,竟不观月。凡夫读经,执着名言,何异痴童指端困缚?须知经所言智,即汝本心。此心至明,发之于五官取境,不蒙昧、不倒妄,名"成所作智";发之于意识思维,于一切法称实而知,如理如量,名"妙观察智";不妄计我、我所故,名"平等性智";远离无始戏论言说习气故,名"大圆镜智"。《大论》说赖耶,即是无始戏论言说习气。此所云"戏论"、"言说",含义甚深,别详语录。如是言四,但依义理分际差别立名,而智体实非有四。如许有四,即汝本心亦是分子集聚而成,宁非戏论?世亲、护法诸师于染位中妄分八识为各各独立之体,故于净位亦析智成四。其立说系统虽复井然,而违真害理,则无可为讳。难言哉智也!须做过鞭辟近里切己工夫,自明自了,断非守文之徒,依名辞训释可以相应。

7

三来破云："业报不虚,佛所建立。今谓'业力不随形尽,理亦或然'。或之云者,犹豫之词,然则熊君此语,在己实无定解。以此未能自信之说,立论诏人,宁非巨谬?"今应诘问:吾书是否专为业报立论? 既全昧吾书论旨,而谓吾"以此未能自信之说,立论诏人",是谁巨谬? 夫业力不坏之义,吾固经几度疑情,然最后则自信我愿无尽,吾生无尽。但此理终存于信念上,而理论上则无法证成。以取必于人之共信,故宁或之,以冀人之自行起信而已。自问真实坦白,不作欺人之谈。今请诘难我者,反躬自诘,其果于人生曾发深省欤? 其果能笃信业报欤? 即其言而訾其心之所存,是如何根器,不必能瞒得过明眼人也。宣圣曰:"吾谁欺,欺天乎?"

四来破云："佛说积集名心,《深密经》中具有明文,而熊君任臆斥破,另加诠解。"此但当问:吾斥破为有理否? 另加诠解为有理否? 佛说在当年原是随机,吾侪生于佛灭后数千年,由经文而会其妙义之存可也,若必字字曲与执着,则乃前喻所谓痴童观指不观月也。

五来破云："熊君又云:'昔者印人言世界缘起,约有二说,一转变说,如数论是;二集聚说,如胜论是。学者参稽二说,而观物以会其理焉可也。'是则熊君所谓创作,不过参稽二说,所谓实证,无非观物会理。"破者此段文字,盖深可悼惜,而不足怪责也。破者此处所引,是吾书《成色》章文,此正说明器界。吾人于器界,如何不要观物会理? 即依佛说,后得智缘诸事境,一切如量,又岂不观物会理耶? 但此观物会理,在世俗亦说名"实证"。然与佛家正智缘如之实证,特名词之通用,而义解则绝不相侔。吾书中言实证者,绝不曾有丝毫朦混,姑就《明宗》章引一段为证。《明宗》章曰:"今造此论,为欲悟诸究玄学者,令知实体非是离自心外在境界,及非知识所行境界,唯是反求实证相应故。"此下文繁,不具引。《明宗》章字字有来历,含蓄深广,破者掉以轻心,却是自绝于真理之门。凡吾书言实证处,破者须虚怀玩索,不必妄发议论。至若截取一节文字中"参稽二说"之语,以诋全书,尤属无谓。稍读书知学问者,何至作是语? 且《成色》章动点之说,甚有理据,愿破者勿随便置之。

六来破云"熊君书中杂引《易》《老》《庄》、宋明诸儒之语,虽未显标为宗,迹其义趣,于彼尤近。盖杂取中土儒道两家之义,又旁采印度外道之谈,悬揣佛法,臆当亦尔。遂撷拾唯识师义,用庄严其说,自如凿枘之不相入"云云。夫取精用弘,学问斯贵,博览遍观,唯虞孤陋。吾友马湛翁与人书曰:"耻为一往之谈,贵通天下之志。"此言若近,而有远旨。融摄诸家,讵为吾病? 前过汉上,曾遇人言:"佛家与此土诸宗,理当辨异,毋取融通。"余曰:自昔有三教融通之谈,吾亦唾之矣。其所谓融通,非融通也,直拉杂耳、比附耳。习比附者,绝望于悬解;喜拉杂者,长陷于横通。今古学人,免此者寡。如斯之流,公所弗尚,吾何取焉? 若乃上智旷观百家之虑,虽各有条例,各成系统,而如其分理,不齐斯齐,会其玄极,同于大通。故乃涵万象而为宰,遍征群虑,而自有宗主,否则与拉杂比附何异? 鼓鸿钌而造化,所以异乎拉杂比附者,为其融会贯穿,新有所创,成为化学的变化故也。同归尽自殊涂,百虑何妨一致? 斯固小知之所骇怪,一察之所不喻。宜其等华梵于天渊,比内外于矛盾。道隐小成,明穷户牖,其所患岂浅耶? 昔罗什东来，睹远论而叹与经合，见肇文而欣其解符，此皆三玄之绪也，而什不以为异何哉？远公著《法性论》，什览而叹曰："边国人未有经，便暗与理合，岂不妙哉！"肇公四论，什见之曰："吾解不谢子，文当相揖耳。"远、肇两师之学，其根柢只是三玄，什未尝以为异也。夫学必析异以尽其偏曲，必一贯以睹其大纯，知异而不知同，非所以为学也。吾说未竟，而彼人欣然会心。故知世无宗匠，士溺近习，脱闻胜论，忍碍通涂。往者大乘诸师，盖尝融摄外教，道益恢宏。小师断断，犹不承大乘经为佛说，然印以"无我"，彼亦息诤。今本论亦不违"无我"，如何臆断，罪以乖宗。至疑本论托名唯识，假以庄严，如斯鄙浅，不独未窥是书义蕴，适自表曝其为学无诚。且本论初稿，实宗护法，讲授北庠，闻者犹在。寻知护过，追及世亲，救彼支离，始成《新论》。义既远离唯物，旨亦上符《般若》，本论立翕阖成变之义，显无实物，无实宇宙，即是《般若》照见五蕴皆空义。爰简旧师，曰"新唯识"。旧师谓世亲等。制作既有原由，锡名应从事实，假用庄严，复成何说？

破者所举各项，上来既一一答破。查破者首段文字，既以《征宗》为目，而佛家宗旨云何，破者竟未标明。佛家派别纷繁，要自有公同之宗旨。则其诋吾以乖宗者，为乖何如之宗？且吾书纲领旨趣如何，破者又未有见，但任意截取若干节目与古师不同者，断为乖宗。若尔，则佛家大小乘，派别纷歧，不可纪极，其互相乖违之处真不止千节万目。然则自佛灭后数千年间，大小宗派无一而不乖宗者，其将一切不许为佛家耶？

# 破 破 计

查《破计》中，子目有八，今约为子丑等项，以答破之。

## 子 项

案来破甲目曰"一元之体"，乙目曰"众生同源"，丙目曰"宇宙一体"，今并入子项而论之。核破者此中议论，竟于吾书字句不能通晓，由其全无哲学的常识，故迷谬至此。吾本不欲说此直话，但欲不说而不忍。昔读《五灯》，见宗门大德呵斥昏狂，不稍宽假；奘师拒诸道士之请译《老》注，词甚严峻，盖皆从真实心中流出。人之有失，若己有之，不忍纵容令其藏护，非欲故与人以难堪也。查来破，首引吾书《功能》章文云："熊君曰：'功能者，一切人物之统体，非各别。'又曰：'即宇宙生生不容已之大流，泊尔至虚，故能孕群有而不滞，湛然纯一，故能极万变而不测。天得之以成天，地得之以成地，人得之以成人，物得之以成物。芸芸品类，万有不齐，自光线微分、野马细尘，乃至含识，壹是皆资始乎功能之一元。而成形凝命，莫不各足，莫不称事，斯亦谲怪之极哉！'"以上破者引吾文，而彼遂于次节施破云："此乃以万有为所成者，功能为能成者。能即功能之能，成即成形凝命之成，天地人物得之以成天地人物之成，今故应难曰：力按：破者于本文之前，引吾《转变》章破作者一段文，以其无关，今略未引。若有能成者，当分染净。若是其净，不可成染；若是其染，不可成净。染净不俱，云何世间有二法可说？又能成者，为常、无常。若是无常，不名成者；若是其常，常即无成"云云。此下，不具述。据此，则将吾文中"天得之以成天"等句，竟误解功能为能成，天地人物为所成，如此读书，似不曾有眼目者，宁非怪事？吾书此等文句，征之古代哲学钜典，其相类者不可胜举。如《韩非子·解老》云"天得之以高，地得之以藏，维斗得之以成其威，日月得之以恒其光，五常得之以常其位，列星得之以端其行，四时得之以御其变气"云云。此类文句，自古无有妄解道为能成，天地万物为所成者。今例以破者之解，必将谓《老子》之所谓道者，同于宗教家所立能成天地万物之上帝，此非古今未有之奇谈耶？又如"易有太极，是生两仪"，如破者之解，亦必以太极为能生，两仪为所生，岂不冤杀《易·系》作者？又如《佛地论》言"诸经论说法身诸佛共有，遍一切法"云云。如破者解，必将以法身为所有，诸佛为能有。如兄弟多人共有田宅，而法身遂成诸佛身心以外之境界，便不得说为实体，即法身之名，亦不得立。如此岂不冤杀释尊？上来略举数例,足明吾旨,而能成所成之谬解,宜不待博喻而后释。至破者于丙目"众生同源"下,复申前项迷谬之说,略云:"今应问熊君:万物皆资始乎功能之一元,何以天得之但以成天而不成地与人物?广说乃至何以物得之但以成物而不成天地与人?"须知能成所成之邪执既舍,于此自尔无疑。物各如其所如,故说"如如"。"乾道变化,各正性命。""乾道变化,各正性命",即物各如其所如义。此等无上甚深义趣,破者自无从了知。但来破复云:"又彼号称湛然纯一之功能,既成天矣,何以又能成地与人物?广说乃至既成物矣,何以又能成天地与人?真所谓莫名其妙者矣。"此个"莫名其妙",汝何独难我?经不云乎:"一切法亦如也,至于弥勒亦如也。"汝试问释尊:何故一切法皆如?弥勒亦如?释尊必将大施一棒,杀汝狗命。"狗命"二字,正喻妄想,不是骂汝。须知现前如如的道理,用不着妄想推求。下文犹复有难,愈琐愈迷,毋庸逐答。

破者不晓文句,已如前说,今更言其迷于义旨者。如来破云:"首斥世之为玄学者,构画抟量,虚妄安立,如一元、二元、多元等论,以是驰逐戏论,至于没齿而不知反。今乃谓'万有资始乎一元',是忽不自知早堕入一元论中而他人是哀也。"破者此等攻难,实无理之极。本书《明宗》章,首明玄学所穷究之本体,元非可看作客观独存之境界而寻索之,道在反求实证,故不以哲学家之构画抟量虚妄安立为然。其与哲学上一元论之不同,乃根本精神互异,读者苟虚心详玩吾书全体意思,甚为彰著。至《功能》章显神用之不测,而说万有资始乎一元,此即《瑜伽》说圆成实性譬如无尽大宝藏之意。《瑜伽》卷七十四,取喻无尽宝藏者,显神用无穷。彰其无待,假说为一;有待则不足于用矣。明其体物不遗,假说

13

为元。所谓遍为万法实体，而无有一物得遗之以成其为物者。**此即方便显示总相，何至误会为与哲学上一元论同其旨趣耶？如徒截取"一元"二字而为武断，则经论处处皆明无我，而涅槃四德乃曰"常乐我净"，如破者解，此所言"我"，不亦陷于外道计我之见乎？且评议人书者，必不可不通其书之大旨。本书以方便显示本体之流行，但假有施设，而实无建立。**《唯识》章末云："窃谓体不可以言说显，而又不得不以言说显。则亦无妨于无可建立处而假有施设，即于非名言安立处而强设名言。"又曰："体不可名，而假为之名以彰之。下章'恒转''功能'诸名，所由施设。"此标论趣，所谓空拳诳小儿者是也。见《智度论》。本体上不容着言说，唯证相应，然为彼未证者引令自证，故假与言说，以资引诱，而言说实无可执也。如持空拳诳引小儿，小儿既被引，空拳元无物，言说则亦空拳耳。至《功能》章末云："故乃从其炽然不空，强为拟似。假诠恒转，令悟远离常断；伪说功能，亦显不属有无。"此则随说随扫，所谓不可为典要者是也。理之极至，超绝言思，强以言表，切忌执滞，故本论实未曾有所建立。而破者妄计同于中世哲学上之一元论，何其无识一至此极？

来破又云："三藏十二部经中，固未尝有以众生为同源，宇宙为一体之说。"吾不审破者此语果据何经，而敢为如此背理之言。非至无慧，亦断不猖狂至此。夫言乎习气流转，则众生咸其自己，宇宙亦由其自业发现，固也。如"君子坦荡荡，小人长戚戚"，两人底宇宙全异，由其作业异故。若论到众生本性，则同此一极如如，焉得妄为差别？众生性体既无差别，即"心同分、法同分"义成，又安得谓宇宙本来隔截互异哉？如前所说，君子小人宇宙各异，却非其本来如此，小人本来与君子同一坦荡荡的宇宙。"心同分、法同分"，详见《大论》及

《百法论》。分者类义，心相类似，曰"心同分"，否则他人有心吾不得而忖度也。法相类似，曰"法同分"，如异洲土壤同是地故，异方品物同是物故。马湛翁先生《新论序》曰："睽而知其类，异而知其通，非天下之至精，其孰能与于此？"破者不主众生同源，经说"法身诸佛共有，遍一切法"，此作何解？又言："云何自证法？"谓："诸佛所证，我亦同证，不增不减。"唐译《楞伽》。如非众生与诸佛同体，同源即谓同体。何得成佛有同证事？破者若必以极端个人主义推之于玄学领域，而谓众生本源各别，则是本体界元属众多分子孤立。为有数量，为无数量？若言无者，犯无穷过；若言有者，既有定数，便是死局，而变化之道穷矣。此非以细人之衷测化者欤！须知人生限于形气，囿于熏习，虽若千差万别，而其恒性之大同者，终不容泯灭。佛说"真如亦名遍行"，谓无有一法而不在故。儒先说"不为尧存，不为桀亡"，亦符此旨。性者万物之一源，一切人所同具，故"不为尧存，不为桀亡"，言尧、桀圣狂虽异，其性则同一。奚谓众生而不同源？斯理之昭，其可诬哉？

来破丙目"宇宙一体"下，设难虽多，而实罕有理论上之价值，纯是任臆矫乱，无足酬答。然念破者缚迷，仍为略辨。查来破云："如熊君宇宙一体之计，推其设义，应无渐次可行大地之理，应下一足至一切处故。"此难虽本之《二十论》，然在今日，理论期于精检有据，不贵空言诡辨。纵如所云，若境界非一者，应许一微为一境，或七微所成阿耨色为一境。若尔，则下足时，即下一足便踏无量境界，云何得有渐次行大地义？是汝所陈，适足自陷。下文数番举难，过患同前，琐琐空谈，何须深辨。唯所谓"一多皆就分位施设假立"云云，此在俗谛，吾非不许。而吾所谓

"宇宙一体"者,则乃融俗入真,亦得云"即俗诠真",现前即是无差别相,何事横生对碍。此处吃紧。此天地万物一体之说,与不坏假名而说实相之旨,实相即本体之异语。假名者,凡世语所谓天地万物,所谓宇宙,所谓现象界,皆假名也。即于现象而识得本体,所谓山河大地即是清净本然,元非离现象而别求本体,故云不坏假名,而说实相。并是称理极谈,不必妄分同异于其间也。然破者又否认绝对之"一",有"既言绝对,即不可谓之为一"之语,此病乃极不细。所谓一真法界之"一",破者将作何解耶? 智虑短浅,而敢于轻议,窃为破者惜之。又查来破,复依吾书检举七义以相难。一难交遍义为一体。据《转变》章注文,而难破云:"观此'人人各一北京'之言,明明说非一体,而又谓宇宙真为一体者何耶?"不知《功能》章据胜义,真谛理故,亦名胜义。《成色》章即俗诠真,故皆言一体。至若《转变》章谈活义处,则于一理齐平之中而极尽分殊之妙,一理齐平者,理之极至,无上无容,言诠尽废,故云尔。证真而不违俗,所以成其活义。破者暗于会通,故乃妄兴攻诘。二难圆满义为一体。据《转变》章注,引王船山"大化周流,如药丸然,味味具足"等语,而难破云:"夫药丸之味味具足,由先混合而后成,岂大化亦先混合万有而成者欤? 又医病制丸,非止制一,丸中纵具众味,而此丸犹异彼丸也。故此所云,非真一体。"破者此等攻难,乃绝无价值。喻取少分,凡取喻,不能求其与所喻本义完全相合。诸论诸疏,皆有明文,善因明者,无不知此。今乃单就喻中翻驳,何其不守论轨至此极耶? 三难全分义为一体。据《成色》章"分即全之分,全即分之全"等语,而难破云:"全即一体之异名,一体既待成立,则全亦非极成。全不成故,分亦不成。"如破者此说,全分俱不成,则为绝待之一矣。是既证成我义,何故下文又否认一体耶? 若以万物有逆异相攻便不得为一体者,当汝左手张弓而右手拒之之时,汝将谓两手非汝一体耶? 四难中心义为一体。据《成色》章万方与中枢喻,而难破云:"案彼万方中枢之言,明明非一,而谓一体,不解何谓?"破者试思汝神经中枢与汝四肢百骸亦是一体否? 下文所难,陋劣更甚。所谓一体,元非一合相,见《金刚经》。一体之中有分化,分化而成其一体。神变无方,焉可思议? 五难增上义为一体。据《成色》章"互相系属,互相通贯"等语,而难破云:"案彼所计,以理诠释,皆彼此增上义,非彼此一体义也。"破者此难,尤无意义。如非一体,便互相隔绝,何得增上? 汝目视手持足行,都是增上缘用,将谓汝目与手足既互相增上便不得为一体耶? 六难仁爱义为一体。据《明心》章引罗念庵说,及《明宗》章注"一人向隅,满座为之不乐"等语,而难破云:"案彼所计,但说疾痛相连,不说肥瘠无关。数视侁疾,返辄安眠,虽贤者不免。世间幸菑乐祸,投井下石者,又比比皆是也。乌足以证成众人之心即一人之心乎?"破者此段说话真无忌惮矣。须知汝所云"肥瘠无关"及"投井下石"之心,此乃因拘执形躯而起之染污习气发现。《明心》章下所列诸染心所法,汝所云"心"者属之,此心乃是后起,非本心也。本心廓然大公,便不随顺躯壳起念,即无间我汝,焉有"肥瘠无关"及"投井下石"之事? 本心真诚恻怛,无有作伪,焉有"数视侁疾,返辄安眠"之事? 若其"数视侁疾,返辄安眠"与"肥瘠无关""投井下石"者,皆染污习心用事而障其本心者也。此处吃紧。此等处,须是真真切切做过反躬察识工夫,便自见得。记曰:"不能反躬,天理灭矣。"此语真是"一捅一掌血",与佛家"观照"义旨同符。今人绝不自反,放失本心,而遂以后起染污习气为心。世尊哀愍众生颠倒,如处长夜,此真莫可如何也。来破又云:"若须作宇宙一体观,方能大悲,大悲无缘,作观须缘,云何而能相应?"此种设难,毫无道理。正以悲不待缘,验知一体自尔。众生苦,众生不净,即是佛自心中创痛,以众生与佛本一体故。如吾手足疮痕,便自痛楚。设有问故,答者必曰:手足其一体也,而能已于痛楚乎?断无有妄人狂言曰:彼观手足一体然后痛楚也。佛法至真至实处,即在示人以反求本心。此义宏深,不是心理学所谓内省法。如其舍此,而多闻名相,固前人所讥为入海数沙。即谈空说有,矜玄炫妙,毕竟笼统无据。王船山所谓"如鸟画虚空,漫尔矜文章"者是也。迩来国人言学,群趋考据,则以外人有考古学而相率乐为之。考据固学问之一涂,吾亦何可反对?然为考据之业者,必非视言义理者,亦可顺俗而曰言思想者。以为不根之谈,此则未免太蔽。破者自负读过佛书,而犹不识得一"心"字,其忍不自反欤?七难唯识义为一体,以谓"唯识非唯一识",此固据旧师义以相难。不知他心既是自心所行境,即他心与自心的是一体通贯。如齐王不忍牛之觳觫,谁能隔绝之乎?至作业受果等等不同,则乃习气乘权,是后起事,而非其本来如此也。来破又谓吾"于心之上,更增益一宇宙生生不容已之大流",并据《明宗》章注"此中直指心为体,却是权说"与《明心》章上"心非即本体也"等语,而谓吾于心之上增益一本体。不知吾所谓"宇宙生生不容已之大流",即是恒转异名,实将本心推出去说,却非于心上增益一物。此义在吾《明心》章上,不妨细玩。然又言"心非即本体"者,盖一言乎心,便与物对。虽云本心之"心",其义不与物对，然恐人执着名字，将纯在动端上认体，而不知在动而无动处识体，故言"心非即本体"。欲明感物而动之心非即本体，实非于心之上增益一本体。马祖即说"即心即佛"，而又说"非心非佛"，此是何义？仁者切须用过实功，勿遽寻思戏论。

# 丑　项

来破丁目"反求实证"，此段言说，全无聊赖，如云："熊君有言'十年来患脑病，胃坠，常漏髓，背脊苦虚'，是则熊君是否已止观双运，实证本体者，岂非尚未能有以见信于世欤？"此等戏谑，是否足言讨论学术耶？且佛亦患背痛，见《杂阿含经》。人生不得无病，此何可怪？

来破又摘《明宗》章注"一人向隅，满座为之不乐"等语，而难破云："依据圣言，终不能亲缘他心。"不知亲缘与否，在对境之识上说，犹足研讨。当别为文论之。若说到本心，此即自性流行，元无自他间隔，所谓"心、佛、众生，三无差别"是也。亲缘与否？非此所论，诚知此义终非破者可喻，然世不乏有眼目人，故略及之。

又复当知：《明宗》章谈本心，即显体上无差别。本心谓体。故就本体流行处，如所谓"一人向隅，满座不乐"者，征明座中众人之心即是向隅之一人之心，元来无二无别。此是方便显体，而破者始终不悟，乃引《解深密经》说"识所缘，唯识所现"及"无有少法能见少法"等文，以相难云："据此圣言，凡是所缘，唯识所现，'无有少法能见少法'，如何今一反求，即见众人之心即是一人之心耶?"如此设难,直令人怜其暗昧而末可如何。经言唯识道理,无实能取所取法,与此中直指本心,义理各有分际,如何可牵在一处,令相抵触? 吾更问汝:经言一切有情之类,皆有佛性。汝亦将曰:"依据圣言,'凡是所缘唯识所现','无有少法能见少法',如何今者却见一切有情皆有佛性,岂不圣言自相违耶?"须知众人之心即是一人之心,无二无别,此实待反求而后见,不反求则终不得见。

# 寅　项

来破戊目"真如为体",其首段云:"熊君言'真如一名,大乘旧以为本体之形容词',而以一翕一阖变成天地人物之功能为本体,是则以一翕一阖为真如也。试问凡读佛书者,有此种一翕一阖之真如乎? 以予所据思惟如性之圣言,则所谓如性者,即如所有性。经云:如所有性者,谓即一切染净法中所有真如,是名此中如所有性。此复七种,一者流转真如,谓一切行无先后性。乃至七者正行真如,谓我所说诸道圣谛。而熊君一切不知何耶?"破者此中所引经文,不知破者果解得否? 七真如名义,见《深密》等经。余处尚说有十真如及六种无为等。无为亦真如之代语。破者仅知此七,而乃谓我"一切不知",岂不怪哉! 吾不欲闲谈名相,今诘破者:汝引经言"如所有性"云云,释真如义。"如所有性"究作何解? 汝且平情静气,深心思惟,何谓"如所有性"? 莫漫诵说成语,以不解为解,自欺欺人也。须知"如"谓如常,表无变易，护法所释，犹承经旨。护法只是在用上建立，所以差毫厘而卒至谬千里。若其训释真如一词，则犹本经义，但亦止训释不差而已。若谓实见此理，则由其学说之系统以求之，吾不敢许也。**既了如义即无变易义**，或省言不变，亦即《易》之不易义。**则"如所有性"之旨易明。**经言"如所有性者，谓即一切染净法中所有真如，是名此中如所有性"，此言真如遍为万法实体，实体即无变易，在净法中常如其性，在染法中亦常如其性，荀子"不为尧存，不为桀亡"之说，亦符此旨。**不增不减。**易言之，即一切染净法所本具实性，恒如常故，故说"如所有性"云云。**然复当知，如上所说，亦只于变易法中见不变易**，一切染净法皆属变易法，曰一切染净法中所有真如，即是于变易法中见不变易。**即说不变易名"如"，即谓实体。**昔者远公著《法性论》曰："至极以不变为宗，得性以体极为则。"得性犹云尽性，体极者，体乎不变之极方是尽性。设问：何谓不变？曰：以化言之，万变之繁，万象之纷，皆有则而不可乱。此有则而不可乱者，《易》所谓"至动而贞夫一"也，即此见不变也。以吾人生活言之，视听万变者也，而视恒明，听恒聪。聪明者，天则也，亦"至动而贞夫一"之谓也，亦即此而见夫不变也。若乃目盲于五色而失其明，耳聋于五声而失其聪，是谓"物化"，则失其不变之极，即失其性也。**罗什三藏见之，叹曰："边国人未有经，便暗与理合，岂不妙哉！"**故知此理非由外铄，人人反求便自证知，实无奇特。至如七真如十真如等等，只是随义立名，非谓真如果有多种。恐厌繁文，此姑不述。

上来所说，于变易法中见不变易，即说不变易名"如"。元不曾悬空去想一个不变易法，以为根底，来说明变易，此其所以无妄。此处吃紧。犹复当知，实体是怎样的一个物事，此不应设想。若作是想，便是妄想，便当受棒。故三藏十二部经中，从来没有道得实体是怎样的一个物事，只在变易法中见不变易，即说不变易名"如"，亦即名体而已。《大易》变易不易二义，亦是此旨。故"如"谓如常，本形容词，而亦即以为名词。即以名本体故。此义甚深难知，愿破者勿以轻心掉过。

前来已释经旨，今当解说吾书。查来破谓吾"以一翕一辟变成天地人物之功能为本体"。破者须细玩《唯识》章末斥责护法等于用上建立一段文字。盖用上建立，便将体用截作两片，所谓真俗条然，深乖理极。条然者，各别义。吾书则就本体之流行处立言。体不可直揭，而从其流行强为拟似。拟似犹言形容。顽空不可谓体，故必有用，假说流行。流行即是用之代词。流行即体，元非异体有别实物。流行者即是本体之流行，故不可说其异于体而别有实物，若认流行为有实物者，便与体对待而成二片矣，此不应理。流者不流之流，万有波腾而常寂；行者不行之行，众象森罗而皆空。故乃即用即体，即转变即不变，以此假说功能为本体。立义似创，而旨不违经。来破又谓吾"以一翕一辟为真如"，此则不了我义。一翕一辟所以成变，此即流行之妙也，即神用之不测也。然但曰一翕一辟，则未可名"如"。真如亦省称如。唯夫恒转之一翕一辟，而翕若故反，故与辟反。以成乎物，疑于恒转不守自性，恒转即是功能异名。然同时则有辟之力，以战翕而胜之。即辟以其至健，运乎翕而使之随转，翕随辟转。是则翕非果与辟反，而适以成其辟。于此可见，辟者为恒转自性力之显发，而终不物化以失其自性。此足征恒转之常如其性，亦即于变易中见不变易。故吾书实未尝即以一翕一辟名"如"。唯于一翕一辟之中，辟恒运翕，"恒"字吃紧。而常不失其恒转之自性，"常"字吃紧。即流行即主宰，是乃所谓"如"

也。此理非由外铄，直须反诸本心，自明自了，向外求解，终不相应。佛家破主宰，破执有梵天、神我等主宰耳。此等主宰意义是拟人的，故成邪妄，必须破斥。然亦仅可破拟人的主宰，若必谓一切无主宰，则吾心何以应万感而恒寂然不昧？万变万象何以至赜而不可乱？故主宰者，即于变易法中而见不变易，是名主宰，亦谓之如，亦即谓本体。故主宰义即是体义，乃佛家秘意。若不明乎此，将谓佛家一往遮拨主宰，岂其然乎？总之，吾以翕阖说明变易，而即于变易中见不变易。名为谈变易，实则变易即是不变易。至破者所引经文，本不涉及何谓变易，即不能据此一段经文，以难吾之翕阖成变义。破者须将此段经文，如其本义而求解，于吾书亦依吾说之系统以理会之。但有其融通之义可言者。经云"染净法"者，即谓色心诸行，此亦即是变易法。而经言"染净法中所有真如"云云，便是于变易法中见不变易，此即吾与经旨相通处也。或复难曰："诚如公言'阖恒运翕'云云者，则不应有染法。"曰：阖恒运翕者，言乎本体之流行也。染法者习气，此与形俱始，乃属后起。染法乘权时，其本体未尝不在，特障而不显耳。不然，胡谓染法中亦有真如耶？

来破又云："熊君以因缘说真如缘起，亦显背圣言。圣说真如缘起者，但有所缘缘缘起之义。盖当正智以真如为所缘缘而生起时，能引自无漏种为因，亲生一切无漏诸法，非谓以真如为因缘能亲生一切染净诸法也。"破者此段话，既不解我义，又不了经旨。吾书中何尝"以因缘说真如缘起"耶？吾假施设功能，以显本体之流行，其义屡见前文。细按《新论》，《新唯识论》省称。有以真如为因缘义否？《功能》章明明曰"功能者，即实性，非因缘"。又曰："一切人物之统体，非各别。"旧立赖耶含藏种子，便是各别为因缘,今此功能则不尔。大义炳然,何堪诬乱!破者误会一翕一阘为真如,故作是计耳。至"真如于正智为所缘缘"之说,此虽大乘诸师所言,释尊初无此说,可考《阿含》。然善解亦自无病。若不善解,便是谤佛。汝以正智为能缘,真如为所缘,是真如成为能缘心外之境,此非戏论而何? 须知正智缘如之说,假名智为能缘,即此能缘,恒自明自识故,假说缘如。即义说如为所缘,而实无有能所可分,智即是如,非谓异于正智而别有如体为智所缘缘也。本书《明宗》章所谓"自己认识自己",义本宗门,此即正智缘如之的解。谓之自明自识自证均可。《明心》章上有一段谈返缘义,亦可参会。须是本心呈露,方说此事。若纯任习心作主,则本心障而不显,凭何说自明自证事耶? 学者不反求诸本心,但分析名相是务,乃言正智缘如亦有四分,四分义,详《成唯识论述记》。则真如遂成为所缘境相,等诸演若迷头,实堪哀愍。至来破所谓"当正智以真如为所缘缘而生起时,能引自无漏种为因,亲生一切无漏诸法",护法诸师有知,亦当呵斥。据护法义,正智缘如时,只是正智挟缘真如体相,挟者逼附,挟缘即是能缘入所缘,冥合若一。然虽云挟缘,毕竟说真如体相作相分,说正智为能缘见分,实已分别能所。此时冥证如故,离诸法相,何所谓无漏种亲生无漏诸法耶? 岂以真如为无漏种新生之法乎? 护法亦无此邪计。护法所误者,在以如为相分耳。

# 卯　项

来破己目"种子为体",其首段文云"当知经论建立种子,有

24

其因缘。世间外道,或执无因,或执不平等因,谓诸法皆共一因,而此一因不待余因。如有执一大自在天、大梵、时、方、本际、自然、虚空、我等,体实遍常,能生诸法。是故世尊出现于世,宣说缘起正理,显示诸法空相,谓一切法依他众缘而得生起,因果平等,都无自性。是故不说一法为诸法本,能生能成一切诸法,三乘圣教,《中观》《瑜伽》,莫不如是。说唯识者,亦以方便显示缘起,表无我性,世亲、护法亦如是"云云。破者此中过失极大,一不了缘起说之变迁故,二不了种子义之变迁故。云何不了缘起说变迁耶? 世尊为愍众生迷执无因外因种种邪见,难入正法故,无因者,谓计执万物无因而生。外因者,如计执从大自在天或大梵等等而生者,是谓外界有独存之实法,而为吾生之所自,故云外因。先于声闻法中说十二缘生,令自观生,非无因,亦非外因故。缘生亦名缘起,缘者由义,由此有故彼有,此生故彼生,说名缘生。十二缘生,见《缘起经》等。今说缘生故,非无因;然此缘生,即显吾人生活内容唯是种种作用相依有故,却无待于外故,故非外因。十二缘生者,所谓无明缘行,无明者,黑暗义、惑义。行者,造作义,自意中审虑至发为身业语业,通名"造作"。有无明故,行乃得生,故说无明为行之缘。众生所有造作,皆依惑故有,伏曼容所谓"万事起于惑",亦此旨也。行缘识,识者分别,由惑而有造作,同时亦依造作而有虚妄分别。凡人于造作时,必有解释与俱,然其解释即是虚妄分别,无正解也。识缘名色,有虚妄分别故,名色即俱有。"名色"一词,今不及释,旧说即谓"五蕴"。案五蕴者,即赅吾人心身与世界而通名之耳,识亦在五蕴中,而别出言之,以分别力殊胜故。说识于名色为缘,即别法望总法为缘。名色缘六入,有名色故,六入即俱有。六入者谓"六根",取境力胜故,故特举之。案六入即是向外追取的六种工具。六入缘触,有六入故,触亦俱有。识依根取境时,领似其境而起变异，此名为触。**触缘受**，受者领纳于境，而有情味。由有触故，即有受生，故说触于受为缘耳。**受缘爱**，由有受故，爱亦俱生，爱力滋润生故。**爱缘取**，由有爱故，取即俱生。取者追求义，种种追求故。**取缘有**，即前行乃至受，为爱与取所滋润故，转名为有。**有缘生**，由有故，说有生。**生缘老死**。由有生故，便有老死。**此十二缘生**，亦名"十二支"，谓无明为一支，行为一支，乃至生为一支，老死为一支。又名"十二因缘"，即此十二支，以此有故彼有，此生故彼生，名因缘故。今此中略释十二支名义，据《缘起经》等，与基师《唯识述记》四十七所说有异。基师据护法种子义及第八识而为诠释，此非元初本义，故不尽依之。**明众生如是结生相续**，谓无明与行，乃至老死，此十二支，相缘而有，所谓众生生命，即此诸缘幻结而不散失，故相续不绝。乃纯就人生论上立言，是为缘起说最初本义。十二缘生说，大端极精切，学者须实体之身心之间。自后大乘诸师谈缘起者，虽复不废十二缘生，然实别有阐明。大抵进于宇宙论上之观察，而依据阿毗昙人"诸法从四缘生"之说，明一切法缘起无自性，即众缘都空。以此方便显无实宇宙。《中论·观因缘品》偈曰："因缘，次第缘，缘缘，增上缘，四缘生诸法，更无第五缘。"青目释曰"一切所有缘，皆摄在四缘，以是四缘，万物得生"云云。此中所谓因缘，通色法心法皆有。所谓次第缘，缘缘，唯心有法。次第缘者，谓前念心为缘而能引生后念心故。缘缘者，谓能缘心以境界为所缘缘而得生故。青目释缘缘通一切法，非正义。所谓增上缘，亦通色法心法皆有。案《观因缘品》先叙述四缘，而后乃一一遮拨，文繁不及引。原夫四缘之指，已明一切法依众缘生故，都无自性，即由一切法无自性故，而众缘亦都无自性。以众缘唯是依一切法假施设故，众缘空故，一切法空。一切法空故，众缘空。是则阿毗昙人所施设者，大乘犹从而遮拨。不施设四缘，无以成缘起义；不遮拨四缘，更无以明缘起胜义。方设即已含遮，虽遮亦何妨于设。大乘依彼施设故遮，依阿毗昙人所设而故为遮之。方显缘起正理，若有设无遮，即有实众缘和合而生诸法，是则成为构造论，而深乖缘起正理。令入法空，证知实相，实相即实体之异语。此为大乘缘起说。校以《缘起经》所谈，不得不谓为一大变迁。《缘起经》止谈十二缘生故。然大乘学至无著、世亲兴，始唱有论，而多与龙树、提婆立异，故其谈缘起亦显背《中观》之旨。无著作《摄论》授世亲，始建立实种子，彼之种子是实有的，故说为实种子。而别立赖耶识以含藏种子。遂说赖耶中种与诸法互为因缘，诸法谓前七现行识，赖耶中种子与前七现行识作因缘，而生起前七现行识为果。然前七现行识熏发习气，亦潜入赖耶而成为新熏种子，是前七现行识又与赖耶中种子作因缘，而新熏种子乃为其果云。自无著至于护法，其言因缘，与以前说因缘者异指，当别为文详之。又说八现行识有增上等缘。现行者，现前显现义，即识之异名，今联识作复词用。彼立八识，故云八现行识。现行识相望，互为增上缘。复言等者，等取所缘、无间二缘。自其立种现互为缘生，而种子如众粒集聚，现行诸法亦如多数分子集聚，如是而谈缘起，有立无遮，明明成集聚论。比元始阿毗昙人所言，更为死煞，此义当别论之。若与《中观》相较，则此真为戏论矣。案验之无著、世亲立说系统，事实如此，其可视为与已前大乘《中观》说法为同趣耶？自非入主出奴，何至有此见地？故缘起说在大乘师自无著、世亲以后，乃不善变而失妙义。昔尝与友人言，自无著迄于护法之种现缘起说，却亏他构造一个宇宙。而破者乃一切不曾留心考索，所谓不了缘起说变迁者此也。云何不了种子义变迁耶？无著以前诸大乘师，未说种子有实自体。有实自体者，犹言个别的实物。如敦煌出《大乘稻芉经》本谈十二因缘有云："识者以种子性为因，业者以田性为因。"东晋译本略同。此解释行缘识义，行者业之异名，参看前十二缘生中。几乎以种子为识之况喻词，非谓别有能生识之实法可名为种也。自无著《摄论》盛彰种子六义，其一曰"刹那灭"，谓此种子前灭后生，非是恒常之体故。其二曰"恒随转"，谓此种子自类相续故。每一种子皆是前灭后生，而不断绝，如吾昨日之我与今日之我，只是前灭后生，自类相续故，非是昨我不灭恒住至今。又彼计不断者，以不遇对治故。此条颂文在第三，想因文便，今以与第一义次比，故先第二义叙之。其三曰"俱有"，谓与所生果法俱时而有故。彼计种为能生因，现行识是所生果，俱时犹言同时，因果二法同时有故。其四曰"决定"，谓此种子各别决定，不从一切一切得生，种子是个别的，故各别生果，决定不相杂乱，非谓一切种各各能遍生一切法。从此物种还生此物。此物种子，还生此物，而不生彼物，所以为各别决定。其五曰"待众缘"，谓此种子待自众缘，方能生果，非一切时能生一切，若于是处是时遇自众缘，即于此处此时自果得生。如眼识种子，必待空缘明缘及根依等众缘遇合，而眼识种子方得生自家眼识果。其六曰"引自果"，谓此种子但引自果，如阿赖耶识种了，唯能引生阿赖耶识，如稻谷等，唯能引生稻谷等果。以上据世亲释。详此六义，明明谓种子为个别的实法，而与现行界作能生因，依彼所计，一人底全宇宙即是八现行识聚，即此八现行识聚，得说为现行界。能所条然，种子是能生，现行是所生。因果条然，种子是因法，现行是果法。不容淆乱。种子界与现行界，不可淆乱而并为一谈。种子个别，各生自果，都不容淆乱。上来所说，种子如众粒集聚，现行诸法亦如多数分子集聚，义实如是，岂可矫诬？《瑜伽》第五，说有七种子，今此乃举《摄论》者，《瑜伽》网罗宏富，种子义但是泛说及之。《摄论》首成立唯识，其谈种子始成有系统之学说，故此归本《摄论》。逮至护法，并建本有新熏、两类种子，彼计一切种子底来源，有是法尔本有的，有是从现行识熏发而新生的，故为两类。其过尤重，俟后略谈。故种子义，自无著以下，始建立为实法，而穿凿不嫌太过，前此大乘诸师盖未有如是说者。而破者绝不究其变迁之概，乃以无著派下之种现缘起说，谓与《中观》同趣，曾不悟其以集聚之谬论坏缘起之胜义，可毋辨哉！可毋辨哉！集聚论者不独昧于观变，乃其无以入法空而证实相，则尤为过之大者。

来破又云："熊君计有恒转实体，不从因生，能生万有，违佛缘起性空之理，已同外道胜性邪说矣。"此则完全不了我义。吾假说恒转，以方便显示本体之流行，此与数论胜性有何相似？彼实有所建立，则此但是假说。参看子项中破能成所成一段文，及破拟一元论一段文。彼立胜性，是妄构一恒常法为根柢，以说明变化，此则于流行识体，此语吃紧。绝非悬空妄构。参看寅项谈真如文。两义判别，奚啻天壤，而破者乃一例诋为邪说，恶乎可哉？至云"违佛缘起性空之理"，尤所未喻。诸佛菩萨说缘起者，在当时元是应机说法，若其真实义趣，只欲明诸行性空，令证实相而已。诸行者，色心诸法之都称。诸行无自性故，即是性空。识得此意，即不沿用缘起说，而但无背于诸行性空之理，则不得谓之违佛非法。况缘起说之内容在大小乘已屡变，如前所述者耶。须知本书所说一翕一阖、刹那顿变义，翕阖即是变，此变顿起即灭，故是顿变，非渐变。刹那刹那，都是如此。自一方面言之，刹那翕阖，顿起顿灭，无实色法，无实心法，无实宇宙，即是诸行性空之理，何背《中观》？又自一方面言之，刹那翕阖，顿起顿灭，即是不起不灭。顿起而即顿灭，不曾暂住，则未尝起个甚么物事，故是不起。既不起矣，则何所灭耶？故云不灭。理实翕阖皆幻，元无起灭。参详吾书《转变》章及《功能》章末。故乃变而不变，行相空故，实相湛然。诸行之相既空，当下即证实相湛然不虚妄义。此实上符《中观》了义，孰是有智，而忍诋以邪说哉？

来破谓余"不了立种深意，遂生三误：一误现界以种子为体，二误现界以真如为体，三误两体对待有若何关系。三误蔽于中，妄言发于外，谓'自护法说来，真如遂成戏论也'"云云。破者遂乃分三端以破我，今亦准彼三端而答破之。

来破一曰"其误现界以种子为体者，彼以'护法计有现行界，因更计有功能，沉隐而为现界本根，字曰因缘。功能为现界之因，隐而未显；现界是功能之果，显而非隐。两相对待，判以二重，功能为能生，其体实有；现界为所生，其相显著。截成两片，故非一物。显而著相者，其犹器乎？隐而有体者，其犹成器之工宰乎？'案熊君所陈护法大概，并非护法之旨。护法说现行生种，种起现行，种子前后自类相生，皆是因缘。功能现行互为因果，互为能生，互为所生，皆待缘生，而岂但以功能为现界本根，字曰因缘耶？而岂但以功能为能生因，现界为所生果耶？"云云。破者此番辨难，于各个问题全不分别，可谓笼统已极。须知现行生种，种起现行，种子前后自类相生，此是三个问题，不容淆乱。今分别言之：云何"种子前后自类相生"？据护法等义，既已建立种子为现界本因，然则此种子为如何之体？是恒常法欤，抑为生灭法欤？解答此一问题，则说种子是生灭法，而非恒常法。每一颗种子，皆是前后自类相生，故说前念种与后念种作因缘。如吾昨我方灭，今我方生，即是昨我与今我作因缘。云何"种起现行"？彼所为建立种子者,本以说明现界。彼计现界,必有实法作根柢,为其所从生故。若不尔者,现界即无因而生,不应理故。为解决此一问题,故说种子能生起现行,故是种界与现界作因缘。云何"现行生种"?彼既立种,复计种子当有来源,故说种有本有、始起。护法立此两类。然本有者,法尔而有,此不容问。法尔犹言自然。其始起者,于何而起?为解答此一问题,故说"现行生种"。谓前七现行识所熏习气,潜入本识而成新种故,眼等识乃至第七识,对第八识而名前七。本识者,赖耶之异名。故云现行与始起种子作因缘。如上三个问题分析明白,则吾于其间任取一问题而加以评判时,脱有难者,自应就该问题范围以内讨论,而不当牵入他问题,以致淆杂难理。吾书就护法"种起现行"之一问题中而判决之。彼于此,的是以功能为现界本根,字曰"因缘",彼之功能,即其种子异名。的是以功能为能生之因,现界为所生之果。故如彼计,即现界以种子为体,是义决定。破者援引彼义,明明曰"种起现行",试问现行既因种起,则种子非现行界之本体而何?此其义实如是,焉可故意矫乱耶?《三十论》具在,一切足征,吾无误解,破者自误耳。至汝所谓功能现行互为因果,互为能所,不外欲成其种现互为缘起之说。然案彼立义,既将种界现界划分为二,即前述种子六义已可见,《三十论》卷二说因果两种能变,显然两重世界。种界又是众粒集聚,现界又是分子集聚,其碎杂游离如此,今即说互为能所因果,以穿纽于其间,亦只成就机械论,而何当于缘起正理耶?《中观》谈缘起性空,果如是耶?

破者又言"护法种现互生之义,见《成唯识论》第七'有为法亲办自果之因缘,其体有二:一种子,二现行'之言是也。辨论

31

至此,有一要义须先陈述,方可著说。所言要义者,何也？盖以体用之名所诠之义,印度与中国截然不同故也。中国体用之说固定,印度则不固定。有以种现皆称体者,《识论》第七'因缘之体有二：一种子,二现行',种子现行统谓之体是也。是则所谓体者,泛指法体而言,而岂玄学中与现象相对之本体哉？有以本识为体,种子为用者,《识论》第二分别种子云：'此与本识及所生果,不一不异,体用因果,理应尔故。'此中固以本识为体,种子为用,种子为因,所生为果,是也。是则种现相生,互为因果,则种与现即互为其体,而岂独种为现之体而已哉？熊君体用之旨不明,无怪第一误也"云云。破者此段话,真是谬妄不堪名状,本不须置答,且料答亦难晓破者,然又不忍不答。

破者谓"中国体用之说固定,印度则不固定",此真愚妄之谈,毫无义据。须知名必有所表,故欲辨名所诠之义者,必从其所表之物。此"物"字系虚用,有物无物,通得言物。体用之名,大概有一般通用及玄学上所用之不同。今先言玄学上所用者,玄学用为表示真实之词,真实即谓本体。则体用之名似分而实不分,不分而又无妨于分。无用不名体,无用便是顽空,即宇宙人生一切都无,如何说有实体耶？故才言及体,已是即用而言,如何可横截体用为二片以成固定之说耶？体必有用,故所谓用,即是本体流行。但不可认取流行以为体,唯于流行中识主宰,方是识体。又何可为固定之说而体用全不分耶？中国宋明诸子说体用,大抵不外此旨,而王阳明尤透澈。印度佛家,除护法等误将体用截成两片外,十二部经具在,苟会其微,则古德所谓"个中若了全无事,体用何妨分不分"者,说到实体,那可当作经验界的物事去推观耶？此意难索解人。何妨分不分者，即上文所说义。庶几得之。由此而言，即谓中印体用之说都不固定可也。然兹所云不固定者，盖依真实义而说名体用，则此体用之名，似分而实不分，不分而又无妨于分，故说为不固定。此与破者所谓不固定之意义，乃全不相侔，至下当知。因论生论。哲学家言有实体与现象二名，俨然表有两重世界，足以征其妄执难除。东土哲人，只言体用，便说得灵活，便极应理。识得此意，则所谓现象界者，元依大用流行而施设如是假名。易言之，万有现象即依流行中的虚伪相貌而假名之耳，元非有如世俗所执宇宙或实物事可名为现象界。"元非"一气贯下读之。盖乃荡除一切所执，现象界即妄计所执。而观于流行，乃即用以识体，亦不于流行之外觅体。是以体用之名，分而不分，不分而分，恰善形容真实道理。而破者乃绝不见及此，是大可愍事。上来已说体用名之用于玄学上者，今次当言一般通用处。所谓一般通用者，即此体用名非依真实义立。若依真实义立者，则此体用名，乃最极普遍而无所不冒之名，所谓妙万物而为言者是也。今此一般通用者，略分甲乙两类。甲类中，即如随举一法而斥其自相，皆可名之为体，如云瓶体；随举一法而言其作用，皆可名之为用，如云瓶有盛贮用。破者曾言"所谓体者，泛指法体而言"，即此类也。乙类中，如思想所构种种分剂义相，亦得依其分剂义相，而设为体用之目。若《三十论》卷七说因缘义，即出示因缘体相，体相者复词，实只一"体"字。此一例也。然破者于此误解，俟下方明。至破者举《识论》卷二说"本识为体，种子为用"者，亦是论主依彼所构此等分剂义相，而设为体用之目，以表示彼此分剂义相有相互之关系。盖种子与本识，在论主思想上说，此二名所表，各有其分剂义相,故乃各为之名。既各为之名,而一曰种子、一曰本识,以表其各种分剂义相,而又于此各种分剂义相之间,表其相互之关系,则乃以种子之名望本识之名,而更名为用,彼计种子是本识相分故。以本识之名望种子之名,而更名为体。彼计种子依止本识中,故说本识为体,即是以所依名体,谓种所依故,故于种为体。此又一例也。如上等例,不可胜举。大抵吾人思想所构,无往不有分剂义相。即如吾方作无想时,此无之所以异于有,而同时不能以无为有者,此即无之分剂义相。亦即此分剂义相,说为无之自体。若无而无其体者,则吾岂能作无想而不以为有耶?夫无既有其体,则亦有其用可言。盖无亦成其无之轨范,能令人于彼作无解而不误以为有者,此亦得说为无之用。夫无且有体用可言,况其他无量分剂义相乎?总之,体云用云,在一般通用之情形之下,自可随因法义而指名其为体或用,法者即前所谓"如瓶等",义者即前云"分剂义相"。初不固定为或种法义之专称。破者所谓"印度体用之说不固定"者,其意亦如此,故与吾前所谈不固定之旨,绝不侔也。然破者之所谓不固定,在中国又何遽不尔?即如吾侪中国人常语,于瓶言瓶之体,岂此"体"字遂固定为瓶之专称,不得以言人体或杯体等等耶?用亦准知,不劳烦说。唯破者此中辨体用名,仅略就一般通用言之,又毫无条贯。而于玄学上所谓体用,竟全无理会,此其失不在小,不可不自反也。且破者所举《识论》说因缘体之例,大概属寻常论理与文法范围,而犹不通,不亦异乎?

破者据《识论》第七谈因缘文,而谓"有以种现皆称体者,《识论》第七'因缘之体有二:一种子,二现行',种子现行统谓之体是也"。破者如此误解《论》文,不得无辨。佛家诸论,系统精严,每树一义,必令在其全系统中定有明晰之义界,而使人易于明了。《识论》亦循此轨,故彼论每标一义,即先出体。《论》说因缘云:"谓有为法亲办自果。"言因缘者,以其能亲成办自果法故,故得名因。《述记》疏云:"此即总出体讫。"《论》复继言:"此体有二,一种子,二现行。"《述记》疏云"此别出体"。案出体者,具云出示体相。体相复词。彼既立因缘,则必规定因缘之义界,不然,因缘一词便模糊笼统,何以成其为因缘?亦何以令人生解?既定因缘义界,即说此义界名因缘体。故彼论说及因缘时,必先出示因缘之体。初以亲办自果,总出因缘体。次又以种子现行,别出因缘体,以种子现行皆得为因缘故。义亦见前。据《论》言"此体有二","此"字明谓因缘。《述记》疏为"别出体",亦甚分明。盖谓因缘之体又别为种、现二种。故此中规定种现二法为因缘之体,却非以种现皆称体。须知说"以种现皆称体"与说"规定种现二法为因缘之体",此二词内容之分别甚大,不可混淆以失《论》旨。吾本不欲为此等处费笔墨,但以佛家论籍,致严出体,而不肯少涉含糊笼统,此其所关甚大,彼其因明、声明诸学之发达,与其哲学上理论之深宏,即于此可征,故乘便及之云耳。

　　破者不承认护法建立种界以为现界之本体,而不知由护法之立说以刊定之,彼实已铸成此等大错,而无可为辨。夫论定古人之学,莫要于析其条理以观其贯通,莫忌于笼统而胶执。析条理,观贯通,则其有无矛盾与他种错误可立见也。笼统胶执,则无可与言是非矣。破者不肯承护法以种界为现界本体。本体亦省言体。今应诘汝:依据护法等所立八现行识聚而言,则俗所谓宇宙者，无他，实只此八现行识聚而已矣，此说汝亦首肯否？若汝于此不能有异，吾更诘汝：护法等不说种起现行耶？料汝亦曰：彼等固云种起现行。然则现界既因种界而得生起，何故不肯承种界为现界之体耶？案《识论》卷二，说能变有二种，一因能变，二果能变。其所谓"因能变"者，即谓种子是能变，由此为因而起现行，故说种名"因能变"。太贤《学记》卷二第二十四页"因变种子生现行"，此解与论文合。基师《述记》卷十二，解"因变"便支离，余昔在北京大学所撰《唯识讲义》曾辨正之，后阅《了义灯》，知当时已有辨也。所谓"果能变"者，谓现行识自体分上变现相见二分。如眼识所缘色境即是眼识相分，而了别色境者即眼识见分。此相见二分所依之体，名眼识自体分。由现行眼识自体分上变现相见二分，即是于一体之上现起二用。眼识如是，耳识乃至第八赖耶识，皆可类推。"果"之为言，即目现行识之自体分。此现行识从种生故，故望种而名果。种望现而名因，现望种而名果。现行识从种生已，而有自体，即于其自体分上变现二分，注见上文。故说现行识自体分名"果能变"。自体分亦名自证分。据此，则护法等明明将种现划为二重世界。种为能变，而起现行，现行自体复为能变，而现相见。据种子六义中果俱有义，现从种生时，即自变现相见二分，不可说因果二变有次第也。如此二重世界，分析明白。唯现因种起，毕竟种界是根柢，故说种界为现界之体，理实如是，岂堪诬乱！又复当知，护法本衍世亲之绪。世亲出入外小，晚乃向大，尝为《金七十颂》造长行，足知其受影响于数论者甚深。数论立胜性以为变易之根，世亲立种为现变之因，颇与相类。但有不同者，则不以种为恒常法，而又为赖耶所摄持耳。要其大端甚似，则无可掩。至其种为个别，现亦析为复杂分子，既析八识，每一识又分心与心所,而诸心、心所法,又各各析成三分乃至四分。则又与集聚论者如胜论师同其色彩。余以为世亲、护法诸师之学,大抵融冶胜、数两大学派之说为多。基师《述记》,于此二宗亦特别甄详,隐为推迹,可谓善作述者已。学者稍理世亲、护法一派之脉络,则其有立种以为现界本体之嫌,虽起彼等质之,谅亦无可自解。况护法更立"本有种"。本有种者,法尔成就,不由后起。既建此以为生起现界之因,则虽欲不说种为现之体,而亦不可得矣。吾故恒言,护法等在用上建立,实违《般若》"诸行无自性"之旨。以此征其未见真如,宁为轻薄古哲耶? 彼既误立种为现之体,而又不能不说真如为体,则真如焉得不成为戏论耶? 来破第二,谓余"误计现界以真如为体",而妄断吾书"以一翕一辟为真如",此实不解我义。既已酬正如前,兹可勿赘。但现界之实体即如,具云"真如"。此义如何可说为误,想破者实隐持种为现体之邪见耶。此处注意。来破第三,谓余"误计两体对待有若何关系",护法明明说真如即是识之实性,凡言识者,有对所缘而言者,有综全现界而言者,此则目现界。而又立种为现之体,真俗条然,无可融释,云何不应问彼两体对待若何关系耶? 或谓立种为现之体者,是俗谛义故。若入真谛,则唯说真如名体,两不相妨。不知如此说法,便是真俗条然,无可圆融,云何应理? 须知顺俗而无所建立,故得真俗圆融。顺俗者,随顺世俗而谈诸法相,天亦名天,地亦名地,万物亦名万物是也。无所建立者,不于俗谛中建立实法,令悟天地万物无实自性,即是诸行性空,方乃融俗入真,而即俗全真矣。今护法等,于俗谛中建立种现两重世界,而又以种界为现界之根源。俗中既建立实有,更无从融俗入真,即真俗条然各别,成为两重实在。护法的是如此。破者又谓余"务以一法为先物之实体",此则始终不了吾假说恒转之深意。吾书明明主张于流行识体，焉得有一法为先物之实体耶？破者又谓"护法动依缘起，说诸法无自性"，盖始终胶执种现互为缘生及互为其体之说。不知护法等既建立两重世界，一为众粒集聚之种界，一为复杂分子集聚之现界，而又假缘起说以自文，乃说种现互为缘生。若以此为彼两重世界之穿纽则可耳，而何当于缘起正理耶？

《新论》第六十九页注云：当反观时，便自见得有个充实而光明的体段在。破者驳曰："此种昭昭明明境界，正禅宗所诃之光影门头。"吾以诚言正告破者：如何是"光影门头"，须用过一番苦工再说，莫漫判决别人境界也。

# 辰　项

来破庚目"一翕一辟"，破者摘《明心》章上"恒转者至静而动，本未始有物也"一大段文，而横破云："案熊君以自性为辟、为心，以显自性之资具为翕、为色，皆恒转所幻者。详其由来，与《太极图说》相似。昔人考《太极图说》，道家授受之物，与孔《易》大不相侔，而熊君袭之。其'恒转'云云者，即'无极而太极'句意也。其'辟'云云者，即'太极动而生阳'句意也。其'翕'云云者，即'动极而静，静而生阴'句意也。其'翕辟'云云者，即'一动一静，互为其根，分阴分阳'句意也。不过熊君以翕显辟，为稍异耳。又翕色辟心之义，不外袭横渠《正蒙》之余唾。"破者此段话，不独不了我义，而实未了《太极图说》。如能了《图说》者，何至出此混乱语哉？谓《图说》出于方士传授者，此本朱子发，而于其持论，犹未加评议。独朱晦翁极力彰阐其义，视与六经同尊。朱子亦自持之有故，容别论之。陆梭山起而非之，以为此当是伪托周子，不然，或是周子少时之作，而其后盖已不道之。晦翁不然梭山，象山复是梭山而与晦翁抗辩，其所诤大抵在"无极而太极"一语。朱、陆对扬，旗鼓斯烈，莫能相伏。然吾侪今日依文究义，终以梭山、象山之说为是。案《图说》与《易》悖者，不止"无极"二字，其言阴阳动静，尤为乖谬。汉儒言《易》，曰"阳动而进，阴动而退"，是阴阳皆以动言之也。征之《乾》曰"行健"，《坤》曰"行地无疆"，《程传》亦行健义。可谓深得《易》理。今《图说》曰"太极动而生阳，静而生阴"，是以动静分阴阳，明与《易》反。宋以后儒者，大抵受此说影响，皆以动言阳，以静言阴，其昧于化理亦甚矣。夫《乾》《坤》皆言动而不及静者，非无静也，言动而静在其中也。动而贞夫一，即动而静也，故不离动而言静也。《图说》离动静而二之，乃曰："太极动而生阳，动极而静，静而生阴，静极复动。一动一静，互为其根；分阴分阳，两仪立焉。"详此所云"动极而静"，"静极复动"，则方动固无静，待动之极而后静；方静固无动，待静之极而后动。若尔，即当其动而生阳时，阳为孤阳；及其静而生阴时，阴又为孤阴。岂有此偏至之化理耶？且太极不可说是一物，又宁有动而不静或静而不动之时哉？周子《通书》有云："动而无静，静而无动，物也。意谓物件是死的东西，如有使他动移，他只是动，便没静，如任他静止，他只是静，便没动。动而无动，即动即静。静而无静，即静即动。神也。"此说明明与《图说》相反，可谓深于知化。惜乎二陆当时与朱子诤，竟未及此也。吾兹不暇深详，且止斯事。破者若了《图说》,则何至妄诬吾之翕辟义与彼有关耶? 吾书《转变》章谈翕辟一段文中,有重要义,破者须明。盖首言翕辟只是动力之殊势,只是两种动势,故曰"殊势"。翕似幻成乎物,而实无物,故不能作静象观。此与《图说》言"静而生阴"者,根本异旨。阴者以言乎物也,《图说》于物作静象观,而不观动势,故言静而生阴。次则吾言翕辟两种动势,却是同时,翕辟非有次第,故假说同时,实则无所谓时间。若不同时俱有,便是孤独成变,无有此理。此与《图说》绝对无可牵附。而破者乃曰:"其'辟'云云者,即'太极动而生阳'句意也。其'翕'云云者,即'动极而静,静而生阴'句意也。其'翕辟'云云者,即'一动一静,互为其根,分阴分阳'句意也。"不知彼以阴阳分属动静,而吾之翕辟则皆就动言,何可拉杂而谈? 彼明明曰:"动极而静,静极复动。"其动静阴阳确不同时,彼离动静而二之,故云非同时。与吾言翕辟为同时以反而相成者,义旨自绝不相侔。又彼动静异时,不独孤阴孤阳,难以语变,就令主张以前后相反而成变,而其前之孤行也,既逞极端,其后之反而孤行也,必将为其已甚。此于人事中固有之,而以此测大化之流行,则是众生颠倒见也。以颠倒见测化理,益执为固然,斯颠倒无已时也。此处吃紧。吾以翕辟同时言变。辟必备翕,若令故反;翕实顺辟,而非果反。如是成变。是于法尔道理如实观察,而后敢言。此岂可以《图说》"动极而静,静极复动,分阴分阳"者诬之耶? 稍有智者,而肯如此妄语耶? 破者又曰"'恒转'云云,即'无极而太极'句意"。不知此句朱、陆相诤,后之学者犹未有定论,破者又未自标一解。然则彼句尚无定义,凭何妄断吾言"恒转"即彼句意耶? 破者于《图说》与吾书都不通晓,徒欲厚诬吾书,敢出妄语,此非学人所宜,辄为悼惜。至云"翕色阖心,袭《正蒙》余唾",尤为狂谬。破者既未明征《正蒙》何义,横诬袭唾,此不成语。横渠精思固足多,然其虑封于有取,论堕于支离,与吾翕阖义元无合处。夫理在目前,往往不容傥获;学期征实,每每积累有得。吾于翕阖义,固非率尔偶立。盖略言之:自吾有知,冥窥物变。荣枯生死,待而成化。虽在童年,骇然怪叹。受书已后,思唯此义,犹不舍旃。二十年前,曾有一小文记其事。泊夫稍长,始获三玄。道以反动,一二及三,老氏之绪言也。有宗兄省吾者,昔尝畅谈此义,今其墓木拱矣,思之弥痛。"日夜相代乎前,而莫知其所萌",庄生之深于观化也。"乾坤相荡,阴疑于阳必战",《大易》之妙于语变也。以彼玄言,验之吾所仰观俯察、近取远观之际,颇有神契。然犹藉闻熏,习闻书策而启发故。未足语于真自得也。弱冠以还,躬与改革。人事蕃变,涉履弥亲。但觉群力交推,屈申相报,众流汇激,正反迭乘。盖豁然旷观,而深有味乎事变之奇。爰以人事,推明天化,道因反动,变不孤行。是事恒尔,决定决定。及乎年已不惑,卧疾湖山,悠悠数载,孤遁冥搜,深穷心物问题,益悟宇宙无实。心物都无实自性,即是无实宇宙故。自反而知,此心只是刹那顿现,无住而突进,强名为"翕"。无住者,刹那顿起顿灭故。突进者,前刹那方灭,后刹那即又顿起故。又进之为言,显其力用盛大开发不息故。于是谛察一切物事,都不作静物观。不作静止的物事看。审知物象,实是一种动势,幻现似物,而实无物。此幻现似物之势,即名为"翕"。如此观变,庶几儒先所谓"鸢飞鱼跃",只是活泼泼地意思。万象繁然,求其公则,要亦唯变所适,而不可执定象以为楷准,变无不活故也。变无穷故,故幻作万象。万象互相依缘,而不凌乱,故有公则。求此公则，非可执定象以为准。所谓"定象"，本无实故，唯随变所之，幻现众象，会而有则耳。故达变者乃循物则而不泥，此意甚深，幸勿忽之。至此，已谓如实谛观，不同浮泛知见。忽尔自觉，如上所云，反观内心只是刹那顿阖，起不暂住；外督物事，唯动而翕，幻现似物，亦无物得住。虽复及此，终是内外乖分，不得融一。盖久之荡然默识，而后遣内外相，恍然吾心通万有为一体，此中"心"谓本体，非与物对之心。翕非离阖而孤现，阖乃故翕而成用。奇哉翕阖，相反相成，彻内彻外，只此翕阖之流，而实无有内外可分。自此实悟无所谓小己，无所谓宇宙。只此翕阖之流，刹那刹那，顿起顿灭，刹那刹那，顿灭顿起，如此流行不息，犹如闪电，至活无迹。此语吃紧。然犹有见于变，无见于不变。久而益反之当躬，而得夫阖恒运翕而不肯物化者，于此见自性之恒如，参看《新论》谈翕阖处，及此篇前文谈翕阖各处。而灼然于流行中识主宰，当下承当而无疑也。以此印之《般若》《中观》"空诸行相，而证实相"，以此印之《涅槃》"常乐我净，非无主宰"，都无不合。于是《新论》之作，乃由变化之观察而一反世亲、护法等之集聚论，此非故为立异，直自言其所可自信者而已。

来破有言"案熊君以乖本成物为翕，以如性成心为阖。心转物而不为物转，为阖之战胜于翕者。胜败之数视转与被转，更视其数之多寡。熊君以矿物、植物、动物及大多数之人类为被转，其为转者，不过人类中极少数之出类拔萃者，多寡之数判然矣，判之为战败可也，而谓战胜，谁欺？"破者此段话，混乱至极。夫所谓"心转物而不为物转，为阖之战胜于翕者"，此是何义？若会得时，三藏十二部经无非说此事而已。"战胜"之言，即形容心能转物而不为物转之意。若此义不成，又有何佛法可说耶？言理者，主其大常而已，天下岂无反常之事？若无反常事，即亦不说有真常道理也。心转物而不为物转，此是真常之理。然不能遂谓有生之类都能尔尔，若诚尔者，又何须说心转物而不为物转之理耶？无反常事，即不显真常理，愚者自不了此。破者谓余"以矿物、植物、动物及大多数之人类为被转"云云，此全违我义。徒矫乱吾书文旨，横摘字句，令成冲突。不知立言各有分际，吾书《明心》章上，第六十一页，谈生命力之显发一段文，略谓"生命力以凭物而显故，亦常沦于物质之中，胶固而不得解脱。此征之植物与动物而可见者"云云。繁不具引，并无"矿物"字。又言："虽人之中，除极少数出类拔萃者外，自余总总芸芸，其心亦常放而易坠于物。然使勇决提撕，当下即是，《大易》所谓'不远复'也。"此段义旨，须就本段上下文而如其分际以了解之。盖此中直从生命力之显发而言，因生命力之凭物而显，遂有为物质所缠锢之惧。然而有生之类，则正以此故，而其心力乃有从物质缠锢中而得战胜之殊绩。若根本不至受物质缠锢，则又说甚心能转物而不为物转哉？此前所谓"无反常事，即不显真常道理"也。故此中从植物、动物，说到人类，征明心力逐渐开展。动物虽不远过植物，而固已云过之。参看《新论》。至人类，则心能特著，一提便醒，如何不是心转物而不为物转耶？如何不是心力终能破物质之缠锢而战胜耶？经论所谓破相缚者，亦即此义。此又何所冲突耶？且佛说众生皆有佛性，而又说众生颠倒，由破者见地言之，不亦佛语自冲突耶？破者混乱之谈，满纸皆是，直是使人短趣，以此费笔语真不值得。至破者下文所举，其劣又甚。如云："熊君既

43

主张阖以胜翕,却又教人法坤。"法坤见吾书二十七页,《转变》章附识。吾之翕义,本与《易》之坤道为近。翕之收摄凝聚,固与阖反,而有物化之嫌矣。但非有收摄凝聚,则亦何以显阖乎? 坤之承乾,亦谓其收凝而有显乾之功耳。学者若一任流散,而不法坤以作收摄保聚工夫者,则本心日以放失,焉得自识真体而不物化以殆尽耶? 汝读佛书,所学何事,而于此绝无知晓耶? 又云:"既信奉生物进化,却又教人复初。"不知生物进化到人类,其灵明乃盛启,其天性乃得显。观于植物,只有生机表现于外,几无所谓内部生活。动物似有内部生活可言,然甚暧昧。惟人则灵光独曜,迥非动植之比,是能发挥其大性固有之良者也。复初者,即谓发挥其天性固有之良耳。生品下者,其生命力受物质之缠锢,即其天性固有之良不得发展也。故复初说与进化说,无所抵触。破者又言:"既说浑然一体,却又说分化以显。"查破者于上语,注云五十八页,于下语,注云五十六页。按五十八页,系《明心》章上,此中无"浑然一体"四字。但该页中文义,则言本心周遍,无在无不在,不有彼我,不限时空而已。破者以意,撮言"浑然一体",犹难相应。至五十六页,系《成色》章下,亦无"分化以显"四字。但文中谈及身体为器界之一部分,故说身于器为分化。查此二页文字,一谈本体,一谈色法,义理各有分际,破者乃牵在一处而发诘难,可谓奇创。若云"身体既分化,即不应说身体与器界为一体"者,应知所谓一体,不是一合相,已说如前。见子项中。汝头不履,汝足不语,汝头足岂不于汝全体中分化耶? 破者又言:"既说'不能以求之人者概之于物',却又说'一人一物之心即是天地万物之心'。"查上语,见吾书五十九页,《明心》章上,下语,见同页同章小注。破者完全断字取义,不顾上下文气,如此手眼,未免太劣。注就本体言心,故说心无差别。<sub>犹云一切众生皆有佛性。</sub>至所谓"不能以求之人者概之于物"者,则以人物虽同此本心,而有显发与不能显发之异,以物类尚未进化至人类,其生命力犹受物质之缠锢而不得显发。易言之,即其心力为根境所拘蔽故也。<sub>根者根身,境者境界。</sub>所谓相缚者近此。<sub>儒者亦云气拘物蔽。</sub>佛说"众生皆有佛性",而又说"有阐提不能成佛者,为其障重",亦含有此意也。破者读书绝不深思,此病不细。

# 巳 项

来破辛目"能习差违",计有七辨。其"一辨能混为习",谓:"因明例,先须选定立敌共许之名词,以为辨论之用,不然,犯不极成过。又名词须与旨义皆极成,不能以敌之名,改用自立之义,不然,则名亦不极成。功能、习气、种子,此三名词原无差别,熊君强分习气与功能为二,是立敌所用之名词不极成,而有所云云,过尤丛集。"破者此段话,似不曾读过佛书者,怪哉怪哉! 大乘诸经论,广破外小,有立量者,有不立量者。汝若曾读佛书,不应于此不知。若立量破,则被破者审其量有过,即出彼过。若施破方面非是立量,而被破方面岂能无端谓其有违因明法例耶?至云"因明例,先须选定立敌共许之名词",破者所知止此耶,还知有"自许他不许"、"他许自不许"等等简别法例否?因明例极精详,自破者说来,遂成含混。若尔,则可以对敌申量者几何?

又云"名词须与旨义皆极成,不能以敌之名,改用自立之义",此语不知何解? 如数论立"我是思",此其宗中有法"我",名词与旨义在数论固极成,而敌者佛家能极成否? 又如佛家对数论立量云:"汝我非思。"其"我"仍用敌名,但以"汝"言简耳。佛家亦许有思心所,而不许说为我。宗之后陈曰"非思",则以敌之名,改用自立之义矣。若如汝说,佛家只有承认数论立我是思,而何辩论之有耶? 不知汝是否读过因明书,而妄造不通之例如此。若乃护法功能,明明分本有与新熏两类。其新熏亦云始起,彼谓即是前七现行识熏发习气,潜入第八识而成新熏功能,其说如是。我今亦假说功能,但与彼绝不同其义旨,书中甚明。至如习气,则我亦许有。但谓习气自为习气,不宜混称功能,而解释亦因之不必尽符,书中亦说得明白。如谓"能习等名,既是旧有,不应仍彼之名而改用自义"者,吾且问汝:外道立"我"为实体,而佛家涅槃,乃亦言"我德"。<sub>涅槃亦实体之代语。</sub>特佛家所谓"我"者,与外道绝不同其义旨耳。汝能谓"我"之一名既外道所立,佛家不应仍彼名而改用自义否? 又大小乘亦互相为敌也,而大则几于全仍小宗之名,改用自义,汝能以汝所谓"因明法例"者绳之否?

"二辨业为或然、又为定论",其说曰:"熊君既言'吾人有生已来经无量劫,业势等流。其徇形躯之私而起者,必皆有遗痕,成有漏习。其循理而动者,必皆有遗痕,成无漏习',是以决定说习气矣。然何以又说'有情业力不随形尽,理亦或然'?"<sub>详《功能》章。</sub>不知吾人一切造作,<sub>造作者即业之异名。</sub>必皆有余势续流,名为习气。而幻成一团势力,乃至不随形骸同尽,此固理之所可信者。然必下断定之词以诏人,则又无可取证,何如稍存谨慎态度之为愈耶？且习气定有，吾人过去经验不亡失，又尝为习惯所限制，皆可征习气定有。就现世说，亦非不通，何所谓必然或然之违反耶？

"三辨本来面目"，其说曰："熊君言'成形禀气之始，忽执形气而昧其本来面目者，是之谓惑。本来面目是不落形气的，是无私的，是无所染执的。'案成形禀气之言，不过为此一期最初之时也。然熊君前云'有生以来经无量劫'，则此所云'本来面目'者，不仅在一期初生之时，而实在无量劫先人且未生之前。"破者此段话，直是不堪教责。查所举"经无量劫"之言，见吾书四十二页《功能》章谈习气处。谓：吾人有生以来经无量劫，一切造作皆有余势续流，名为习气。其说如是。而"本来面目"云云，见六十二页《明心》章上，正文及小注。如何在彼章断字取义，又在此章断字取义，而牵连在一处令生冲突耶？天下有如是卑劣手眼而可以难破人之书者耶？凡破人书者，自须寻着大问题，须成一派理论，而何可如是矫乱字句耶？当知"经无量劫"一言，不过形容长时之词，何曾推到"无量劫先人且未生之前"耶？又复应知：即汝当此一期现生之时，元是刹那生死，岂不经无量劫耶？汝读佛书，犹未了刹那生死义耶？"本来面目"是何等义？岂可向"无量劫先人且未生前"索耶？此岂有时间性耶？汝若当下虚心，自知己过，便是汝本来面目呈显；否则，汝本来面目剥丧尽矣。"本来面目"一词，世俗习闻，几成滥调。实则此词乃本体之代语，深广极矣。而直指人心，尤为亲切有味。障重者不能自识，只好就发用处指点，若其是非之心亦泯，便是一阐提也。

"四辨混天为人"，其说曰："熊君又言'习气后起，不可混同功能。能习有天人之辨。众生储留其无始来之成能，以自造为一己之生命者，谓之为人。功能者，天事也。习气者，人能也。以人混天，则将蔽于形气而昧厥本来'。案此明明以生命力为人矣，何以又谓'斯人性具生命力，性具者，谓先天之禀'？所谓以人混天之迷谬，实在熊君。"破者此处文义，不甚分晓。勉译其意，似谓熊某既曾说"人能即是生命力"，而他处又说"生命力为先天之禀"，则是"以人混天"也。意似如此，实则破者此处葛藤与前辨"本来面目"文中，同一愚妄。查破者所举"斯人性具生命力"云云，见吾书六十一页《明心》章上，正文及小注。此所谓生命力，即功能与性之代语。此非旧师所谓功能，须参看吾书《功能》章。假诠本体之流行则曰"功能"，以其为吾人所以生之理则曰"性"。名虽不一，所目非二。应就本文，而随其上下文义，恰如其分际以了解之。至四十页，《功能》章正文及注，以人能言习气，而注中似以人能言生命。即似以习气说为生命者，何耶？须知吾人生命，本即固有功能，所谓天性是也。《明心》章上所谓"斯人性具生命力"者，即谓此也。然人既有生，则遂有自成之能。而其所成之能，点点滴滴，储留不散，乃即利用之以益扩其自造之能。实即以此为其一己之生命，所谓"习气"是也。习气本非生命，而乃说为生命者，则以其势用盛大，能于吾人本来生命，即谓"天性"。或为顺承，或为侵蚀。善习则顺乎性者也，染习则逆性，如豪奴夺主。吾人乃恒迷失其本来生命，而即以染污习气为其生命。故于此说习为生命者，习气亦省言习。正毁责之词。文旨甚明，何乃误会为以习与本来生命相混，而谓之"以人混天"耶？此理须于自家生活上切实理会，在文字上诤论无益。

"五辨习伐其性"，其说曰"熊君言'性即是凝成此气质者。

但气质之凝成，变化万殊，难以齐一。且既已凝成，亦自有权能。虽为本性表现之资具，而不能无偏，固不得悉如其性矣'。今应问彼：何以纯净无染之性，凝成气质，乃有万殊难齐、甚美不美之分？且既凝成，何以又自有权能，乃至'习伐其性'？是等论调，岂非福音之再见乎"云云。查破者所举"性即是凝成此气质者"等语，见吾书四十四页《功能》章中附识。此中因人论及儒先所谓"义理之性"与"气质之性"，而以习气为气质，余因辨习气与气质之分。进而言"气质之性"即是"义理之性"，元无二本。其文有云：气质非即性也，而气质所以凝成之理，便谓之性。自注云：此中"理"字，隐目本体。此下文繁不引。而后文乃有"性即是凝成此气质者"等语，如破者所举，前已叙讫。夫气质无自体，其体即性，故说气质所以凝成之理即谓之性，所谓形色即天性是也，此乃了义之谈。而破者竟诋为神教，何乃无知至是？"性即是凝成此气质者"一语，正显性即气质实体，非气质与性为二物。有如海沤举体即大海水，非沤与大海水可别为二。然气质既已凝成，即自有权能，固不得悉如其性，此理却须虚怀理会。无已，仍前喻显，如沤流动有为，有为者，言其有翻转等用。岂得悉如其停畜之本体耶？本体即谓大海水。沤之本体元是停畜，停畜者，止聚义，深寂义。故气质尽有变化万殊，而其本性则恒自如如。此若沤相流动万变，而其本体即大海水，恒如其性。停畜如常。理实如是，何所骇怪？破者难闻胜义，竟有"上帝造群魔"等等嚚说，不知于此有何相涉也？至破者所举"习伐其性"一语，见吾书七十七页《明心》章上。吾书明言习气与气质有分，而破者犹不能了，乃拉杂而谈，岂非怪事？

"六辨舍习之疑"，其说曰："熊君又言'习气虽属后起，而恒展转随增，力用盛大。吾人生活内容，莫非习气；吾人日常宇宙，亦莫非习气。若舍习而谈，此处有如是案乎？无如是案乎？便有许多疑问在'。案熊君既谓宇宙人生莫非习气，则又何必于习气之外，增益其所谓功能？又谓舍习而谈，便有许多疑问，熊君既谓疑为别境心所是习气之一，既舍习矣，许多疑问又何从而有哉？"破者此段话甚可骇怪。凡录破者语，均全录。观破者"舍习"之难，似于吾书字句完全不得通晓。查四十四页《功能》章正文有云：吾人日常宇宙，亦莫非习气。自注略云：如吾人认定当前有固定之物，名以书案，即由乎习。若舍习而谈，此处有如是案乎？无如是案乎？便有许多疑问在。此注明白已极，似无难解。而破者乃难破曰："既舍习矣，许多疑问又从何而有哉？"破者果解吾注，何至有此怪难？夫注中"若舍习"云云者，明置若言，则非谓其真舍断也。而难曰"既舍习矣"云云，此何谓耶？又"若舍习"云云，明明承上文而言，即是认定当前有固定物之习。参合上下文看，词义甚明，绝无隐晦，岂舍习之言，便谓舍一切习，而将疑心所亦舍掉耶？然则经论所谓断有漏种者，应初地即断一切，何须十地乎？破者愚昧至此，吾虽欲答汝何故于习气外更说功能，亦既无可谈之机。吾但诘破者：玩诸经论，一方面说宇宙人生皆是虚妄，一方面又说一切真实，是否于虚妄法外增益真实耶？此处若乱猜，罪该万死。

"七辨疑为悟几"，谓余不应"将本惑之疑，移入别境"。夫疑果可一切说为本惑乎？释尊始从外道出家，若一往信彼而自不知疑，又焉得自证菩提而成佛耶？疑之可说为惑者，唯一向狐疑而无有抉择者，是断智种，应名为惑耳。

# 破　释　难

《释难》之目，自是破者为旧师解释妨难。然观所陈述，乃甚杂碎而无关宏旨，所谓"碎义逃难"是也。此本无须答破，姑略酬之。

一事，来破曰："熊君言'八识之谈，大乘初兴便已首唱，本不始于无着，但其为说，以识与诸法平列'云云。今应问彼：所谓大乘初兴首唱八识与诸法平列之说者，若指世尊所说之经，则三乘圣教皆佛所说，所谓大乘初兴之言为无意义。《阿毗达磨》本'声闻一切智'义，详叙诸法种种，说蕴处界三科。而至《华严》'唯心所现'之言，《深密》'唯识所现'之训，则抉择唯识特别以立义，又曷尝与诸法平列耶？若指菩萨所造之论，则除《起信》等伪书外，大乘初兴时龙树菩萨等所造论中，固亦未见有首唱八识与诸法平列者也。"破者此中所云，又故作矫论。查所举"大乘初兴"云云者，见吾书七十页《明心》章上。而"以识与诸法平列"

51

下,有注云:如说五蕴,则识蕴与色蕴等平列。说十八界,则六识界与六根六尘诸界平列。此中文意,本谓最初大乘师,虽于小宗六识外更说以二,而为八识,但确不曾组成为有系统之唯识论。故识与诸法,平列而谈。如破者所举《阿毗达磨》说蕴处界三科,于五蕴中,岂不以识与余四蕴平列耶? 乃至于十八界中,岂不以识界与根尘诸界平列耶? 曷尝以识统摄诸法耶?《华严》《深密》《楞伽》诸经,虽皆有"唯心"之言,要只可视为唯识论之导源而已。诸经皆广说法要,随说随遣,不立定准。若谓其建立唯识,则谤经亦已甚矣。至龙树菩萨等所造诸论,直显诸行无自性,岂更说识名唯? 若乃法相诸要典,自《大论》迄于《中边》《杂集》乃至《五蕴》,皆以识与诸法平列而谈,未尝独尊识之一法,以统摄诸法,故无所建立,犹与龙树菩萨等"诸法性空"之旨相会。故无著之学,除《摄论》外,从其大体观之,犹与以前大乘学说无极大变异也。

二事,来破曰:"熊君言'逮于无著,始成第八识,引世亲舍小入大。此为接引初机,固犹未堪深议'。夫八识之谈不始无著,君有明言,乃又谓无著始成第八识,不知君之密意云何? 意者大乘初兴,但唱而未成,必逮无著始克成之欤? 但唱成之义,两不孤立,不成如何能唱。古德岂亦但悬无因之虚宗以立言,如后世臆说乱想家想到那里说到那里耶?"破者此段话,全不了学问之意义。学问上之所谓成立一说者,其意义甚严格,必也,此说非但为其散著之一义,而实本之以组成严密之系统,为其学说全体中之根本观点所在,如《成唯识论》以唯识相、唯识性、唯识位三分成立之,论疏皆有明文。即唯识乃为其根本观点所在,而唯识论实有严密之系统。此就唯识举例耳，一切学问皆然。否则不名成立。八识之谈，不始无著。无著于他种著作中亦非不及八识，要至作《摄论》授世亲，则特举第八识为殊胜义，自是八识义益坚，第八既成，第七亦俱成，如是则不止小宗所说六识，而八识之义乃坚立不摇。种子六义亦决定，六义见前。遂开世亲建立唯识之先河。故说无著始成第八识。此征诸唯识说演进之史实，无可矫乱。《摄论》已前，无论小宗只说六识，大乘增说八识，要之皆不特尊识以统摄诸法，不曾组成有系统之唯识论。则谓"但唱而未成"也固然。汝云"不成如何能唱"，不知小宗二十部，大乘空有诸宗，其所成之说，皆推本释尊，谓释尊有唱于先而诸师成之于后可也。至言"古德岂亦但悬无因之虚宗以立言"云云者，不知由何义而着此一语？

三事，来破曰："熊君言'世亲以前诸大乘师，将识与诸法一例认为无自性，即是看作皆空。到世亲成立唯识，以识统摄诸法，则将识之一法看得较实。且据彼种子义而推之，识既从种生，则识为有自性之实法矣'。案此是闭眼乱说。如熊君所举之《百法明门论》，开卷标宗，明明引如世尊言一切法无我，全书始终释此一义。则世亲明明如以前诸大乘师将识与诸法一例认为无自性也。世亲又不但说识从种生，并说一切有为法，如色声等，皆从种生，亦皆是缘起，是故皆无自性。今熊君何以但就识从种生以推，又何以从种生故，即可推得为有自性之实法，真所谓邪谬不堪究诘者矣。"破者此中所云，又未了吾书字句。查汝所举吾语，见七十页《明心》章上小注。吾言世亲成立唯识，以识统摄诸法，将识之一法看得较实者。此中"较实"二字，甚当注意。虽略不及色声等法，而实已影显色声等法，在世亲亦认为实

53

有。特其视识之一法，乃较色声等法更为实在耳。何以言之？据世亲义，识为能变，色声等法是识所变，所变法者，非遍计所执，即是实有。所执者，谓由意想妄有所执，而实无此法。遍计者，意识周遍计度，故云尔。其义如此。故较实之言，影显色声等法实有，又正显识法独尊，较色声等法更属实中之实，是能变故。此等词语包含多义，破者全不求解，恶乎可哉？又破者言："世亲并说一切有为法，如色声等，皆从种生，皆是缘起。"玩其语意，盖主相见别种。旧说八识各各又分心与心所，而每一心、每一心所，各各又析成相见二分。于是谈种子者，有主相与见为同一种而生，有说相见种子各别。然此自是后师研讨之义，吾谈世亲，不当滥入后师之说。故注文云：据彼种子义而推之，识既从种生，则识为有自性之实法矣。此中"识"言，自摄色声等法，以色声等法是识所变故，是识相分故，亦从识摄，而名唯识。摄相从见，摄所归能，总名唯识。古义足征，非吾臆说。故言识种者，即已摄色声等法种。此语注意。而不显言相见同种或别种者，以此问题，却至后师始严析故。凡理论文字，每下一词，必顾及全系统与各种关系。破者自不会此意，故又误疑吾言识种不摄色声诸法种，此实汝误，何关我失？夫识既从种生，即种是识之体，如何可说识无自性？缘起之谈，尤为谬戾，此义详前《破破计》中卯项，可以覆按。至谓"《百法》标宗，明明引如世尊言一切法无我"云云，彼虽称述圣言以为宗本，无如其自所构画安立，都与圣说了义相背，吾侪何可不辨？小宗岂不承圣言量耶？而大乘必破之，何哉？

四事，来破引经论说心、心所不一不异，而谓余以分析咎护法为非是。但据世亲、护法义，本说一切心、心所各各有自种子。

既已析成碎片,而又称述经旨,以不一不异掩其支离,此实自为矛盾耳。

五事,来破曰:"世尊一代设教,破外为多。破外之具,首凭分析。而熊君乃云'分析之能事,虽或有见于散殊,然致曲之过,其弊为计'。"破者此中所云,又不了吾义,吾何尝反对分析法耶?吾书六十七页《明心》章上有曰"夫分析术者,科学固恃为利器。即在玄学,其所为明伦察物,亦何尝不有资于是?"云云。此固明明说玄学亦须用分析术也。夫分析法解析事相,曲尽隐微,精检疑似,画而不浑,事端易见,此其所长。但分析不可以证体,以其术终不外计度。外观散殊,纵云如量,而当外向计度时,便已离本体矣。证体则外缘不起,如体而住,湛寂无功,无作用曰无功。自证离言,恒自识故曰自证,离分别故曰离言。此谓反证。亦云体认。故在玄学,反证法与非反证法如分析法。直须分用,而不可缺一。此义当详《量论》。吾不主张专恃分析法以为唯一之利器者,其理由在是。破者不解何谓反证,而复不解何谓分析,但谓"世尊破外之具,首凭分析",夫世尊岂徒以分析为破外之具耶?其深观诸法相,称实而知,所谓"后得有分别智",何尝不是分析耶?此岂无关自悟,但为破外而设耶?然又当知,分析法固重要,但运用此法必具基本条件。略说以二:一曰依据事实。唯实事求是,故所解析不为虚妄,否则悬空构画,经纬万端,终不与事实相应,漫尔空想。空想与玄想绝殊,玄想则超然神解,观其会通,所谓"冒天下之道如是而已"者也;空想即悬空构画,既非玄解,而徒为无据之思辨,谚云"空中楼阁"是也。二曰于万象唯观察动势。此言"动"者变动义,谓有势用幻现故。故非俗所谓动,俗以由此至彼为

55

动，此不尔故。盛哉大化！变起无端，本来无物，而幻作众象。即此众象互相依缘而不凌乱，宛尔有则。故夫观察万象而求其公则者，应观察动势，得其活机，必不可执定象以为楷准。万象无实，唯随变所之，幻现众象，会而有则。会者，言众象间有相互关系故，故有公则可言。故察变者，乃能率循物则，分析如量，而无有泥。万象本不固定，即物则无可泥执也。否则执有定象，以分析静物，分析愈密，愈乖化理。此二基本条件，为运用分析法所必资。持此以衡世亲、护法诸师，则其运用分析法似不能无失。彼乃观静物而不观动势，如前所说，世亲、护法一派之学，所以成其为集聚论者，正以其于诸法唯作静止的物事看故。如其说种子为个别，说现行为二分或三分乃至四分，说种为能，说现为所，如此等等，都是从看惯了静止的物事，才作如此构画。任意刻画而不根事实，就其谈种子与赖耶之关系言，种子为能生，赖耶为所生，因果同时而有；种子为能藏，赖耶为所藏，能所相依；种子为赖耶所缘之相分，赖耶为种子所依之体。种种刻画不可胜穷。此特就种子赖耶之间略为举例耳，其他构画之密，更无从说起。吾尝言，若以赖耶一词显示吾人无始以来无量习气幻结，而不必作上述种种构画，此则不违事实。须知吾人生活，大抵是一团习气流行，稍能自反而于人生有体验者，必不反对斯言。夫本心之运，岂有泯绝？然在一般人则纯是习气乘权，其本心受障而几于泯绝矣。明儒顾泾阳曾记一事。一日讲会中，有问：如诸君过孔庙便下轿，过尧舜庙即不下，此是本心否？座中无能答者。实则过孔庙下轿，亦不是本心，盖当时朝廷功令如此，彼乃奉行成习，自然率行，非必出于尊圣之本心也。如真出于尊圣之本心，则无论过孔庙尧舜庙，当一律自动下轿矣。以此例征，吾人自念虑之微至行事之著，何往不是习气流行？故尝谓赖耶若但宽泛讲，而以之表示习气幻结，便不乖事实。若如世亲、护法种种刻画，钩心斗角，如蛛造网，便成戏论矣。上来言之不觉其蔓。要之，世亲立说已是过于思构，至护法而尤甚矣。适与前述分析法所资之二根本条件完全相反。吾故以护法等之分析为病者，大意如此。虽然，世亲、护法诸师之学，要自规模广远，条理茂密。后人议前哲甚易，而了解前哲之真价值则大难。察前哲之短而违之，会前哲之大义而神明变通之，则难之尤难。至于志涉玄津，愿皈大乘，终必由奘、基、护法、世亲、无著，以上穷龙树、提婆，归诸《杂阿含》《般若》《华严》《涅槃》诸经。基师序《唯识》，所宗六经无《杂阿含》，自宜增入。《杂阿含》不唯是法相导源，而其记述不尚理论铺张，许多真切处，直启宗门之绪，容当别为纪录。是则研讨攸资，程序不易，如其厌支离而直寻易简者，恐其易简非真易简也。

六事，来破摘吾书七十一页谈心、意、识三名处，说"意有定向"云云，谓吾"立主宰之自我，是堕二执"。实则此中分别心、意、识三种名义，甚有冲旨，非反躬切己体认，未有能喻者也。此所谓"意"，非以心之发用名意，书中既已明言此"意"即心有定向之谓。此心，不是心理学上所说之心，参考吾书七十一页。定向者，即是恒顺其生生不息之本性以发展，而不肯物化之谓。书中说得何等明白，何等真切，而汝犹不能悟，吾复何说哉？须知生命不是机械性，而确有定向。定向者，自在义，自在犹言自由，而不曰自由者，自在义更深故。恒不舍自性故，恒不物化故；定向者，活义，恒无堕没故，恒奋进向上故。应知所云定向，即是生命，若无定向，便无生命可说故。外道迷妄之我执，在所必破。若除彼迷妄，依于自性假说为我，理不应遮。此中自性，即上所谓生命。《涅槃》《华严》，汝须参究。

七事，来破曰："熊君言'夫习气千条万绪，储积而不散，繁赜而不乱。其现起则名之心所，其潜藏亦可谓之种子'。又云'原夫无量种界，势用诡异，隐现倏忽，其变多端。每一念心起，俱时必有多数之同一联系者，从潜伏中倏尔现起，而与心相应，以显发其种种势用。即依如是种种势用，析其名状，说为——心所法'。是熊君不但自许心所可分为多，且谓种子亦无量矣。何以熊君又曰：'迹护法功能又名种子，析为个别，摄以赖耶，不悟种子取义既有拟物之失，又亦与极微论者隐相符顺。外道小宗计有实微，其数众多，此亦计有实种，数复无量。宇宙岂微分之合？人生讵多元之聚？故彼功能终成戏论。'熊君于此所云，不知何以自解？"破者此番诘难，由于护法义及我义，两无所晓，故妄有诘难。护法功能亦名种子，其种子义是用义。须知所谓用者，即言乎本体之流行，状夫本体之发现。发现非有物也，<sub>无实物故。</sub>流行非有住也，<sub>非有住在的物事故。</sub>故不可说用有自体。若许用有自体者，安得更有实体可假名真如乎？今护法等谈用并建种现为实有，复以种为用中之体，<sub>护法种现虽皆是用，然种为现因，故种是用中之体。</sub>拟诸物种，类似极微。如是谈用，明明用有自体，深乖至理，何可无遮？至若我说习气隐而未现亦得名种子者，此则分明不就用上立说。<sub>此处吃紧。</sub>种子既是习气未现起之名，习气与形气俱始，<sub>详《功能》章。</sub>唯其辗转随增，类聚而不杂乱，<sub>头数众多，互以类聚，不杂乱也。</sub>固结而不散失，故说为无量。此是后起虚伪法，<sub>非本来有故，名虚伪。</sub>本与形气相得，而成为机括，<sub>习气这个机括，念念发动。</sub>但有隐现之分，<sub>习气现起而与心相俱以取境，便名"心所法"，其隐而未现即名"种子"，参考吾书《明心》章上。</sub>实无能所之别，何所谓拟物？<sub>物种如豆生苗，有能所故。此种现起即名心所法，不可说心所为所生，种为能生故。故此言种，无拟物过。</sub>何类于极微？<sub>外道极微是实法，此种虽幻有，而</sub>

无实故。总之，吾与护法虽均言种，而种义则彼此根本不同。犹之大乘与外小虽均说极微，而极微义则彼此根本不同。设有难大乘曰："汝既遮外小极微，而仍析色至微何耶？"则其愚不可解，必当受棒无疑矣。至如心所法者，即是习气现起之名。护法心所，亦即是用，彼心所法，即从现行识聚中分析而说为独立法，合之则同名现行识聚。据彼立义，现行是用，故心所即是用。与我义迥别。我说心所即习气现起故。用则流行无间，不可分为多体，故彼说心所法各各独立，便有大过。习气者，即串习余势，类聚而成为联系以现起，非即非离，不可说为各各独立之体，亦不可说是一相，是故无过。

八事，来破曰："熊君谓'意识作用不唯外缘，而亦返缘。返缘略说以二：一者于外缘时，自知知故。如方缘色，而识自知知色之知故'。熊君既许识有自知知色之知，是则色者相分，知者见分，自知者自证分也。又何以不许就此三体无别中，以理推征说有三分耶？"破者此所云云，极是邪计。吾书明明说识有返缘之用，返缘只是自知，朱子所谓"非别以一心来见一心"是也。旧师三分义，明明说作三分，能量所量，不为一体，如相分为所量，见分为能量，而见分望自证分又为所量，自证分望见分乃为能量，能所分得明白，如何说是无别？此与我说返缘义，何可并为一谈耶？

九事，来破曰："熊君既云'聪明觉了者，心也，此心乃体物而不遗'，而又云'以本体言心，简异知觉运动非即心故'。觉了之觉，知觉之觉，等一'觉'字，何以悬绝不同？又何以聪明觉了为心，而知觉运动为非心？"破者此所设难，深堪悼惜，汝既治佛学，何乃无知一至此极耶？如来藏心之"心"字与赖耶以集起名心之"心"字，岂不等一"心"字，而胡为悬绝不同耶？此等字例，非独在佛书中不可胜举，即世典中又可胜举耶？达磨说作用见性，故聪明觉了，可说为心。然在凡夫，不能护持正念，守护根门，则其发为知觉运动者，皆杂染习气之顺形而转，不可谓之心也。吾书六十四页谈知觉运动非即心处，有小注一段，汝岂未读耶？吾望汝切实讽味《杂阿含经》，再理会古德语录可也。

十事，来破曰："熊君又言'种子现起而为心所之部分，与其未现起而仍潜伏为种之部分，只有隐显之殊，自无层级之隔。或计种子潜伏，宜若与彼现起为心所者，当有上下层级之分，此甚误也。无量习心行相恒自平铺，其现起之部分，则因实际生活需要与偏于或种趋向之故，而此部分特别增盛，与识俱转。自余部分，则沉隐而不显发'云云。熊君于上下之义，既斥之矣，然又何以作升沉之言，升非上，沉非下耶？"破者此中，又显其断字取义之本领。吾文中明明未有以种与心所为升沉相对之词，但说种为沉隐而不显发。夫沉隐而不显发一词，何至便是对升上而言耶？如吾案中各种书籍，本是平列，无分案上案下。然吾顷忆《陶诗》，则《陶诗》遂现起眼前，余籍便沉隐不显，岂是余籍置案下耶？又岂是《陶诗》从案下而升至案上耶？《陶诗》与余籍，其始终平列此案间自若也，特隐显异耳。

十一事，来破曰"熊君又言大乘之旨，'赖耶深细，藏密而不显，前六则粗显极矣。疑于表里隔绝，故应建立末那以介于其间。《大论》五十一说：由有本识，故有末那。其义可玩已'。案《大论》文，云何建立互为缘性转相"云云。"论之为义，是根依义。五以各自根为根依，六以七为根依，七以八为根依也。且五六七皆以八为根本依，又安有表里隔绝之言耶？"破者此中所云，由其平日读书，寻行数墨，不通神旨。前六粗动，第八深细，表里本自悬绝。如不建立第七，一方为第八根依，一方为意识根依，则表里何由通达耶？

十二事，来破曰："熊君又言'大乘所立八识，约分三重。初重为六识，次重为末那识，三重为赖耶。受熏持种，动而无为'。案诸经论，赖耶有为法，绝无动而无为之理。既已无为，则无生灭，又何能动，而云动而无为？此虽略涉内典，亦皆了解斯义，不解熊君何反不知？"破者此中所举，见吾书六十六页《明心》章上。其文明明曰：受熏持种，动而无为。下更有注云：恒转如流，是动也。惟受惟持，何为乎？此中词义，本自明白，而破者乃以"无为则无生灭"相难，岂不怪哉？断取"无为"二字，而置"动"字不顾，动非生灭而何？况注释动曰恒转如流，非生灭而何？至无为一言，则申明惟受惟持之旨，显第八自身无所造作，不同前七有能熏势用，能引果。故破者谓此乖大乘旨，诚所未喻。

十三事，来破谓吾"以种子联系统一说赖耶，犹依稀仿佛可言，以说末那，则相去天渊，直是乱谈"。破者于此，又不了吾意。须知旧说赖耶与末那互为根依，六识不现行时，赖耶末那互相依住。若无末那，又焉有赖耶相可说耶？故吾将此二识相貌总略言之。

上来一一答破讫。《新论》具云《新唯识论》。义幽而文简，理博而辞约，读者若以粗心承之，必漠然一无所获。夫村竖睹众宝而不知其为宝者，无辨识之素养故也。即在具神鉴者，得宝物而率尔忽视，略不留玩，亦将失宝。况夫预存偏见，乐崇素守而深恶人之违己，兼鄙无闻而不信愚者有得，则将冀其共投于真理之怀抱而欣合无间者，固必不可得之数矣。余之答破，尽吾忠诚。

# 附：破新唯识论

刘定权

## 序

　　三年之丧，不肖者仰而及，贤者俯而就，此圣言量之所以须要也，方便之所以为究竟也。心精飙举，驰骋风云，岂不逞快一时？而堤决垣逾，滔天靡极，遂使乳臭牖窥，惟非尧舜、薄汤武是事，大道绝径，谁之咎欤？六十年来阅人多矣，愈聪明者愈逞才智，愈弃道远，过犹不及，贤者昧之。而过之至于灭弃圣言量者惟子真为尤。衡如驳之甚是，应降心猛省以相从。割舌之诚证明得定，执见之舍皆大涅槃，呜呼子真，其犹在古人后哉！

# 征　宗

　　黄冈熊君十力造《新唯识论》，谓由实证，矜为创作。而其书中屡称吾宗，吾宗一语容有二解，一者吾所信之宗，二者吾所创之宗。寻熊君所言"最上了义，诸佛冥证，吾亦印持，吾不能自乖于宗极"云云，（四十八页）据此，熊君自当以诸佛为宗矣。然三性之说，佛口亲宣，诸经备载。今谈三性，则存"善""恶"而废"无记"，任情取舍，非所谓不乖宗极也。四智之说，佛所证得。今熊君挟私逞妄，于净位中不许有四，是其自待已贤于释迦矣。尚曰不乖宗极，其谁欺乎？业报不虚，佛所建立。既言不乖宗极，即应净信无疑。今谓业力不随形尽，理亦或然。"或"之云者，犹豫之辞。然则熊君此言，不唯自乖宗极，在己实无定解，以此未能自信之说，立论诏人，宁非巨谬？佛说积集名心，《深密经》中具有明文。而熊君任臆斥破，另加诠解，是已显与佛说刺谬。而尚以不乖宗极表襮于人，试问必如何乃谓之乖于宗极耶？熊君又云："昔者印人言世界缘起，约有二说：一转变说，如数论是；二集聚说，如胜论是。学者参稽二说，而观物以会其理焉可也。"（五十一页）是则熊君所谓创作，不过参稽二说；所谓实证，无非观物会理。夫诸佛如来，必得正智，亲证真如，乃能如实无倒，说法度人。今熊君以参稽外论为创作，以观物会理为实证。其果于自信，殊堪骇诧。熊君书中又杂引《易》《老》《庄》、宋明诸儒之语，虽未显标为宗，迹其义趣，于彼尤近。若诚如是，则熊君之过矣。彼盖杂取中土儒道两家之义，又旁采印度外道之谈，悬揣佛法，臆当亦尔。遂摭拾唯识师义，用庄严其说，自如凿枘之不相入。于是顺者取之，违者弃之，匪唯弃之，又复诋之，遂使无著、世亲、护法于千载之后，遭意外之谤，不亦过乎！且淆乱是非，任意雌黄，令世之有志斯学者，莫别真似，靡有依归，是尤不可不辨。

# 破　　计

## 甲、一元之体

熊君计"有大物，其名恒转"。（二十六页）"恒转者，功能也。""功能者，即实性，非因缘。""截然与护法殊恉"，"异以天渊者，即在于斯。"（三十六页）"护法唯未见体，故其持论，种种迷谬。"（三十七页）"吾宗千言万语，不外方便显体。"所谓体者何耶？熊君曰："斥体为目，即恒转也，功能也。"（三十六页）"功能者，一切人物之统体，非各别。"（三十七页）"即宇宙生生不容已之大流。泊尔至虚，故能孕群有而不滞。湛然纯一，故能极万变而不测。天得之以成天，地得之以成地，人得之以成人，物得之以成物。芸芸品类，万有不齐，自光线微分野马细尘乃至含识，壹是皆资始乎功能之一元。而成形凝命，莫不各足，莫不称事。斯亦谲怪之极哉！"（三十九页）案此系熊君所计一元之义也。然彼论端，首斥"世之为玄学者，构画拟量，虚妄安立，如一元、二元、多元等论。以是驰逞戏论,至于没齿而不知反"。(第二页)今乃谓万有皆资始乎一元,是忽不自知早堕入一元论中而他人是哀也。斯真所谓谲怪之极哉!

又熊君破作者云:"若有作者,当分染、净。若是其净,不可作染;若是其染,不可作净。染净不俱,云何世间有二法可说?又有作者,为常、无常。若是无常,不名作者;若是其常,常即无作。又若立作者成就诸法,即此作者还待成就。展转相待,过便无穷。又凡作者更须作具,倘有常模便无妙用。反复推征,作者义不得成。"(三十二页)而乃以万有为所成者,功能为能成者。能即功能之能,成即成形凝命之成,天地人物得之以成天地人物之成。设若有人依此论例以相质曰:若有能成者,当分染、净。若是其净,不可成染;若是其染,不可成净。染净不俱,云何世间有二法可说?又能成者,为常、无常。若是无常,不名成者;若是其常,常即无成。又若立成者成就诸法,即此成者还待成就。展转相待,过便无穷。又凡成者更须成具,倘有常模便无妙用。反复推征,能成者义不得成。以子之矛,攻子之盾。试问熊君,将何为答?然则护法云何?曰:诚如熊君所言"护法之立功能也,固不以众生为同源,宇宙为一体。"(三十七页)匪唯护法,三藏十二部经中,固未尝有"以众生为同源宇宙为一体"之说也。

## 乙、众生同源

今应问熊君:万有皆资始乎功能之一元,何以天得之但以成天而不成地与人物?广说乃至何以物得之但以成物而不成天地与人?又彼号称湛然纯一之功能,既成天矣,何以又能成地与人物？广说乃至既成物矣，何以又能成天地与人？真所谓莫名其妙者矣。且彼功能之一元，既能成天，则应随时随处皆唯成天。广说乃至既能成物，则应随时随处皆唯成物，以其云湛然纯一故。又应一时一处天地人物万有顿成，以其云万有皆资始乎一元故。不许违理，许便违事。故彼所执，进退不成。

# 丙、宇宙一体

如熊君宇宙一体之计，推其设义，应无渐次可行大地之理，应一下足至一切处故。又应同时于此处、于彼处无至、不至之理，为此一物在一时不应有得、未得之异义故。又此一义其体浑然，不应于一方处两物中间有间隙事，此处有一亦即有余，云何此彼有差别之辨？如何可于此一处有至有不至，于其中间见有空处？又此一义亦应无大小物之别，水虫细物与彼粗物同在一处量应等故。若谓此彼之别但由相故，则定应许此差别物展转分析成多极微，此相有方分故。故彼所执一体不成。

是故当知一体多体，皆就分位施设假立。一可分多，多可合一，都无自性，不可执实。然既假立，亦一成不变；又法相厘然，更不可乱。譬如世人有家，就其家边言，八口为一体，八家为多体；就其人边言，则家中之一人为一体，合家之八口为多体。又此家义，若就井言，则八家成井，又以八为一体，不以八为多体矣。故知一多者，随意假立者也。

若就即义言，一家即多人，一人即多蕴，多家即一井，多井即一乡。顺逆推之，皆无穷尽，亦可谓之一多相即，重重无尽矣。至《华严》之所谓一多相即者，观十六卷及四十四卷所载，虽皆就所闻教法了解而言,与此不同。然亦非谓一人即多人,多家即一家,故违世间,徒增颠倒,以自矜深玄也。

复次,彼之计一以为绝对之一者,当知唯识所变之宇宙,无量无边,本不可以假立之分位量度之也。故此假立之一多分位,顺逆推之,皆无穷尽。虽甚大之数,终非无数,犹可倍之;虽甚小之数,终非无数,犹可分之。故至小之极微既是假立,则至大之宇宙亦是假立。不可谓极微不可分,宇宙不可倍,故其一者为绝对。既言绝对,即不可谓之为一。由前理故,既称为数,世间盖无至小与至大之数,即无所谓绝对之数也。

是故若就假立而言,则统目宇宙谓为一体,固无不可;分指万有谓为多体,亦无不可。今奈何执"护法不说宇宙一体"以为指摘耶?

复次进问:熊君究以何义而谓宇宙为一体者?检其书中,凡有多说。

一、交遍义为一体。"极物之繁,同处各遍。非如多马,一处不容。乃若众灯,交光相网,故我汝不一而非异。"(三十三页)夫光纵相网,而灯则非一,岂非异义成,非一义不必成乎?况律以近世光粒之说,一灯之光,固非真遍一室,余灯之光,遂可参入其间。彼诸光粒,亦如多马,一处并不容也。故此譬喻,为证不成。又"我汝不一"之言,自注"不一者,我之宇宙,汝不得入;汝之宇宙,我亦不得入。如我与汝群盗,同在北京,实则我也,汝群盗也,乃人人各一北京。我之北京,寂旷虚寥,群盗不可入也;群盗之北京,喧恼逼热,我亦不可入也"云云。观此"人人各一北京"之言,明明说非一体,而又谓宇宙真为一体者何耶?

二、圆满义为一体。"王船山云：大化周流，如药丸然。随抛一丸，味味具足。此已有窥于圆满之义。"（三十三页）夫药丸之味味具足，由先混合各味而成。岂大化亦先混合万有而成者欤？岂万有在先，大化在后欤？又医病制丸，非止制一。丸中纵具众味，而此丸犹异彼丸也。故此所云，非真一体。

三、全分义为一体。"世俗或以己身为自然界之一断片，而不知己身实赅摄自然，本为一体同流。虽复说有全分之殊，其实分即全也，分即全之分故；全即分也，全即分之全故。气脉自尔流通，攻取何妨异用。"（五十四页）熊君此义，与印度吠檀多宗梵我合一之说喻以瓶内之空即太虚之空者，极相符顺。然全分之义，实不足以证成一体。因全即一体之异名，一体既待成立，则全亦非极成，全不成故，分亦不成。况熊君自注云："万物有和同而相取者，有逆异而相攻者，作用诡异，要以会成全体之妙。"夫万物至于逆异相攻，无论如何诡异，其非真为一体，亦可知矣。

四、中心义为一体。"此如大一统之国然，其万方争自效以达于中枢，其中枢复发号施令以布之万方。若乃万方视听随中枢而更化，一如身动而令四周境物从之易态。故身之部分，乃于大器而为其中心。东土建言有之，天地设而人位其中，亦此意也。"（五十五页）案彼万方中枢之言，明明非一。而谓一体，不解何谓？又熊君下文即云："夫身器相连属而为全体，此前所已明者。然使见于其全而忽于其分，则近取诸身之谓何？顾可于此不察乎？盖一身虽通于大全，而身固分化也，分化则独也。"案彼身器之大全，独身之分化，明明自说非一，而又自说一体，不解何谓？

五、增上义为一体。熊君余处所说，"互相系属，互相通贯"。(五十一页)"相为资藉，相为摄持。"(五十二页)"相容摄，相维系。"(五十五页)案彼所计，以理诠释，皆彼此增上义，非彼此一体义也。熊君自谓增上缘义最精，吾人率此道常能由一知二，由甲知乙。则宇宙是增上，非一体。又明明自说非一，而又自说一体，不解何谓？世亲护法源本圣教，显示缘起，就中增上缘义，至为宽广。则又何尝如熊君所诬，以诸法为各各孤立之断片。但不应执著诸法实为一体而已。

六、仁爱义为一体。"如向往古哲，与夫四海疾痛相连，以及亲亲仁民爱物之切至，凡此皆足以证明此心不有彼我，不限时空，浑然无二无别，无穷无尽。斯所谓内自证知不虚不妄者乎？"(五十九页)"语曰：一人向隅，满座为之不乐。盖满座之人之心，即是一人之心，元无自他间隔故耳。足知此心即是物我同源处，乃所谓实体也。"(第一页)案彼所计，但说疾痛相连，不说肥瘠无关，则明明非一矣。数视偵疾，返辄安眠，虽贤者不能免，世间幸菑乐祸，投井下石者，又比比皆是也。乌足以证成众人之心即一人之心乎？若众人之心即一人之心，则《新唯识论》之书大可不作。盖当熊君止观双运本智反求时，十方三世一切众生皆已体认悬解故也。何复诬说古德如护法尚素乏证解，未曾自识本心耶？因论生论，设有问言：菩萨菩提，悲所建立，若非宇宙一体，云何能起大悲？若不作宇宙一体观，又云何能起大悲？应答之云：若宇宙原来一体，人人自能大悲，云何世间现见有缺悲之人？若须作宇宙一体观方能大悲，大悲无缘，作观须缘，云何而能相应？以予所见，菩萨名哀愍者，大悲种子法尔具有。见诸有情堕在百一十种极大苦蕴,悲种即为现行。又复于诸法远离分别与悲俱心而为发现,当知即此名无缘悲,其相不共一切声闻独觉及诸外道。是岂假宇宙一体以自解始能起悲,而谓之无缘大悲哉? 况如子夏丧子丧明,华周杞梁之妻善哭其夫而变国俗,当时岂将父子夫妇作一体观而后能如是耶? 实出于情之所至不得不然耳。若待作一体观而后能悲,其为情也亦薄矣。

七、唯识义为一体。熊君倾倒罗念庵,引其言曰:"纵吾之目,而天地不满于吾视。倾吾之耳,而天地不出于吾听。冥吾之心,而天地不逃于吾思。"(五十八页)夫吾人所视能视,所听能听,所思能思,唯识变现似为一体。然唯识言,非唯一识。若唯一识,宁有十方凡圣尊卑因果等别? 谁为谁说,何法何求? 一作业时,一切应作;一受果时,一切应受;一得解脱时,一切应解脱。便成大过。复次,熊君既知"聪明觉了者心也",遂用以证成"此心乃体物而不遗",(六十页)亦已足矣,又何必于心之上,更增益一宇宙生生不容已之大流哉? 熊君虽诃"大乘诸师成立唯识,全用形式逻辑,空洞论调嫌多,颇近诡辨"。(十三页)然熊君当成立唯识时,仍不能不依据旧师,遂又不能不赞其"辨证精严,名理斐然"矣。(第三页)及至证成"妄境唯依妄识故有"之后,又谓"妄识亦依真心故有,而实乖真"。"若以妄识认为真心,计此不空是认贼作子,过莫大焉。"而"真心依本体得名"。虽"亦可说心即本体",(六十页)而"此中直指心为体,却是权说",(第一页)"心非即本体也"。(六十页)今应问彼:云何证知有此本体? 熊君曰:"自性觉故",(第一页)"内自识故"。(第二页)是本体自觉自识也。夫本体而能自觉自识,即谓之心可也,何必更在此心之上,增益一本体哉？远西学者多假唯心论以证成其上帝。如巴克烈以"存在即被知"之义证成唯心以后，终乃增益一上帝之心。东方学者则假唯心论以证成其所谓本体。虽一为神学，一为玄学，而其说不平等因为增益执则无以异。皆须所谓屋干剃刀者，一一铲除之也。

## 丁、反求实证

熊君开卷明宗即正告读者，言其所谓实体，"唯是反求实证相应"。（第一页）"善反，则当下便是，勿须穷索。反之一义，最宜深玩，止观双运方名反求。"（第三页）"苟能一旦反求其本心焉，则生机油然充之矣。遂有所开发创新，而不为物化。盖生理畅而日新，德盛之至。用物而不必绝物，自然物皆顺其天则，而莫非生理流行。所谓'形色即天性'也"云云。（六十三页）熊君此言，岂非以物顺天则生理流行，方为止观双运，方为实证本体，决定决定欤？岂非以未能生理流行物顺天则者，皆不得谓为止观双运实证本体欤？熊君有言，方今"世变日亟"。（绪言一页）"北京群盗喧恼逼热。"（三十三页）"疾病交摧"。虽"近有转机"，而"十年来患脑病，胃坠，常漏髓，背脊苦虚"。（绪言一页）是岂非自认物之未顺天则，生理之未流行欤？是则熊君是否已止观双运实证本体者，岂非尚未能有以见信于世欤？何以遽言有所开发创新而不为物化欤？既不能创新而不为物化，而嘤嘤作《新唯识论》，大言欺世，复何解欤？

熊君又言："真见体者，反诸内心，自他无间，征物我之同源。盖满座之人之心，即是一人之心，元无自他间隔。此心即是物我同源处,乃所谓实体也。"(第一页)此说非是。依据圣言,无论何人,无论修何止观,无论如何反求,终不能亲缘他心。此亦事理之无可疑者,如何可言"自他无间","满座之人之心即是一人之心"耶?

又应进问:熊君自谓"自书于佛家元属创作"。(绪言一页)不识其所谓止观者,于佛家是否创作欤? 若犹是佛说之止观者,《解深密经》云:"慈氏菩萨复白佛言:世尊,诸毗钵舍那三摩地所行影像,彼与此心当言有异,当言无异? 佛告慈氏菩萨曰:善男子,当言无异。何以故,由彼影像唯是识故。善男子,我说识所缘唯识所现故。世尊,若彼所行影像即与此心无有异者,云何此心还见此心? 善男子,此中无有少法能见少法。然即此心如是生时,即有如是影像显现。"据此圣言,凡是所缘唯识所现,无有少法能见少法。如何今一反求,即见众人之心即是一人之心耶?

《经》又云:"世尊,齐何当言菩萨奢摩他毗钵舍那和合俱转? 善男子,若正思惟心一境性。世尊,云何心一境性? 善男子,谓通达三摩地所行影像唯是其识。若通达此已,复思惟如性。"据此圣言,止观俱转,通达三摩地所行影像唯是其识,如何可言今一反求即见他心即我心耶?

## 戊、真如为体

熊君言:"真如一名,大乘旧以为本体之形容词。"(三十七页)而以一翕一辟变成天地人物之功能为本体,是则以一翕一辟为真如也。试问凡读佛书者,有此种一翕一辟之真如乎? 以予所据思惟如性之圣言,则所谓如性者,即如所有性。《经》云:"如所有性者,谓即一切染净法中所有真如,是名此中如所有性。此复七种,一者流转真如,谓一切行无先后性。二者相真如,谓一切法补特伽罗无我性及法无我性。三者了别真如,谓一切行唯是识性。四者安立真如,谓我所说诸苦圣谛。五者邪行真如,谓我所说诸集圣谛。六者清净真如,谓我所说诸灭圣谛。七者正行真如,谓我所说诸道圣谛。"案此七种真如,无非显示诸行无先后,显示二无我,显示唯识,及显示四谛。而熊君一切不知,何耶?

复次当知熊君以因缘说真如缘起,亦显背圣言。圣说真如缘起者,但有所缘缘缘起之义。盖当正智以真如为所缘缘而生起时,能引自无漏种为因,亲生一切无漏诸法。非谓以真如为因缘,能亲生一切染净诸法也。

## 己、种子为体

复次当知经论建立种子,有其因缘。世间外道或执无因,或执不平等因,谓诸法皆共一因,而此一因不待余因。如有执一大自在天、大梵、时、方、本际、自然、虚空、我等,体实遍常,能生诸法。是故世尊出现于世,宣说缘起正理,显示诸法空性,谓一切法依他众缘而得生起,因果平等,都无自性,除彼计执,断彼众惑,令获正知,令顺解脱。是故不说一法为诸法本,能生能成一切诸法。三乘圣教,《中观》《瑜伽》,莫不如是。异乎此者,即非佛法,即是外道。说唯识者,亦以方便显示缘起,表无我性。世亲如是,护法亦如是也。

　　熊君计有恒转实体，不从因生，能生万有，违佛缘起性空之理，已同外道胜性邪说矣。不明立种深意，于是缘起之义遂昧；缘起之理不彰，于是外道之说斯起。一误现界以种子为体，二误现界以真如为体，三误两体对待有若何关系。三误蔽于中，妄言作于外，谓"自护法说来，真如遂成戏论也"。（三十七页）今为一一叙而阐之。

　　其误现界以种子为体者，彼以"护法计有现行界，因更计有功能，沉隐而为现界本根，字曰因缘。功能为现界之因，隐而未显。现界是功能之果，显而非隐。两相对待，判以二重。功能为能生，其体实有。现界为所生，其相现著。截成两片，故非一物。显而著相者，其犹器乎？隐而有体者，其犹成器之工宰乎？"（三十六页）案熊君所陈护法大概，并非护法之旨。护法说现行生种，种起现行，种子前后自类相生，皆是因缘。功能现行互为因果，互为能生，互为所生，皆待缘生，而岂但以功能为现界本根，字曰因缘耶？而岂但以功能为能生之因，现界为所生之果耶？护法种现互生之义，见《成唯识论》第七"有为法亲办自果之因缘，其体有二，一种子，二现行"之言是也。辩论至此，有一极要义须先陈述，方可著说。所言要义者，何也？盖以体用之名所诠之义，印度与中国截然不同故也。中国体用之说固定，印度则不固定。有以种现皆称体者，《识论》第七"因缘之体有二，一种子，二现行"，种子现行统谓之体是也。是则所谓体者，泛指法体而言，而岂玄学中所谓与现象相对之本体哉？有以本识为体，种子为用者，《识论》第二分别种子云："此与本识及所生果不一不异，体用因果理应尔故。"此中固以本识为体，种子为用，种子为因，所生为果，是也。是则种现相生互为因果，则种与现即互为其体，而岂独种为现之体而已哉？熊君体用之旨不明，无怪第一误也。

其误现界以真如为体者，即前辨真如为体中所举彼言："旧以真如为本体之形容词，本体一翕一闢变成天地人物之现界。"然非理也。真如之义，如前引经已明，唯是诸法实相，是无为法。无为法者，非有生住异灭诸有为相之谓。又何所谓变？何所谓变成天地人物之现界？熊君真如无为之义不明，无怪第二误也。

其误两体对待若何关系者，彼以"护法唯未见体，故其持论种种迷谬。本说真如为体，又立功能为现界之体，两体对待将成若何关系乎？"（三十七页）案护法既未尝以功能为现界之体，又未尝以真如为变成万物之体，何所谓两体对待之关系耶？总之，护法动依缘起说诸法无自性，而熊君必务以一法为先物之实体。邪正之不侔，又无怪其第三误也。

夫护法学虽与余唯识诸师颇有出入，然其明缘起理，显无我性，实与世尊说法之意极相随顺。是则"弹正护法获罪宿德"云云者，（三十七页）实弹正世尊获罪诸佛也。

复次，熊君常引禅宗语录，然熊君云："当反观时，便自见得有个充实而光明的体段在。"（六十九页）此种昭昭明明境界，正禅宗所诃之光影门头。熊君心中犹有这个在，书中又葛藤牵绕，不知其于古尊宿为何如也？既有个充实光明的体段横梗心中，即是法执。差此一间，即是外道。印度诸外道，岂真一无所见哉？但未达一间耳。有这个在，即非真无所得，即有挂碍，即未证真解脱，即不得大自在，即五百劫堕落野狐。多所言说，亦野狐之呜呜乱鸣而已。

原夫缘起性空之理，佛口亲宣，三乘共秉。中观则多谈性空，性空故缘起，所谓应无所住而生其心也。瑜伽乃多谈缘起，缘起故性空，所谓不坏假名而说实相也。小乘明缘起性空之理而偏求解脱，大乘明缘起性空之理而广兴功德。三乘圣教，如是而已。是故若知缘起性空，则真如亦是假施设名，众生即说众生，宇宙即说宇宙，不可定说一异，亦非自作、他作、共作及无因所作，缘所生故，无自性故。所谓"若佛出世，若不出世，安住法性，法住法界"是也。是故不一不异，不增不减，远离二边，即是中道也。又既知都无自性，但从缘生，则挂碍全无，转依可证，无边功德何法不可办，利乐有情何事不能为，是真解脱，是大自在。"天上地下，唯我独尊"，"三世诸佛，平等平等"，又奚必假万物一体以自广，待天人合德始中程哉？

譬如壮士健旺无疾，非无耳目口鼻也，而忘其有耳目口鼻。虽忘其有耳目口鼻也，而耳目口鼻自若，行其职任亦自若。由前句言，《般若》空义，根本智义；由后句言，《瑜伽》有义，后得智义。合前后句义，为宗门证得义。若稍觉耳有其耳，目有其目，便是病到，况非耳说耳，非目说目者哉！是为大病不治，仓、扁穷术也。是为《般若》执空，《瑜伽》执有，宗门弄光影虚玄，神圣亦莫可如何也。熊君增益立义，何以异是？

## 庚、一翕一阗

翕阗之论，为熊君说法立义之肝髓，应详叙而辨之。

一、立翕阗说之由来。熊君谓以恒转而翕阗，恒转已破，何翕辟之可言?(破义见一元之体段,又分见各段,寻读自知,不赘。)然其翕辟之由来,不能不揭示世人,使知其尽向外门转也。熊君之言曰:"恒转者,至静而动,本未始有物也。然动而不能有摄聚,故乃翕而幻成乎物。其翕而成物也,因以为资具,而显其自性力,故行之至健,常物物而不物于物也。夫是行健以物物而不物于物之自性力,对翕而言,则谓之辟;对物而言,则谓之心。恒转幻现翕辟,而形成心物相待,其妙如此。"(五十七页)案熊君以自性为辟、为心,以显自性之资具为翕、为色,皆恒转所幻者。详其由来与《太极图说》相似,而岂涉唯识之梦哉? 昔人考《太极图说》,道家授受之物,与孔《易》大不相侔。《系辞》"易有太极"一段,误解者皆道家之流也,而熊君袭之。其"恒转"云云者,即"无极而太极"句意也。其"辟"云云者,即"太极动而生阳"句意也。其"翕"云云者,即"动极而静,静而生阴"句意也。其"翕辟"云云者,即"一动一静,互为其根,分阴分阳"句意也。不过熊君以翕显辟为稍异耳。熊君辟翕义,尚不足孔家妙义,况唯识家言哉!偷袭后世方士之一二,遂乃称雄于古往今来,一切不顾,多见其太不知量也。又翕色辟心之义,不外袭横渠《正蒙》之余唾。

二、辟之战胜于翕。翕辟且不欲问,何辟胜于翕之可言?然邪说诬民,遂使人不能不作冤枉之哓哓也。熊君之言曰:"翕则疑于动而乖其本也,然俱时由翕故,常有力焉健以自胜而不肯化于翕,以恒转毕竟常如其性故。唯然,故知其有似主宰用,乃以运乎翕之中而显其至健,有战胜之象焉。即此运乎翕之中而显其至健者,名之为辟。"(二十六页)案熊君以乖本成物为翕,以如性成心为辟,心转物而不为物转为辟之战胜于翕者,胜败之数，视转与被转，更视其数之多寡。熊君以矿物、植物、动物及大多数之人类为被转，其为转者不过人类中极少数之出类拔萃者，多寡之数较然矣，判之为战败可也，而谓战胜，谁欺？

　　熊君既主张"阚以胜翕"，（二十六页）却又教人"法坤"。（二十七页）既信奉"生物进化"，（五十九页）却又教人"复初"。（六十三页）既说"浑然一体"，（五十八页）却又说"分化以显"。（五十六页）既说"分化以显"，却又责人"不说一体"。（三十七页）既说"不能以求之人者概之于物"，（五十九页）却又说"一人一物之心即是天地万物之心"。（五十九页）处处犯自语相违过。故不论其说为是为非，而此自语相违，失心疯言已童竖戏也。

## 辛、能习差违

　　能习差违，此有七辨。

　　一辨能混为习。因明例，先须选定立敌共许之名词，以为辩论之用，故立有极成之言。而不然者，犯不极成过。又名词须与指义皆极成，不能以敌之名，改用自立之义。而不然者，则名亦不极成，名词且不极成，所资以置辨者又安在哉？原夫功能、习气、种子，此三名词，原无差别。论言种子者本识中亲生自果之功能，则功能即种子也。论言种子既是习气异名，则习气又即种子也。熊君强分习气与功能为二，是立敌所用之名不极成，而有所云云，过尤丛集。依因明例，本无更辨之理由也。然厚诬古人，蒙蔽世人，又不得不为例外之晓言。熊君云："护法立说最谬者，莫如混习气为功能也。"（三十九页）夫能习不分，非始护法，熊君谓护法混，一谬也。能习分二，但熊君谬用，随一言以出人过,二谬也。数千年后凭空乱说孔子非仲尼,而责数千年前之古德何以混孔仲为一人,愚悍如是,曷一自审是谁愚悍? 三谬也。

二辨业为或然、又为定论。熊君既言:"吾人有生以来经无量劫,业势等流。其徇形躯之私而起者,必皆有遗痕,成有漏习。其循理而动者,必皆有遗痕,成无漏习。"(四十二页)是以决定说习气矣。然何以又说:"有情业力不随形尽,理亦或然。"(三十八页)或然即必然耶? 必然即或然耶? 何其自语相违若是耶?

三辨本来面目。熊君又言:"成形禀气之始,忽执形器而昧其本来面目者,是之谓惑。本来面目,是不落形气的,是无私的,是无所染执的。"(六十二页)案成形禀气之言,不过为此一期最初之时也。然熊君前云:"有生以来经无量劫。"则此所云"本来面目"者,不仅在一期初生之时,而实在无量劫先人且未生之前。是则所谓本来面目者,熊君果证见之耶? 是则今之熊君,乃是无量劫先人且未生之前之人。人耶? 非人耶? 若言是人,人且未生;若言非人,明明熊君。

四辨混天为人。熊君又言:"习气后起,不可混同功能。能习有天人之辨,众生储留其无始来之成能,以自造为一己之生命者,谓之为人。功能者,天事也。习气者,人能也。以人混天,则将蔽于形气而昧厥本来。悠悠千祀,迷谬相承,良殷悼叹。"(四十页)案此明明以生命力为人矣。何以又谓"斯人性具生命力。性具者,谓先天之禀"?(六十一页)所谓以人混天之迷谬,实在熊君。良殷悼叹之言,非指千祀,实自写照也。

五辨习伐其性。熊君之言曰:"心者即性,是本来故;心所即习,是后起故。本来任运,后起有为。本来纯净无染,后起便通善染。"(一百七页)又曰："性即是凝成此气质者。但气质之凝成，变化万殊，难以齐一。且既已凝成，亦自有权能，虽为本性表现之资具，而不能无偏，固不得悉如其性矣。"(四十四页)今应问彼：何以纯净无染之性，凝成气质，乃有万殊难齐甚美不美之分？且既凝成，何以又自有权能？乃至"习伐其性"。(七十七页)是等论调，岂非福音之再见乎？万能仁慈之上帝，既造众人，又造群魔而降伏之，以显上帝之威力。但群魔既被造成，即亦自有权能，不唯诱惑众人，甚至侵伐上帝。其为不通，亦此之类也。

六辨舍习之疑。熊君又言："习气虽属后起，而恒展转随增，力用盛大。吾人生活内容，莫非习气；吾人日常宇宙，亦莫非习气。若舍习而谈，此处有如是案乎？无如是案乎？便有许多疑问在。"(四十六页)案熊君既谓宇宙人生莫非习气，则又何必于习气之外，增益其所谓功能？又谓舍习而谈，便有许多疑问。熊君既谓疑为别境心所是习气之一，既舍习矣，许多疑问又何从而有哉？

七辨疑为悟几。熊君言心所中之最谬者，莫如将本惑之疑移入别境。盖承西哲笛卡儿之谬，所谓以怀疑态度治学者是也。不知吾人治学之始，凡遇一义不当不加抉择漫然从之，应以胜慧于所观境简择推求，于是德失俱非明白决定。或有当存而不论者，不知为不知是知也，非疑也。而疑数者，于诸谛理犹豫为性。既不能简择推求，故于德失俱非皆不敢加以决断，徘徊瞻顾，莫决从违。故有疑者不唯不生胜慧，反能令慧不决。诸圣教中但说能障善品，未闻为悟之几。观信数之为善，则疑数之为惑可知矣。今熊君偶拾以疑治学之俗说，漫然不加抉择而从之，又非真能实行其所谓以疑治学者矣。

# 释　难

熊君之言曰："唯识诸师如护法等，唯分析是务。理论愈进而加密，真意屡传而渐乖。"（六十九页）"八识之谈，大乘初兴便已首唱，本不始于无著，但其为说，以识与诸法平列。"云云。（七十页）今应问彼：所谓大乘初兴首唱八识与诸法平列之说者，指世尊所说之经耶？抑指菩萨所造之论耶？若指世尊所说之经，则三乘圣教皆佛所说，所谓大乘初兴之言为无意义。《阿毗达磨》本"声闻一切智"义，详叙诸法种种，说蕴处界三科。而至《华严》"唯心所现"之言，《深密》"唯识所现"之训，则抉择唯识特列以立义，又曷尝与诸法平列耶？若指菩萨所造之论，则除《起信》等伪书外，大乘初兴时龙树菩萨等所造论中，固亦未见有首唱八识与诸法平列之说也。

熊君又言："逮于无著始成第八识，引世亲舍小入大。此为接引初机，固犹未堪深议。"（七十页）夫八识之谈不始无著，君有明言，乃又谓逮于无著始成第八识，不知君之密意云何？意者大乘初兴但唱而未成，必逮于无著始克成之欤？但唱成之义两不孤立，不成如何能唱？古德岂亦但悬无因之虚宗以立言，如后世臆说乱想家想到那里说到那里耶？至于接引初机之说，当年世亲位证明得尚是初机，未知今世谁为超过世亲之熟机，熊君乃不惜以其超过八识之义所谓最上了义者广为之宣说耶？但熊君以第八识之说为接引初机者,不知其何以解于《阿毗达磨经》中"一切种子识,胜者我开示",及《深密经》中"阿陀那识甚深细,我于凡愚不开演"之说耶?

　　熊君又言:"及世亲造《百法》等论,并《三十颂》,遂乃建立识唯,而以一切法皆不离识为宗。唯之为言显其殊特,而成立识法非空。盖世亲以前诸大乘师,将识与诸法一例认为无自性,即是看作皆空。到世亲成立唯识,以识统摄诸法,则将识之一法看得较实。且据彼种子义而推之,识既从种生,则识为有自性之实法矣。"(七十页)案此当面造谣,闭眼乱说,岂谓古人已死无对证耶? 古人不在,古书具在。即如熊君所举之《百法明门论》,开卷标宗,明明引如世尊言一切法无我,全书始终明明皆释此一义,则世亲明明如以前诸大乘师将识与诸法一例认为无自性也。世亲又不但说识从种生,并说一切有为法如色声等皆从种生,皆是缘起,是故皆无自性。今熊君何以但就识从种生以推,又何以从种生故即可推得为有自性之实法? 真所谓邪谬不堪究诘者矣。

　　熊君又言:"护法建立八识,又各分心所,而于每一心每一心所皆析以三分。彼唯用分析之术,乃不能不陷于有所谓已成之断片相状。"(三十四页)案蕴处界法,佛口亲宣,三乘共许。虽或六或八,有多有寡,而其共许不唯一识,不唯一心所,昭昭然也。况《成唯识论》备引种种圣言,而可一概抹杀耶?《识论》第七云:"八识自性不可言定一,行相所依缘相应异故,又一灭时余不灭故,能所熏等相各异故。亦非定异,经说八识如水波等无差别故,定异应非因果性故,如幻事等无定性故。如前所说识差别相依理世俗,非真胜义,真胜义中心言绝故。如伽他说,心意识八种,俗故相有别,真故相无别,相所相无故。"又说:"心所云,应说离心有别自性,此依世俗,若依胜义心所与心非离非即,诸识相望应知亦然,是谓大乘真俗妙理。又第二心心所各有三分引《集量论》伽他中说,似境相所量,能取相自证,即能量及果,此三体无别。引契经伽他中说,众生心二性,内外一切分,所取能取缠,见种种差别。"又云:"或摄为一,体无别故。如入《楞伽》伽他中说,由自心执著,心似外境转,彼所见非有,是故说唯心。此一心言亦摄心所。"详此所引诸说,则妄呵护法惟恃分析法创设心心所异及三分异者,直是黑胆包天昏眼迷地矣。

且夫分析之为用大矣哉!世尊一代设教,破外为多,破外之具首凭分析。是善巧方便之极,所谓方便为究竟是也。经言种种名相惟佛为能建立是也。而熊君乃云:"分析之能事,虽或有见于散殊。然致曲之过,其弊为计。"(六十八页)又佛世尊为人我空析六二法。为执粗色有实体者,说极微令其除析。而熊君乃云:"析心至种,如析色至微,是谓戏论。"(七十七页)怪哉怪哉!

夫我法二执,率由计常、计一之见而起。我佛世尊析色至极微以破一,析时至刹那以破常。非色真有极微也,方便也。非时真有刹那也,方便也。今熊君必以方便为非究竟,而求其所谓真实为究竟者,视分析法为病而不用,用其所谓会归有极之玄学方法以为求,遂尔立有主宰之自我。熊君之言曰:"夫心即性也,以其为吾一身之主宰,则对身而名心焉。然心体万物而无不在,本不限于一身也。不限于一身者,谓在我者亦在天地万物也。今反求其在我者,乃渊然恒有定向,于此言之则谓之意矣。定向云何？谓恒顺其生生不息之本性以发展，而不肯物化者是也。故此有定向者，即生命也，即独体也，依此而立自我。虽万变而贞于一，有主宰之谓也。"（七十一页）呜呼，熊君名称唯识学者，奈何竟立主宰之自我者乎？夫计有主宰之自我者，是我执也。计有一法为我及天地万物之所资始者，是法执也。既为二执所缚，则以世尊之方便为戏论，亦势所必至矣。

然而熊君亦曰："如实义者心乃浑然不可分之全体，然不妨从各方面以形容之，则将随其分殊取义而名亦滋多矣。"（七十一页）又曰："感识亦得分言之，而云眼识、耳识、乃至身识。"（八十页）又曰："大习气千条万绪，储积而不散，繁颐而不乱。其现起则名之心所，其潜藏亦可谓之种子。"（七十八页）又曰："原夫无量种界，势用诡异，隐现倏忽，其变多端。每一念心起，俱时必有多数之同一联系者，从潜伏中倏尔现起，而与心相应，以显发其种种势用。即依如是种种势用，析其名状，说为一一心所法。"（七十九页）是熊君不但自许心、心所可分为多，且谓种子亦无量矣。何以熊君又曰："迹护法功能又名种子，析为个别，摄以赖耶。不悟种子取义既有拟物之失，又亦与极微论者隐相符顺。外道小宗计有实微，其数众多，此亦计有实种，数复无量。宇宙岂微分之合，人生讵多元之聚。故彼功能终成戏论。"（三十八页）不知熊君何以自解？熊君书中言有所谓"感情逻辑"者，（九十页）熊君殆亦用感情逻辑者欤？

又熊君谓"意识作用不唯外缘，而亦返缘。返缘略说以二：一者于外缘时，自知知故。如方缘色，而识自知知色之知故"。（七十四页）熊君既许识有自知知色之知，是则色者相分，知者见

84

分,自知者自证分也。又何以不许就此三体无别中,以理推征说有三分耶?

复次,熊君既云"聪明觉了者心也,此心乃体物而不遗",(六十页)而又云:"以本体言心,简异知觉运动非即心故。"(六十四页)觉了之觉,知觉之觉,等一觉字,何以悬绝不同?又何以聪明觉了为心,而知觉运动为非心,殆又用所谓感情逻辑者欤?

熊君又言"种子现起而为心所之部分,与其未现起而仍潜伏为种之部份,只有隐显之殊,自无层级之隔。或计种子潜伏,宜若与彼现起为心所者,当有上下层级之分,此甚误也。无量习心行相恒自平铺,其现起之部分,则因实际生活需要,与偏于或种趋向之故,而此部分特别增盛,与识俱转。自余部分,则沉隐而不显发"云云。(七十八页)案经论中未尝见有将种子现行显为上下层级之分者。然即为此分别,亦不过状其隐显之义,而非甚误也。熊君于上下之义,既斥之矣。然又何以作升沉之言?升非上,沉非下耶?止许自家说升沉,而不许人说上下,何耶?

熊君又言:"世亲之析识为八聚也,若但据染位妄识假析,固亦无妨。然彼实通净位而言之矣。夫净位则本心呈露,是所谓至神而无方相者也。今亦析成断断片片,则根本不曾识得此心,过莫大于斯矣。"(七十页)案净位析为四智,《佛地经》中世尊之所说也。岂佛亦根本不曾识得此心乎?自家不识佛旨,已不免堕莫大之过中矣,而又以莫大之过加诸世亲,孽上造孽,诚所不解。

熊君又言大乘之旨:"赖耶深细,藏密而不显,前六则粗显极矣。疑于表里隔绝,故应建立第七末那以介于其间。《大论》五十一说,由有本识故有末那,其义可玩已。"(六十六页)案《大论》文,云何建立互为缘性转相? 谓阿赖耶识与诸转识作二缘性,一为彼种子故,二为彼所依故。为所依者,谓由阿赖耶识执受色根,五种识身依之而转,非无执受。又由有阿赖耶识故得有末那,由此末那为依止故意识得转,譬如依止眼等五根,五识身转非无五根,意识亦尔非无意根。《论》之为义,是根依义。五以各自根为根依,六以七为根依,七以八为根依也。且五六七皆以八为根本依,又安有表里隔绝之言耶? 反覆《论》义,是立七识无表里隔绝介于其间之邪谬,读书不清而乱说何耶?

　　熊君著书体例,有"承旧名而变其义"一条。(绪言一页)其所谓变者,变他义而显自义也。若非显己而但叙他,而亦辄变改其言,是直造谣而已,是直诬谤而已。熊君又言:"大乘所立八识,约分三重,初重为六识,次重为末那识,三重为赖耶。受熏持种,动而无为。"(六十六页)案诸经论,赖耶有为法,绝无动而无为之理。既已无为,则无生灭,又何能动,而云动而无为? 此虽略涉内典,亦皆了解斯义,不解熊君何反不知?

　　又熊君言"无量种子各有恒性,各有缘用,又各以气类相从,以功用相需,而形成许多不同之联系。即此许多不同之联系,更互相依持,自不期而具有统一之形式。古大乘师所谓赖耶、末那,或即缘此假立"云云。(七十八页)案此以种子联系统一为七八建立之由来,诬为古大乘义,不知其据古大乘师何部论中而谈? 大乘书在,未见有如是谬论也。盖以种子联系统一说赖耶,犹依稀仿佛可言也。以说末那,则相去天渊,直是乱谈。

　　统前所谈,熊君于唯识学几于全无所晓。而其绪言中乃曰:

"此书评议旧义处,首叙彼计,必求文简而义赅。欲使读者虽未研旧学,亦得于此索其条贯,识其旨归,方了然于新义之所以立。"案所谓义赅,实不能赅,且非其义。但欺未学而阱以新,亦不读书而徒逞臆见粗僻犷野之为害也。然吾知熊君不悟也。愚意熊君诚能以十年著书之功,易为十年读书,穷研旧学,傥得索其条贯,识其旨归,方了然于新义之所以不当立。

（原载南京支那内学院《内学》第六辑,1932 年 12 月）

摧惑显宗记

# 题　记

　　本书乃熊先生又一部反批评著作,针对印顺法师 1948 年发表的《评熊十力的〈新唯识论〉》一文。原稿以黄艮庸(庆)名义发表于 1949 年《学原》杂志二卷第十一、十二期合刊上,又收入《十力语要初续》。1950 年,熊先生改写此稿,并于前增写约万言,概述《新唯识论》要旨,又于后附录两长文,由大众书店印行单行本,题曰《摧惑显宗记》,署为"黄庆述"。此次出版以大众书店印本为底本,并参考湖北教育出版社《熊十力全集》本点校。

摧慈顯宗記

此书 1950 年版封面题字（未署名，疑为熊先生自题）

# 卷 端 小 识

丙戌冬，及门诸子欲募资印十力丛书，未竟厥志。黄君所述《摧惑显宗记》，不失予意，诸生谓宜收入十力丛书，为将来评判旧学者，供参考之用。旋由张君云川商大众书店郭大中、万鸿年两君，印二百部。又赖赵君介眉雅意赞助。故此书得印存焉。

庚寅仲冬熊十力识于北京西城大觉胡同空不空斋

93

# 申述新论旨要平章儒佛
## 摧惑显宗记

　　戊子秋,邓子琴教授由南京抄寄僧人评黄冈熊先生《新唯识论》一文。庆披阅讫,不觉太息。是时,先生旅居寒舍,因请曰:僧人诬乱佛法,妄议儒学,似宜驳正。先生叹曰:"真理自在天地间,能悟者自悟,不悟者亦无可如何,是恶足辨!"庆愀然曰:良医岂为有不治之症而废治疗? 大匠岂为有不材之木而弃斧斤? 释迦云"我四十九年,不说一字",而实已浩浩三藏。尼父曰"予欲无言",而六籍之文粲如日星矣。孟子舆不得已而好辨,此不得已之心是何心欤? 非尼父己达达人、释迦自度他度之心欤? 先生莞尔曰:"子之言诚是。然老夫没意趣,久不与毛公管侯接也。旧式笔,昔人呼为毛公管侯。且此类文字,无足烦老人,吾子好自为之可也。倘虑有失吾旨,随时面决,何如?"庆既承命,不敢辞。窃惟《新论》一书,以体用不二为宗。以至空而神化无穷,无形无象名空,非空无之谓。至寂而生生不测,显本体之德。德字含二义,曰德性,曰德用。以本体之流行有翕辟二势,是名为用。翕势由本体将显发其自性德用,不得不翕而成物,故翕,则若本体不守自性,是动之反也。老曰"反者道之动",此义深微。盖本体之流行即名为动,其动而翕以成物,故若与其自性反也。然翕势方起,则有辟势同时俱起。本体流行之一翕一辟,本无时间可言,但恐人误计翕辟有先后,故说同时以遮之。此为言说上之方便,不得不如此,学者须忘言会意。辟者即本体之动而不舍其自性,不舍,谓动而恒如其性,无改变故。其为势也,盛有而无形,刚健而纯善,乃运行于翕之中,而仗翕以显发其自性德用。翕虽成物,有闭塞与沉坠之患;辟则战胜翕势而开发无碍、升进不坠,有转翕以从己之胜能。己者,设为辟之自谓。是故翕之动而反者,正所以显辟之至健而不可挠、至足而无所亏也。故翕以反而完成辟势,毕竟翕辟无矛盾,心物非二片。《新论》依翕假立物名,依辟假立心名。一华一叶,皆是备万理、含万德、肇万化之本体,随在呈现,各各具足,都无亏欠。朱子释《易》曰"万物统体一太极,一物各具一太极",庄生曰"道在屎尿,道在瓦砾",佛说"一一微尘皆有佛性",无有一物而非全体大用具足者。神之至也,不可测也。不可测故,名曰神。

《新论》以本体流行有翕辟二势,假分心物。而于辟可以见体,故重在辟,而揭唯心。唯者,殊特义,非唯独义,此与西洋唯心论者内容迥不同。先生之学凡数变,中间由佛氏有宗唯识而趣般若,空宗。最后复脱然超悟而揭体用不二以为宗极,救正佛家以生灭、不生灭截成二片,与西洋哲学谈本体与现象每欠圆融之大病。其言本体之德,至空而神化不穷,至寂而生生不测,生不测、化不穷者，一本于其德之健也。因此，归宗尼山《大易》，扶儒学于既坠，儒学始绝于汉师考据之业，宋明理学复变其质。匡佛氏之趣寂，佛氏趣向寂灭，逆造化，反人生，故《新论》匡正之。此千余年来一大事也。先生尝言：大乘空有二轮，虽不舍其度脱生死海之鹄的，然以众生难得度故，不忍独了生死，成乎自利，乃复誓愿不舍众生、不舍世间。大乘之大也，已与儒家有接近处。独惜诸菩萨笃生天竺，不免拘于释迦之教；未通华夏，莫由窥夫洙泗之源。其不能改趣寂之轨而玄同于儒者大中至正之道，盖亦机感未至焉。余生华、梵两大圣人之后，相去二千余年，得睹两家玄文，窃叹佛氏以《大般若》为其群经之王、诸佛之母，而吾儒《大易》为五经之原，于是沉潜往复于《大易》《大般若》之间，旷然遐思，脱然神解，独默会于真际，因以简两家之异而观两家之通。夫真际难名，本来空寂，而有生生化化不息之健。然生而不有，化而不留，虽生化无穷，毕竟未尝不空寂。法尔谲怪，不可致诘。佛经法尔一词，犹言自然。自然者，无待而然，其义深远至极，不可粗心索解。谲者诡谲，怪者奇怪，皆言其不可测也。穷理至此，无可复问其由然，故云不可诘。《新论》于是有作。所以摧其遏逆生化之异见，使协于吾儒大中至正之矩。不可离世间以觅法界，佛云法界，即本体之名。岂须厌生死而求涅槃？佛言涅槃，亦本体之名。是故儒者于变易而识不易，于无常而识真常，于流行而识主宰，以上皆推演《易》义，详《新论》。于形色而识天性，自吾一身与所接之天地万物，形形色色，莫非天性流行发现。天性即真常理。孟子言"形色即天性"，则已破除形色之迷执，而触目皆真常至理显现当前。于小体而识大体。小体谓身躯。大体谓天性，即吾人与天地万物同具之大生命，亦云宇宙本体。圣人能克除其执着小体之私，便浑然与天地万物同

体,是谓大体。义详《孟子》。《新论》归宗《大易》,宏阐儒义,盖默会真
际,直与先圣合符,讵有私见参于其间哉!夫惟圣人已识大体而
去小体之私,故裁成天地,辅相万物,非以天地万物离吾小体而
外在,妄恃一己私意以裁辅之也。非以二字,一气贯下。实缘一己
与天地万物通为一大体,故裁辅之功乃自我日新之实修,此中自
我,即目大体。岂忍矜己宰物,自贻伊戚哉!矜己之己,谓俗所自执以为
一己,即是小己。功利之徒迷执小体而妄割裂大体,天地始失其清
宁,万物始有失所之患,岂不悲哉!佛氏大雄断惑,倘于现前识
得大体,顺其大生广生之性,充其日新富有之德,天地位,万物
育,而我无可尸其功名。缘同体之仁,务自尽而不容已故,宗门
所谓本分事者,正符斯旨。何用高谈度脱,卒无拯于众生之沦溺
哉!《新论》融通儒佛,而宗主毕竟在儒。大乘诸菩萨未竟之绪,
逮于余而卒成之。张智炬于中天,导群迷于坦路,虽蒙无知者之
诟詈,亦复何咎云云。先生自道其所创获与所志愿者如此,故为
略述,以俟后之能悟者共证焉。今此僧人不了《新论》,妄兴谤
议,犹不足责。若其于儒佛两无所知,而妄以庸愚之见毁儒诬
佛,尤为可痛。先生平日示学人,谓在《新论》之体系内,如儒、佛
及他宗各有长处不容颠仆者,《新论》尽可尽量容纳,其短处须舍
弃者,《新论》必极力避免。盖《新论》主融通,以为大道无穷无
尽,未可以小知曲见自封。曲见,犹云偏见。固持门户见而谈真理,
何异以管窥天者竟曰天小乎?《新论》宗儒,而取资于佛者实不
少。《新论》究极空有,穷玄造微,本得力于佛而根底又不必同于
佛。融通之业,自有体要,如海纳百川,自成洪溟。识此意者,当
以《新论》还《新论》,儒佛还他儒佛。今僧人不解儒而毁儒,不了

佛而诬佛,将使先圣遗传宝物变成瓦砾,是可忍也,孰不可忍!兹将僧人文字逐段阅览,其浮乱之言、绝无意思者,只合舍置;其言中颇表示一种意思者,虽至无理,亦必直录原辞,不惮审正。至于《新论》旨要,亦随文发挥。是篇之文,约为四分,系依僧人文字章段以次驳斥,故无义例可言。《诗》所谓"终日七襄,不成报章"也。今题曰:《申述新论旨要平章儒佛摧惑显宗记》,平章一词,含分辨或批评等义。亦可省云《摧惑显宗记》。显宗者,显明《新论》本宗旨要;摧惑者,破凡愚之迷乱。此文不以答僧人题名者,意在申正义,不在对人故。

篇中要义,略言之。如儒家为融贯天人之学,佛法究为出世之教,其义趣深微谨密,字字不堪忽略。又如神义,会一神、泛神,自性、依他,而同于大通。圆融无碍,至斯而极,千圣百王,当无异议。王者往也。义理之宗,天下之所归往,故大哲人亦是无位之王。孔子称素王,是其例也。王不必为居君位者之称。至云《大易》明生,系以本体之德言,亦可云就用言,用者,即本体之德用,与上一语仍同义。此与佛家十二缘生之生及赖耶生相截然异议。儒者显真实德用,如《中庸》"天命之谓性",即演《大易》乾元性海之蕴,此乃本体固有生生不息盛德,清净纯善者也。是其着眼在宇宙人生根源处,谓本体。超形气而立论,即将吾人真性推出于吾形骸与一切杂染习气以外,直谈真性之本然。此其大生、广生,何可得而遏绝?此其刚健中正纯粹精,焉有惑染? 刚健,故不屈挠,所以常如其性,无改易也。中者无偏,正者无倒,纯者纯善,粹者粹美,精者无杂染。详《易·乾》卦。孔子谓之仁,《大学》谓之明德,孟子谓之善,皆就真源上说也。释迦说十二缘生,后来大乘有宗衍为赖耶恒转如暴流之论,恒转，即是生生不断绝之相，所谓赖耶生相是也。则以宇宙人生由迷暗而现起。迷暗，即惑之异名。佛家所云惑之意义甚深微，此不及详。盖从吾人有生以后，缘形骸而发展之生活力及无量习气，互相附着而成为生命流，《新论》有时以生命一词目本体，其意义甚特殊。今此云生命流，便是有生以后始形成的，非就本体言。佛家唯识师所谓恒转如暴流者即此。恒转者，谓生命流息息舍故生新。易言之，即前流方灭，后流续生。由前流灭故，非是常存的物事，故言转；然前方灭，后即生，实无断绝，故言恒也。恒转义甚深，详佛家《成论》。晚世生命论者窥及生之冲动，亦与佛门暴流之喻略相近，要皆就人生因形骸与习气种种结构而始发展之生命流上有所体验。此中有无限意思，难说出。此生命流既缘形与习而发展，便与人生真性之本然不相似，真性，亦可云人生之真源。谓之迷暗，谓之惑，诚哉其然！佛氏从此处着眼，故于人生之染污与罪恶、众苦等察识独深，而生厌离想，与儒家圣人直从人生真源处着眼者自不同。儒学所以为融贯天人之学，佛法所以为出世之教，实缘两家对于人生之体会各有独到，学者宜知。先生又言：儒者直探人生真源处，佛氏照察吾人有生以后缘形与习而发展之生命流，两说毕竟宜并观，方解人生底蕴。《新论》语体本《功能》章即兼收两说，惜乎今人不肯作反己工夫耳！又曰：佛氏修止观，已照察生命流纯为一团迷暗势力，而终亦参透真源，大乘便接近儒家，惜乎其开端是厌离思想，终不舍其度脱生死海之主张，难入洙泗门庭也。庆按：先生言儒佛二家对于人生之体会，一注重真源处，一注重缘形与习而始发展之生命流，真发前人所未发。然大乘透悟真源，至《涅槃》《华严》，已叹观止；先生乃由《涅槃》《华严》而归宗《大易》，亦盛事哉！

先生有云：哲学上极高之诣，至《大般若》观空不证而止矣，无可复加矣。不证，谓不著于空。广大、高深、微妙，乃至无穷无尽等辞，都不足形容此境。惜乎无慧者不会；真会者，虽欲化作百千亿广长舌，亦复说不得。拈花微笑，犹未若默然忘笑为亲切也。据此可见先生契会于空宗者至深。夫空者，空一切相而已。相义云何？如世现见事事物物各有定形，是名为相。凡官感所摄，乃至意想所注，无非相也。其实，宇宙万象皆依托众缘而起，无有独立实在的事物。刹那刹那，顿起顿灭，都不暂住。如前一刹顷顿起顿灭，次一刹顷虽续前刹而起，仍复才起即灭。自此以往，亦复如是。故刹刹皆顿起顿灭。详《新论·转变》章。不暂住故，都无定相。犹如电光，一闪一闪，诈现光相，实则一闪一闪不曾暂住，云何有固定光相可得耶？凡夫不悟，妄计一切相为定实，遂为相缚，为相所缚曰相缚，此中意义深微，须虚怀体究。由相缚所蔽故，不证实性，实性犹云宇宙本体。不悟真理。真理亦谓本体，与上为复词。譬如鹿迷阳焰，本无水相，而鹿迷故，妄于阳焰而见为水。凡夫无智，妄计一切相为实有，由此不了万法实性，此中万法，相当于俗所谓宇宙万象，或现象界。自失本原，长迷不反。万法之实性，在吾人分上言，即吾之真性也。今不悟实性，便是自失本原。是故诸佛怜愍众生，令修空观。令者，教示义，教众生修习空观也。观之一字含义深远。凡夫以杂乱心而行思辨，不得契会真理，未可云观；唯向道者，心地澄明，不杂迷妄，其所思察不违正理，乃得云观。观一切法相皆本来空，此中一切法相亦名有为法或缘起法等，犹俗云宇宙万象。至于妄识构画之相，亦此所摄。本来空者，犹云本来是空无的。空宗于缘起法，虽在俗谛许为实有，但就真谛言，则说本来皆空。非本不空而以己意作空想也。聊举例证：如大乘菩萨观物质宇宙毕竟空无所有，而小乘则犹执有实极微，极微，犹今云元子电子。大乘复说极微非实。今自波动说出，而原子电子果无实质，大乘极微不实已得证明。据此可见诸佛观空，无有倒妄，众生迷执宇宙万象，如蚕造茧自缚，如蛛造网自困，凡愚颠倒，不得自在，岂不悲哉！至于哲学上古今种种宗派、种种理论，各以乱识识者，意识。据佛法言，众生缺乏修持，其意识未离杂染，谓之乱识。乱者杂乱。构画宇宙，如解释宇宙万象者即现象论，穷究宇宙本体者曰本体论，二者可通名宇宙论。戏论纷纷，莫可究诘。狂夫倒见，见不正故，名倒。猥以自心所构妄相，结网重重，世所谓成为系统之理论，大抵以自心构画之妄相结成密网而已。愚而可哂，莫此为甚。倘遇诸佛，教以反观自心所现种种相，明是意想妄构，云何得与实理相应。如是观已，空除自心一切妄相，顿令自心洞然澄明，无有障碍。即此无障碍心，默尔而寂，则一理平铺，证见本原，即万理会归一理，佛云无差别相是也。现前显现，不由猜度，故曰平铺。炯然而照，则万理粲著，寂照一如，寂无妄，照亦无妄，故云一如。方是空不空境地。妄灭，故空；理彻，故不空。总之，观空为哲学上至高无上之诣，学未至于观空，必未能离戏论也。虽然观空难矣，观空而不证则难之又难。空教在梵方，其末流已有陷于恶取，取者，取著。执著于空，成大邪见，故呵之曰恶取。恶者，毁责词。彼计一切皆空，彼者，谓恶取之徒。不唯法相空，法相相当于俗云宇宙万象。法性亦空。法性相当于俗云宇宙本体。清辨《掌珍》颇近空见外道之论，梵方有空见外道，大概持一切皆空之见。此土奘、基两大师驳斥清辨不遗余力，余深味其旨，盖有孟氏不得已之感焉。今兹僧人却又谬想俗谛中颠倒虚诳之缘起法不空，易言之，即一切法相不空，而复妄计法性是空。此辈作是妄想,盖由近十余年来国内曾有打倒玄学鬼之风气,不喜谈本体论,故敢以法性空附会《般若》。又自先生《新论》出,创明体用不二,此辈故遮拨本体。其实,学在求真,所贵信心任理。立异固无谓,追逐时尚尤非学佛人所可为。是篇审正僧人文字谈空有处,皆本夙闻于师门者予以辨正,庶乎《大经》、《大般若经》。四论《大智度》与《中》《百》《十二门》。玄妙难测者,得此乃有规矩可循。夫不能空相具云法相。而迷于性者,法性,亦省云性。众生愚惑,所以可愍也。相空而见性,庶几不着于空乎?犹未也。孔子固曰"知及之,仁不能守之",虽曰识性,犹不识耳。菩萨悲智双修,尽未来际,不舍众生,不舍世间,斯亦知及、仁守交尽之旨。如是乃可观空不证哉!呜乎难矣!大乘"不舍众生"与孔子"吾非斯人之徒与而谁与"意思一般。汉以后,号为贤儒者,鲜不脱离民众。未能观空而有遁于空虚之病。可怪,可叹!庆按:先生深于空宗,平日教庆辈者,多举《大经》、四论旨趣。

**附识:**庆按:观空不证之证字,觉其妙极,然似不可捉摸,颇难下一的解。曾以问先生,承诲曰:《易》无达象,《诗》无达诂,佛典中名言亦如是。此中证字难解,确如汝所说。必欲强通,则证者,证会空理,或不得无住涅槃,而着于空矣。菩萨观空而不住于空,故云不证。余以不着于空释之,使人易解,虽不必能传出证字义味,而大旨无失。

有宗以三性为纲要,三性中,唯第二依他起性是空有二宗分界处。有宗建立依他,不唯俗谛实有,即在真谛,染分依他,亦幻有而非无，净分依他，通圆成实。空宗肇自龙树、提婆，初未有三性名目，而以二谛义提纲。其在俗谛，不破四缘，即不毁缘起法，然是颠倒虚诳法，但依世俗，说为实有，缘起法，后来有宗亦名为依他法。一入真谛，则四缘皆不可得，即缘起法本来空无所有。《智论》三十二说"般若波罗密中，四缘皆不可得，乃至无所舍、无所破，毕竟清净，无诸戏论"云云。此则正明第一义中，即真谛中。一切法皆空。所以者何？般若波罗密已证法空，即入第一义；第一义中本无一切法相，何有四缘可得？四缘不可得，又何所舍、何所破乎？《智论》明明就般若波罗密中说，而僧人不悟，乃谓空宗不破四缘，此由其不通二谛义，遂致铸九州铁成此大错，岂不惜哉！空宗在真谛，则缘起法皆空；有宗染分依他，实即空宗之缘起法，而于真谛仍许为幻有。此两宗争端所在也。空宗无净分依他，亦是其重大缺点，此不及详。是篇审正僧人谈有宗处，皆据《新论》予以驳正。

篇中平章空有二宗处，颇有先生近年新义，为《新论》中所未及详者。《新论》以体用不二为宗，圆融无碍。举体成用，则宇宙万有动而愈出；言其发展无穷竭也，宇宙自是发展的，学者宜深玩。摄用归体，则会之有元、统之有宗。不唯救两宗同一偏于空寂之病，而有宗理论上种种缺点，《新论》悉予革除。空宗真谛则体是无为之体，如何成用？俗谛则缘起法全是颠倒虚诳，又不可言用。《新论》谓空宗无法成立宇宙，诚哉其然！学者精研空有之失，而后深探《新论》之旨，则妄议可以息矣！

先生常言，佛书未易读，读者必具四条件：一、抽象作用极高，否则于其高广幽深之玄境不可攀援。二、分析力极强，否则于其方方面面无穷的义蕴寻不着端绪与脉理。三、会通力极大，否则如盲人摸索大网罟，十指触入百千孔穴，将缚于一孔或数孔之间，终不得其纲领所在，而犹自以为通也，不大可哀欤！四、必有广大心、真实心，非徒在语言文字上作活计，以肤乱知解诳无知趋势途者，非字至此为句。必修养有素，方许了解文字而终会意于文字之外，与十方三世诸佛相见。智慧之神不会来舍于杂染心，此事宜知云云。庆按：先生此说可为世间高谈佛法或哲学者当头一棒。智慧神不来舍于杂染心，庆闻于先生者盖久，而阙于自反，负教深矣。

庆承先生命，既审正僧人评文，为《显宗记》，立义则时禀于函丈，而文字亦蒙鉴定，兹复补述缘起，冠于篇首。唯冀览者于《新论》与儒佛各求其精神面目，则余之此篇为不虚作矣。本篇共为四分，以次列后。

# 第　一　分

僧人评《新唯识论》文字，既妄谤师门之学，更诬乱儒佛本真，谨审正如左。

评文有云：《新论》体用说的根本假定，根源于满足求知的愿欲，为了给宇宙以说明。然而释迦说法，不是为了如何说明宇宙，如何满足求知的愿欲，相反的，遇到这样的玄学者，照例是默然不答，让他反躬自省去云云。

审曰:《新论》开宗明义曰:今造此论,为欲悟诸究玄学者,令知一切物的本体,非是离自心外在境界及非知识所行境界,唯是反求实证相应故。评者不通玩全书根本精神,而但摘一二语,谓其只是根源于满足求知的愿欲,如此轻率,殊可惜。又复应知:学者,所以己达达人与成己成物也。佛氏亦云自度他度,因明则云自悟悟他。试问他度与悟他是否宜因众生求知之愿欲而随机开悟? 如佛法完全斥绝知识,则浩浩三藏皆众生不可以知识去理会者,而诸佛菩萨果何所谓而说法乎? 须知,《新论》已明示本体非是知识所行境界,而欲众生之反求实证到此,则必随顺众生求知之愿欲而随机开悟,即因众生所有之知识而方便善巧,以祛其迷而使之悟。筌者所以在鱼,而筌非鱼,固也;使不设筌,则何由得鱼乎? 蹄者所以在兔,而兔非蹄,固也;使不循蹄,则何由获兔乎? 玄学上超知之诣,毕竟须从知识方面种种遮拨、种种开诱,而后有上达之几。若一往反知,何由趣入超知境地? 评者如于《新论》及《十力语要》《读经示要》诸书果肯留意,当不至轻诋若是也。

评者又云:佛法的动机,不外乎为己的出离心,为他的悲愍心。所以释迦的教化,不是为了少数玄学者的玄谈,而是普为一切众生的依怙。

审曰:评者言佛法的动机,却将为己、为他二心截成两片。此若出自一般居士,犹无足怪,而出于披法服者之口,殊可怪。评者既鄙弃玄学者的玄谈,则于诸佛发心处,应有深切感触而不为猜度之浮词。今如评文所云，为己只是出离心，将一意为己而无悲愍众生心欤？又如为他只是悲愍心，而不欲众生同出离生死，则悲愍复何所济？《唯识述记》卷一辨教时机有云"诸异生类，无明所盲；起惑造业，迷执有我；于生死海，沦没无依。故大悲尊初成佛已，仙人鹿苑，转四谛轮"云云，可见悲愍者，正欲拔彼沦没生死海之众生同出离故。尤复须知，诸佛菩萨心中，原无为他为己二种可分。《大论》说：菩萨以他为自，悲愍众生，即是自悲。有一众生不成佛，则我终不成佛。决无有独为己而求出离之心。评者若于大乘法义闻熏有素，似不当以小乘自利之智猜测佛心。

评文又云：依佛法，此现时的苦迫，惟有从察果明因中，正见苦迫的原因何在，而后给予改善，才能得到苏息。所以佛法的中心论题，不是本体论，而是因果相关的缘起论。不仅世间的因果如此，就是无为、涅槃，也是从依彼而有、必依彼而无的法则，指出此无故彼无、此灭故彼灭的。

审曰："依彼而有、必依彼而无的法则"云云，此"依彼而无"一语，不知何解？倘云若此依彼而有，彼无故此无，例如行此。依无明彼。而有，十二缘生中，首无明缘行，谓由无明故，行乃得生，故说无明为行之缘。无明灭故，行灭，如此说者，即符经义。今如评者所谓法则，则当云此行依彼无明而有，必依彼无明而灭，此成何语？经论言，若法，此依彼有，彼灭故此灭者，正显缘起法无实自性。评者乃于其中妄立一依彼而有、必依彼而无的法则，此大迷谬。既云依彼而有矣，又云依彼而无，则是彼尚未灭，而此依之以无也。此已依彼而有，如何又依彼而无乎？

评文中所云"不仅世间的因果如此，就是无为、涅槃，也是从依彼而有、必依彼而无的法则"云云。据此，即无为、涅槃亦有因果，亦是缘生法，则无为与有为何殊？涅槃与生死不异。评者果从何处得此妙义？夫生死是此岸，涅槃是彼岸，六度大义，极明白彰著也。生死未尽，<sub>评者所云世间因果，即属生死。</sub>不可到涅槃彼岸，经义诚然。若云涅槃无为法亦有因果，亦是缘生，大小经论何曾有如是胡说？无为法自性，无造无作，不可说是缘生法也。涅槃自性寂灭，不可说是缘生法也。评者所云，指出此无故彼无、此灭故彼灭，不知何解？生死未尽，则不可证得无为涅槃，是三藏十二部了义，未闻以无为有为并作一谈，涅槃生死混为一相也。而评者曰"不仅世间的因果如此"云云，何迷谬至是乎？

> 评者又云：如离此缘起的中道教说，即难免与神学同化。《新论》并不如此，离开了因果缘起，说本体、说势用、说转变、说生灭云云。

审曰：评者若果了解缘起说，应知佛家毕竟是神我论。《摄大乘论》所谓第一缘起，即是阿赖耶识中含藏一切种子，此阿赖耶识亦称第八识，是众生各各具有的。奘师《规矩颂》云："去后来先作主公。"谓人死时，此识最后舍去，故云去后；人生时，此识最先来投入胎中，故云来先。奘师实据诸经论之义而为此颂，即小乘中所谓细意识与穷生死蕴等，其义亦与赖耶同。《三十论》可参考，毋须繁说。据此，则佛家承认人生本有不随形骸俱死之神识,与外教之灵魂说实无所异,虽其对于神识之说明不必同于外教,而其神识与灵魂之义相当,则不容否认,同计人生有不随形骸俱尽之主公故。佛家虽破外道神我说,而骨子里则神识何殊神我? 吾谓佛教亦是多神论者,义据甚明。而评者犹轻诋神学,此则承佛教一向排斥外道之门户见,而自忘其根底与人同也。

评者视缘起说为佛家思想之中心,此其所见似是。但评者竟不悟缘起说中,以第一缘起即阿赖耶识为根底,如无此识,则所谓流转与还灭两不得成。流转义详十二缘生中,还灭义详四谛。此本释迦始唱,大乘各派思想皆根据于此。奉佛法者若弗知注重,岂不违教! 夫流转者谁乎? 当知有赖耶识故。还灭者谁乎? 当知赖耶虽舍,而非无物,以转得无垢识故。诸论言转依者,有二义:一转舍杂染,即舍赖耶;二转得清净,即得无垢识。《摄大乘论》首明第一缘起,此宜深玩。无着菩萨特造斯论,授其弟世亲,诱之弃小入大,斯论何等重要! 而评者乃泛谈缘起,不悟其中有根底在,释尊有知,能勿心痛? 佛教徒如泛谈缘起,将其中根底如赖耶识者置之不问,则缘起说与今西洋哲学家之关系论,虽持说有粗密之异,西洋学者出于学术发达之后,持说自密。而大旨要自无殊。果如此,则佛教之精神与面目剥丧殆尽,佛教徒不如皈依今人罗素辈,而无取为佛弟子矣。余以为真佛教徒当坚守其崇高之信仰,从教理之有所不可颠仆处特加发挥,身体而力行之。其教理之不必是处,亦存其旧说,而无须曲解,但不必强人之信从。诚如此,则佛法自尊,而何虑乎人之攻难?

评者云"由于不觉时间的幻惑性,所以有寻求宇宙根源的愿欲"云云。其浮词满纸,不知果何所谓? 须知时间与空间问题,在哲学及科学上，其解说甚繁，而各有极精博之论证。幻惑性云云，评者既未申明义据，何得妄说幻惑？评文有一段云"如时间现有前后相，但加以推究，如前而又前，落于无穷的前前中。无穷即否定了最初的根源"云云。据此，则评者已肯定时间是无穷的存在。因为无穷的意义与无有的意义截然不同，若于本无有者而横计为有，如旋火轮之类，实无有轮，可云幻惑性。今说时间是无穷的，此无穷的便是横尽虚空、竖穷永劫的物事，如此，则评者计时间是万法实体，云何可说为幻惑性欤？至云无穷即否定了最初的根源，无穷既是万法实体，不可头上安头再找根源，评者此语却是。印度古代有时计外道，评者如衍其绪，未尝不可，惜乎又误说为幻惑性，则自教相违。

评文又云"如前而又前，到达前之边沿，但这还是否定了时间。因为时间是永远向前伸展的，没有以前，即不成为时间，也即不成其为存在了"云云。评者此段话又不通。既曰前而又前，到达前之边沿矣，依此义据而下断案，只可曰更无有一法前于时间者。易言之，即时间之前更无前。如此，则时间已是最后的实在，云何可说没有以前即不成为时间，也即不成其为存在了乎？依评者所说时间义，只可说更无有前于时间者，而时间之为实在无疑矣。假如依俗谛议而说时间是分位假法，本非实物，即不可计有前后相存在者，而世俗执取时间相，确是幻惑。如此说者，不违佛法。惜乎评者全不了此，而妄承认有前后相，并依妄计之前后相上反复申说，终于自陷。

评者拼命反对玄学家寻求宇宙根源，佛教徒有此愚谈，殊堪诧异。根源与本始等字，皆本体之形容词。如佛家真如，一名众生界，由依真起妄故名。参考《大论伦记》。详玩斯义，是众生妄相皆依真而起，则真如本体真如本体四字，作复词用。对妄法或诸行言，即有为其根源与本始等义，妄法或诸行，即谓众生。是诸妄法所依之以起故。注意。僧叡序《大智论》有云："变化兆于物始，而始者无始。"详此云物始者，谓诸行缘会顿起之相；始始者，谓物始之所依以始者，即谓真如。而此真如，更无有始，故复赞之以无始。《胜鬘经》言"彻法源底"，源者，具云本源；底者，具云根底。谓彻了诸法之根源，易言之，即彻了诸法实相。相字有二释：一相状义，二体义。此云实相，犹云实体，实体即本体之异语。略举一二文证，则根源即本体之形容词，稍有知者，于此当无疑。佛家真如即本体之名，谓佛家不求证本体可乎？自地前，无量修行，以至登地，见道位中，本智发现，始证真如，即为证得本体之候。然染未尽故，犹须自初地以历十地之终，断染既尽，始得真体常现在前。此中真体，用为法身之异语，法身亦即真如之别名。是故经言，非不见真如而能了诸行皆如幻事等虽有而非真。非不见，至此为一长句。评者若解悟经文，自知寻求宇宙根源是佛教徒最大愿欲，而可曰根源不当求耶？经所云彻法源底，若不希求，云何得彻耶？地前迄地上，无量劫修行，果何为耶？非求证真耶？玄学家求之而得彻与否，其求之之方有误与否，此皆别是一问题，而必向根源处希求，则是玄学所有事。佛教所由兴，亦只为此事。如不见真如，即不能了悟诸行皆如幻事等幻有而非真。即不能，至此为句。三藏十二部经，皆不得已而方便说法，只欲引众生以求彻根源，即见真如。令其无迷执诸行、沦没生死海、靡所依止。令其无三字，一气贯下。今汝僧徒乃遮拨根源，此真怪事。佛法果为不求根源之教乎？佛教徒固可不求根源而率众生以习于流浪无所依归乎？是而可忍，孰不可忍！

凡哲学家不谈本体者，并非谓万化无有根源，只恐谈者各以意想猜测，故不如勿谈耳。若夫彻法源底之希求，则是人智之最高发展。学者必欲斥绝之，若自甘堕没则可，以此托于佛门，释尊能勿痛乎？

评者谓"由于玄学家不觉时间的幻惑性，所以有寻求宇宙根源的愿欲"云云。不知何故有此妄想？古今玄学界大哲，在其始学时，对宇宙人生根本问题而希求解决，其智慧之超悟与心情之发越，极广大、极幽深、极博究精穷之能事，何至如评者所云由于不觉时间的幻惑性云云乎？以凡愚而测上哲之智量，何异斥鷃枪榆枋之间而卑视天池乎？自来反对玄学者，只有从知识论或认识论方面而批评之，大概以为专任理智与用思辨之术者，不必与真理相应而已。至其思想之误在何许，则疏决而判别之者，非有宏通精奥之识者莫能为。西哲如康德，吾国哲人如王船山先生，于此皆有特识。但船山之言皆散见，辞亦简要，学子滑口读过，每不觉耳。评者所谓由于不觉时间的幻惑性云云，不知于《新论》及古今玄学家有何相干？《新论》明示一切物相与时相空相都无实故，始谈体用。易言之，正以觉了时间的幻惑性，才明宇宙根源。使其不了时相等是幻，则将如素朴的实在论者妄执现象界为实在，岂复有根源可求、有本体可说乎？岂复，至此为句。《新论·成物》章依大用流行之翕的动势上假说物相及时相空相，此乃以方便善巧随顺世间，安立俗谛，非谓物相及时空相为实在也。入真谛故，无相可着；本无一切物及时空等相。顺俗谛故，不拒诸相。此自龙树迄于清辨，密意可寻。《新论》宏廓深远，如非有智，何易悟入！

评文力诋神学，似于神字未求解。神字之含义，略言以二。一曰，神者，造物主之谓，即视为具有人格者，凡宗教家所奉之神，即此义。二曰，"体物不遗之谓神"，此语出《中庸》。体物不遗者，言其遍为万物实体而无有一物得遗之以成其为物者，此即深穷宇宙本体而叹为神。神者，赞其妙不可测也。故神即为本体之形容词。亦即为本体之名。此神非超越于万有之外而为造物主，乃即于一一物而皆见为神，故说体物不遗。佛经亦言"一切法亦如也，乃至弥勒亦如也"，其义与《中庸》相和会。《易系传》曰："神也者，妙万物而为言也。"从来注家于此悉无的解，实则体物不遗一语全从此出，《中庸》本演《易》之书也。中国人治学好为耳食而不求实解，喜言佛教为无神论。实则佛教之内容极复杂，一方面对死生问题有个体的生命永恒之要求，赖耶虽舍，而转成无垢识，是个体的生命无断绝也。明明为多我论；一方面在本体论上遮拨作者，内典所云作者，犹言造物主。而承有诸法实性，犹言实体。所谓真如，又近泛神论。吾固知佛教徒恒推其教法高出九天之上，必不许泛神论与彼教相近。实则义解浅深及理论善巧与否，彼此当有悬殊，而佛之真如与儒之言天、言道、言诚、言理等等者，要皆含有泛神论的意义，谓之无相近处可乎？须知穷理至极，当承万物必有本体，否则生灭无常、变动不居之一一现象或一一物，岂是凭空现起！《论语》：子在川上，喟然叹曰："逝者如斯夫，不舍昼夜！"。深远哉斯言也！此于变而观实相也。夫通昼夜而不已于逝者，可以喻大用流行之顿起顿灭而无息也。才灭即生，故灭灭不停即是生生不住，斯云无息。其所以无息者，则由有实体也。有实体故，方显为起灭无息之大用。如其无体，实体，省言体。则谁为起灭无息者乎？譬如逝水，若无质，则谁为不舍昼夜之逝者乎？轻二养一，合而成水。轻养者，逝水之质也。此中之逝水喻现象或一切物，以逝水之质喻本体。孔子之叹，良有以也。夫言乎体，具云本体。则备万理、肇万化，不动而变，动者，动作。本体无形无象，非可拟之于人，谓其有意志、能造作也，故云不动。然万化由之以成，故曰不动而变。此亦《中庸》语。无为而无不为，无为，犹上云不动；无不为者，谓其成为万物也。是乃至妙而不可测也。一切学术，莫非穷究万物之理。然穷至极处，终归不可测。不可测故，谓之神。评者恶言神，试反求诸己，汝眼恶乎能视？汝耳恶乎能闻？乃至汝身恶乎能触？凡人但迷执眼耳鼻舌身，以自成为顽物，而自丧其视明听聪之神，则妄计无神而已矣！

夫外道所谓神，未离其自所妄执之相，释尊遮拨，吾无间然。若夫吾生固有之神，即是遍为天地万物实体之神，此若可遮，则乾坤毁、人性灭，有是理乎？哲学家之持泛神论者，自无儒佛致广大、尽精微与体神居灵之胜诣，体神之体，谓实现诸己也。人能体神，则人即神也。居灵亦体神义，复词也。而其变更宗教之神道思想，乃于万有而皆见为神，则亦于儒佛有可融通处。可者，仅可而未尽之词。其推度所及，亦有足多者。晚世学术专向外求理而无反诸自性之功，精以析物而拙于穷神，《易》曰："穷神知化，德之盛也。"穷神意义，深广无边，千古几人识得！故浅夫昏子乐趋时尚，喜为无神之论。学不究其真，理不穷其至，适使人生堕没、自甘物化，至于人类都无灵性生活，同为猛兽，不相残以俱毁而不止，岂不悲哉！佛家证得涅槃寂静圆明，涅槃，真如之别名。寂静者，离一切感染相故。圆明者，澄明之至，无亏欠故，是一切知之源故，本来自明，非后起故。非神而何！真解佛法者，除在其死生观念方面有不死之神识为多我论而外，当知其在本体论方面无彼外道所执之依他神，宗教家信有超越万有之造物主，为具有人格者，是谓依他。以他为神，曰依他神，释尊所遮拨者此也。而有自性神。就本体在吾人分上言之，则曰自性。性体，清净圆明，至神者也，曰自性神。于此不辨，概曰无神，是障至真之极，极之为言，万化之宗，万物之本，此至真至实者也，此理不容障蔽。灭生人之性，当堕无间狱，可不怖乎！

《新论》在本体论上，自性神的意义与儒佛皆有融会处，而究与佛氏有大相殊别者。佛家于性体寂静方面证会独深，而不免滞寂；《新论》则明性体至静而健以动，至寂而生化无穷，此其所以归宗《大易》，终与佛氏有判若天渊者在。此等义海，广大渊深，学者须于了解文字或理论之外而别有致力处，方可领会，否则如与盲人谈色彩，何能相喻？

佛家对死生问题方面之多我论，即人各有不随肉体俱死之神识，如所谓"去后来先作主公"者，此乃《新论》所存而不论。

犹复应知，就诸教有超越万有之造物主即依他神而言，是一神教，就一一物各各有自性神而言，是泛神论，二者不当歧视，而当融和。佛教自释迦已明自性自度，无有外道之依他神，迄大乘空有诸菩萨，遮作者尤力。作者，谓外道之依他神。及净土宗兴，虽有念自性佛之言，以融归自教之了义，然实将自性神推出去而尊之为他，乃依之以起超越感，人生唯赖此超越感，始有所向往、有所依归，人生无上宝贵之虔诚严肃于是乎存。此不唯人生之要求如是,而理实如是。经言"一切法亦如也",旧译真如,多只用一如字。则如为万有之大原。如为一切法之本体,即可义说为万有之大原,以一切法由如而有故。又言"乃至弥勒亦如也",则克就弥勒本人分上说,而如为弥勒之自性。由弥勒亦如言之,当知如者是吾人自性神。由一切法亦如言之,当知如者是吾人自性神,亦即是万有大原。盖就如言,本无个体之拘限与分畛,实乃无定在而无不在,故有超越各个体而为绝对义。由此义故,当说如者不唯是吾人自性神而已,亦即是依他神。以此自性神非限于吾之一身,即有他义,此乃吾之所依以有生者,亦得名依他神。

佛教经典中破依他神者,盖因外教解悟未透,不免以拟人之观念而测神,故从其迷谬处破之。后学缘文言而起执,遂与外道成水火,门庭分立,真理日晦,甚可哀也!及禅家兴,离语言文字而直反诸自性,此是佛门中一奇迹;净土宗兴,而着重依他,佛门更添一奇迹。研佛法者,当由大小教理以穷至禅净,而后见佛教之盛,日由内而融乎外,谓外道。日由浅而入乎深,日由狭而至乎广,日由小而进乎大,日由表而逼乎里,日由支离而归乎易简。佛法以善变迁、富容纳成其伟大,与中土儒家之善变、宏纳而伟大也相同。

中国佛徒,自昔以来,好以尊佛法于九天之上而排斥固有学术为能事,不知推至天外便与人间绝缘。佛法到中国,除介绍者可勿论而外,其信向之者虽累世不绝,罕有精析之才,深入其阻以会其通,而复游于其外,以窥大道之全也。《新论》自是千余年来特创之作,虽于佛法多所弹正,而其遮法相以显法性,见法性已仍不妨成立诸法相。其大旨折儒佛之衷而建皇极,谓于佛法

115

有匡正、有推演则可，谓为佛法之敌则大谬不然也。

儒者宗六经，而《易》为五经之原。《易》明乾元始物，而曰"乃统天"，此言天者，谓太空诸天体也。诸天乃形气之至大者，天且为其所统，况物之细者乎，此即前释体物不遗之义。是乾元即一神，一者，绝对义，非算数之一。亦即前所云依他神。又曰万物"各正性命"，即一一物皆以乾元为体，而一一物莫非乾元。《乾》之《象》曰"群龙无首"，即此义。龙以象乾元。群龙之象，谓于一一物皆见为乾元。无首者，非如外道计有超脱一切物而独在之上神也。故克就某物具有乾元而言，即乾元为其自性神。

道家，儒之别子也。老之言道，道者，本体之目。曰"象帝之先"，是依他神也。庄生曰"道在屎尿，道在瓦砾"，是物各具自性神义。禅师家说"有物先天地，无形本寂寥，能为万象主，不逐四时凋"，是依他神义。又有曰"闹市中有天子"，闹市喻众生妄识憧扰，而其本心未尝不在，故云有天子。本心是吾身之主，《新论》所谓非礼勿视听言动者即此。是自性神义。孟子曰"夫道，一而已矣"，是依他神义。曰"形色天性也"，又曰"践形"，是自性神义。孟子"践形"一词妙极。道体之流行而成乎众形，此一一形皆道体之所凝成而藉以自表现者，故一一形皆道体之所主宰与所流行，形色即天性者谓此。学者诚明乎此，不妄执其七尺之形以障道，而常保任道心，使得恒主乎形而流行不息。是形即道，方名践形。以佛义通之，若于色身而证得法身，亦践义。老云大患有身，犹未彻在。以上略举诸家，毋待繁称博引。

夫神之为义，可析言以二，曰依他与自性。但二者虽可分说而究不可分，不可分而又不妨分说，其妙在此，其难穷在此，其不可思议在此。印度外道之以天神为作者，与西洋受自希伯来之一神教,皆于依他与自性二义可分说而不可分、不可分而又不妨分说处未能透悟,故不免差毫厘而谬千里。彼等以超越感盛扬依他,而忘却超越万有之一神为吾所依之他者,乃即是吾之自性,元非外在,吾人更不可以拟人之观念测神也。孟子言"尽心则知性知天",《十力语要》卷三有一书谈及孟子此义,须参看。彼等所不悟也。诸佛菩萨严遮作者,岂有私见! 差若毫厘,谬逾千里,何忍不遮? 又何忍不严? 后嗣不识祖意,徒分门户,卒不悟依他或一神义未可过非。但绳其失,则在己之自性神与超越的一神元来不二,而末学无知,只持门户,弗求真理,必欲力拒外教,甚至流为无神论。众生迷妄可哀,至此而极。

外道崇依他,而未真了依他即其在己之自性,而未二字,一气贯至此。为佛所破,已如上说。若夫反识自性,而不知在己之自性元是超越小己而遍为天地万物实体,此虽遍现为各个体,而实不限于任何个体,是乃一真绝待。《易》云"首出庶物",老云"独立无匹",禅师云"不与万法为侣",皆明理实如是。学者倘于此无深悟,但粗能反己而识自性外无独在之上神,却不悟自性元是超越形骸的小己而遍为万法实体,复然绝待,却不悟三字,一气贯至此。此中万法,即天地万物之都称。便以自性至大无外,而忘却形骸的小己虽本具有自性,亦可以坠退而障其自性,而忘却三字,一气贯下。竟妄计自性至大无外,即是小己之至大无外,于是起大我慢,以为自性外无天无帝,无所严畏;以无所严畏故,卒陷迷妄,无所依归。如吾国明季王学末流"满街都是圣人",正中此病。若复深悟即自性即依他,元是超越小己,若复,至此为句。便觉常有一物,此是绝对的。不限于腔子里,亦不离于腔子里,腔子里,借用宋儒语,谓胸怀。常赫然鉴临，无斯须之间容吾规避。此物也，不谓之天不得，不谓之帝不得，此约依他言。不谓之我亦不得，此约自性言，是中我者，可云大我或真我，非是小己。是通自性神与依他神而不二者也，是通一神教与泛神论而不二者也。

《新论》首立能变为万化之大原、万有之本体，此与上语重复言之耳。参考语体本上卷《转变》章。是依他义。即此能变妙体，能变妙体四字，亦复词。物物各具，是自性义。《明宗》章举大海水与众沤喻，言每一沤皆揽全大海水为其体，以喻物各具有本体之全。即此本体，每一物具有之而为其物自己性命，故就物言之，为其自性神。自性与依他，可分说而究不可分，不可分而又不妨分说，此义在《新论》中已甚显然。又复应知，《新论》在其即用显体之方面，即用显体一词，其意义极难言，今以喻明，如已知众沤无自体，其体即是大海水，便于众沤相而目之为大海水。即用显体，义亦犹是。众沤喻用，大海水喻体。即于大用流行之阖势而说为体，体字，具云本体。他处准知。此阖是万物的统体，亦是一一物各具的，但一一物各具的阖即是万物统体的阖，而万物统体的阖，也即是一一物各具的阖。参考语体本《功能》《成物》《明心》诸章。三十六年鄂省印行本略有改易字句。从一一物各具言，是物自性神；从万物统体言，是超越乎一一物而绝待，是一神，亦即是依他神。由物对一神起超越感，便奉为他，而依归之，曰依他。《新论》本非无神论，但评者所讥刺之神的意义决不是《新论》之神的意义，此望虚怀猛省。

熊先生近年尝言：《新论》归宿处在《明心》章。欲令人反识自性，自本自根，自信自肯，自肯，用宗门语。自发自造，此是第一义谛。但人生易役于小体，孟子云"从其小体为小人"，小体谓身躯，万恶皆由从小体而起。佛家破萨迦耶见，即身见，义与此通。每难自拔，须仗他力,如蓬生麻中,不扶自直。颇思造《穷神论》,汇诸一神教、佛法、西洋哲学、道宗、儒学,一炉而冶,佑神立极,佑神者,近世人生堕没,失其神明,须佑助之,以复其神也。立极,犹言立人极,人能不自绝于神,始立人道之极。以拯生人。老当衰乱,无可与言,每当把笔,辄复寡兴,终于不果。据此可想见先生之苦。然吾侪犹望先生能成斯论,以与《新论》相为表里。天不丧道,来者难知;冀有孤灯,炳兹长夜。

评者身为僧徒,而敢挟无神之念,至堪哀痛!评者既驳《新唯识论》,当拥护佛家旧《论》。旧《论》初颂云"稽首唯识性",此语不知评者作何解?按基《疏》云:"稽首二字,显能敬相。以首至地,故名稽首。此唯身业,义显意语二业亦敬。"意初发动,名意业。即此意念表出诸口,名语业;见诸身体动作,名身业。又曰:"起殷净心,策殊胜业,策者策动。最虔诚,最清净,名殊胜业。申诚归仰。"又曰:"唯识相性不同,相即依他,相者,相状,犹云现象。此中依他一词,与吾前文云依他神者,词同而义不同,此言他者,犹言缘,一切物唯依众缘而起,都无实物,故言依他。详熊先生《佛家名相通释》。唯是有为;一切法相,有生灭故,名有为。性,即是识圆成自体,唯是真如。"愚按:此云识之一字,当分广义狭义。狭义则对境彰名;广义则言识便摄天地万物在内,以不许有离识独在之物故。性字作体字解,其义则看如何用法。此中性字,即以目识之圆成自体。言圆成自体者,圆成虽无形无相,而不是空无的物事,是有自体的,故云圆成自体。圆者圆满,无亏欠故。成者现成,亘古现成,不同于依他诸相有生灭。唯此无生灭,故说名成。复言唯是真如者,此圆成即是真如。真谓真实,离虚妄故;如谓常如其性,无变易故。《百法疏》云

"真即是如"。此中则以识之实体即是圆成,亦云真如。《述记》又云:"唯识之性,名唯识性。"识之实体,名唯识性。据此可见诸佛菩萨申诚归仰真如,所以律己教人者如是。试问此与《诗》言"对越上帝"及文王"小心翼翼,昭事上帝"之心有二致否?

一神教所谓上帝,若将拟人的妄执除遣,斯与真如有甚差别? 当知万有实体是超越一一物而独立无匹的,毕竟有神的意义,但不可以拟人的妄执去理会耳。在吾人之自性神与遍为万有实体之一神,就吾人对之起超越感而申诚归仰言,则曰依他神。本无彼此。何以故? 一神与自性神,不可说如父子。父子有彼此之分,究非一人,而神不尔。王船山《读四书大全说》言"天大而命小,命大而性小",则有彼此之层级大小,实不悟天命性也。亦无内外。何以故? 物与物对,可分内外,而遍为万物实体之神本无对故,即无内外。复无同异。何以故? 由无彼此,即无异相可说;异相无故,同相亦无。复无能所。何以故? 神非如人之有意志造作,不可说为能造,虽现为万有,而此万有亦神用自然之运,非如人造器具,其自身在器具之外。神虽遍现作一一物,实不离一一物而独在,乃遍在一一物中而为之主。"一一微尘,皆有佛性"与"道在瓦砾"诸语,非是玄谈。故不可以万有说为神之所造。一即是多,神本至一,而遍在一一物,则一而多矣。多即是一,物物各具有自性神,是多也;而物物各具之神元非各别的,并不随物形而有分,则多即是一。至哉神也,无得而称焉! 人之申诚归仰于神,即孟子所谓从其大体而为大人。大人之意义至深广。大者,绝待之称,非与小为对之词。与神为一,方是大人。否则从其小体,便自绝于神,而行尸走肉,不成为人,是谓物化。物化者,神道隐,隐者,不得显发,即丧其神。人道熄。以上皆本诸熊先

120

生近年之言。

僧徒悍然无神,试问:真如不神,诸佛菩萨何故竭诚稽首?岂其智不汝若耶?王船山先生著书詈阳明以洪水猛兽,晚而有悟也,与其弟子唐须竹曰:"粥饭在盂,阿谁操匕箸入口?"汝真行尸走肉,不知操匕箸者谁耶?

评者虽僧徒,似于内典绝不反己切究,其满纸浮词,都是由浸润于洋本本者所中之毒。评者以反对神学化自旌异,而于神义究何所了?余望僧人落实闭户,深研自教,少作外慕工夫,佛法或有昌明之望。

　　评文有云:儒家的文化,代表庸众的人生观,缺乏出世思想,局限于平凡的浅近的现实云云。

审曰:佛家出世的动机,确是代表庸众心理。庸众起惑造业,既造恶业,而复怖苦,乃求出离。此等出世思想元属妄想,至少亦是幻想。妄者,迷惑过重,故与幻稍别。须知世间本无实物,何须求出?又出向何处?世间以外,有别处所可托足乎?如逃虚空,宁有逃所?故唯庸众起兹妄想。然有须辨者,释迦与诸大菩萨出世之想,虽云代表庸众,但其内心深处专在怖畏生死。大小经论谈佛发心处,总不外此。虽云庸众亦同斯感,然其感易失,其情不专,现实之沉溺易摇其生死之怖。故庸众虽亦怖生死海苦,而终无修道之勇。证以吾国今日军人、官僚、豪商、名士多皈佛奉僧,而于世间利乐贪求益甚,可见其怖生死念与世情常相倚伏。释迦与其后学诸大菩萨于生死苦,所感至真至切、至深至专,故能毅然孤往、精进修行,其异于庸众者在此。然必谓怖苦与畏生死、求出离之感非庸众心理所同然，则为不通之论。妄欲推尊佛教，而实自暴露其无智之甚也。凡宗教思想之发生与流布，无有不基于庸众心理者，否则不能成为宗教。假设有人欲创一教而超脱于庸众心理之外，必为庸众所不接受，尚得成为教乎？中国人最不肯舍财利，独作佛事可募化，足证佛教植基于庸众心理。而评者乃以代表庸众薄儒家，不知何故发此妄语？

佛教由怖生死海苦而求出世，故走入反人生的路向。其于本体亦但证会空寂，空非空无之谓，以无形相、无方所、无惑障，故名空。却不悟至空而健动也，至寂而生化不竭也。不悟，至此为句。释迦氏道行诚高，惜其发心只着眼世间，世间即彼所谓生死海。故堕偏见，而非大中至正之道也。若言道统，正朔自在尼山。

儒者之学，孔子始集大成。孔子天纵之圣，直从乾元始物而万物各正性命处，万物各得乾元大正之理以为其性命，即物物皆是乾元。详玩熊先生《新论》及《读经示要》。明示天人不二，天即乾元，亦即本体之目。天在人，而人即天，相对即是绝对，本来不二。物我无间。同体，故无间。故率性而行，就天命在吾人分上言之，即曰性；人能率性，则人即天。朱子云"天理流行"，可深玩。则小己之相自舍。有己相，即是我执。孔子"四毋"，其一无我；孟氏云"上下与天地同流"，则无小己之执可知矣。小己相舍故，即无生死。执小己故，方有生死；已无小己，生死相自空。小己与生死相空故，便无世间相。有小己生死流转相故，方名世间；已无小己流转之相，故世间相空。孟子"形色即天性"一语中含无量甚深微妙义，证会至此，何有世间相可说？世间相已无，更于何处作求出想？《论语》"子曰：朝闻道，夕

122

死可矣",此语中亦含无量甚深微妙义。闻道之闻字甚吃紧,非乍闻之谓,乃念念不舍此闻,即六十耳顺之闻,亦即耳根圆通之境。夕死可矣者,正显无死。老云"正言若反",此类句子是也。闻道即证入无待,生死海相毕竟空,何死之有?《论语》一书,秦汉以来经生莫能读,僧徒慧者挟门户见,亦莫能读,况其劣者乎!

儒者之道,直从天德流行处着眼,天德,谓本体,与佛言圆成或真如者相当。但佛氏偏领会其寂,故不于本体上说流行,而儒者则于寂而见其生生化化不息之健,二家遂殊途。《新论》乃纳之同归。将令有慧者一直超悟,悟个什么?是甚境界?勿粗心看去。远离世相;世相,谓小己与生死苦等相。而于庸众则因其所性之德以天德之在人而言,则为吾人所性之德。而制为礼,上文因字吃紧。因其性德而制礼,即顺其所固有之天则而引发之于日用之中,非由他力制之以相劫持也。不识此意,未可与言儒者礼教。此义深微。使其视听言动,一切不入于非礼,节其为己之私,《左传》言礼主让,所以节制己私。礼之意,总是时时在在于一己外须顾及他人。易言之,即视人犹己。兴其反始之感,反始,见《礼记》。始谓本体,其在人也,则为人所以生之理,亦名为性。人之为礼,实反诸其性德之不得不然。如与国人交,止于信;若谓失信,恐人不我与。然世盖有专恃狡诈以驭众者,唯反求其良知,则终不敢以狡诈为是。良知者性也,故礼之重信,乃从反始而然也。举此一例,可概其余。而人道尊、天德显矣。人道尊者,人能念念由礼,即肉身便是法身,至尊无上,孟子言天爵者此也。人能由礼,则人道即是天德显现,宗门大德云"信手所扪,莫非真如",是此境界。有道之世,礼化大行,人间世即是常、乐、我、净。涅槃四德,曰常乐我净。何以言之?礼主反始,是真常之德,不随物变易者也。如拜君之礼仪虽废,而此礼仪之本意只是忠,此忠永无可废。忠于立身,忠于应事接物,无往不有忠之礼意存焉！余可准知。故礼意者，常德也。违礼即乱，人己俱苦；循礼则人皆得所，是至乐也。礼以节私，是主宰义，即我义。人人有礼，则全世界是天则秩然、文理粲然之礼世界，无有一毫浊乱，是净义。恶有舍世间而可求涅槃者哉！儒者之道，高矣美矣，至矣尽矣，谁复有智而妄见为局于平凡浅近的现实乎哉！广大悉备者儒，极高明而道中庸者儒，尊德性而道问学者儒，西洋人能道问学，而于尊德性太隔在。范围天地、曲成万物者儒，裁成天地、辅相万物者儒。辅相意义极深。顺万物之自然而辅之，使其自树自宜而已，非以己意宰物也。佛之教，欲众生趣性海是也。而发心必厌生死海，即厌世间而求出离，《阿含》等经以厌离二字连属成词。则人海已枯，而性海何存乎？儒者之道，不呵人海为生死海，乃即于人海而见性海，故曰"道不远人"。人之为道而远人，不可以为道。佛氏畏人间世险苦，一直孤往，虽难矣，而能忍欲者，则为之犹易。儒者明知人间世伏奇险大苦于平易中，而安之不怖，反求其本，反求吾所以生之本原。乃识万有皆真理之流行。小己相舍，即无世间相，险无不夷，苦复何有？其身不离庸众，而实离群独立；虽离群独立，而实又不离庸众。其于人伦日用，一切随乎庸众，而实有不随者存；虽有不随者存，而究一切随乎庸众。此其所为真难之又难，而无绝妙好词可以形容此难，余故曰：若言道统，正朔当在尼山。佛氏究是偏统，能偏，故显独至、显奇迹。不观于佛，无以知儒；不归于儒，终未免有舍人海而求性海之蔽。偏正互显，儒佛相需，会而通之，王道平平。胡为僧徒，曾是弗思而妄诟儒？

评文又云：儒家虽亦感到天地不与圣人同忧，终究是不了了之，未济。

此以俗肠而议圣量，不亦悲哉！熊先生《读经示要》第一讲谈治化九义中有曰：是故《大易》终于《未济》；未济，人道之穷也。《春秋》以西狩获麟终；获麟，叹道穷也。鸣乎穷矣！而有无穷者存，无穷者愿欲也。当其穷而有无穷之愿欲，所以穷则变，变则通，通则久。《易》《春秋》所寄意，甚深微妙，其至矣哉！凡夫智小，处穷绝愿，岂不悲哉！又《新论》语体本中卷《功能》章有曰：险阻不穷，所以征其刚健；神化无尽，亦以有夫剥极。若有小心睹宇宙之广大，剥相不必厌，所以成其广大。将恐怖而不可解。《易》道终于《未济》，不为凡愚说也。综上诸文，义旨深远。圣人作《易》，终以《未济》，而其仁天下万世之心终无已止，故于《易系传》明其意曰"天道鼓万物，而不与圣人同忧"，此义须详熊先生《黄海化学社讲词》。又曰"安土敦乎仁，故能爱"。天地万物痛痒相关之忧与爱，此本体之流行也，此剥而必复之几也。故又曰"穷则变，变则通"云云。此是何等境界！唯佛氏大悲弘愿与此相应，而曰以不了了之乎？佛言众生具五种性，其阐提种性终不成佛，吾国慈恩宗承传斯义，《法华五百问》尝攻难不休。然阐提虽有佛性，理当作佛；而事实上，其障过重，毕竟不成佛，则无容否认。据此，众生不得度尽，仍是《大易》未济之义也。试问：佛氏亦是不了了之否？佛氏有悲愿在：有一众生不作佛，我终不成佛。其忧之切、爱之深，与吾圣人无二致。评者既披法服、诵经书，而于先圣先佛深远之观照及其诚切伟大之精神，竟一毫无所感悟，何哉？

评文引《大易》"天地之大德曰生"，以为儒家是觉得宇宙间充满了生之和谐，因推想到拟人的天或天地云云。

此乃时下洋本本的论调。《大易》言生或仁，是实证乾元性海，吃紧。岂同凡夫情见，由贪着世间故，便觉宇宙间充满生之和谐！评者本不悟乾元性海生生仁德，乃妄以自家痴见轻侮圣言，《大易》分明于《乾》著"亢龙有悔"，于《坤》显玄黄血战，他处更不胜引，何曾只见宇宙间充满生之和谐？评者于《易经》未曾读过，何故妄议《易》？和谐必待有不和谐而后见，宇宙充满和谐一词，根本不能成立。既无不和谐处，则和谐又从何觉得？评者若平日果有此觉，当知是汝妄觉，无关实理。

性海大德曰生，天地所以象性海。汉儒言象者，譬喻义。凡人皆以为天地生育万物，故以为性海生生盛德之象，而意不在天地也。汉《易》家皆云《易经》无一字不是象，此语甚吃紧，不知此事，绝不可读《易》。《大易》显乾元性体是否有一神教拟人之嫌，稍有哲学头脑者当自知之；如其不知，必是无头脑者也，否则必挟私见以横议者也。

评者赞叹老子天地不仁、刍狗万物之言，又云老子领会到灭灭不已的杀机，并赞其有些出世的倾向。

评者似甚怕灭，似受佛家怖死的影响。其实如克就性体言，性之德只是生、只是和。此中生字，不与灭或死对，而是绝对的生义；和字非与不和对，而是绝对的和义。正如涅槃言常，非与无常为相对之词；乃至言净，非与不净为相对之词。评者如不悟，幸勿遽起反感，不妨苦参一番。若谈到本体之流行，流行即是本体显为大用。有反始遂其和，老云"反者道之动"，确不错。有生即有灭，大用流行必非一味平板板地。独则不化，《易》家此义最宜深玩。反者所以显其和，无反则独而不化，奚以见和？才生即灭者，故不暂住故。一息守故，大化斯停，焉有新生？《新论》说灭灭不停即是生生不已，皇皇胜义，而汝弗喻。天发杀机，伪书妄谈，胡可取是以衡《易》道？评者引《阴符经》，不知其伪。须知儒者生生，克就用言，吃紧。与佛言生死之生截然异旨。佛之言生，即十二缘生义，无明为导首，后来大乘赖耶生相即承十二缘生之旨而别用一种方式即一套理论。以演之，其骨髓则一也。章太炎不悟赖耶生义与儒家天命之性绝非同物，不悟，一气贯至此。天者，本体之名。命者，流行义。天命犹言本体之流行。性即天命，但以其为人所以生之理，则曰性。竟混为一谈，章氏平生屡以赖耶生相言儒之生生义，垂老不悟。熊先生尝正其谬，见《十力语要》卷一。夫佛氏生死之生，明明就妄识流转处说，非就清净性海上说；《大易》乾元生生仁德，即显清净性海之德也。佛家着在出世，故于性海只证其寂，而不会其生生盛德，此其根本差谬处。新论不得不救其偏，而因以归宗于《大易》，非故与佛门立异也。《易》言天地大德曰生，正以象乾元性海，何可谬作一神教之拟人观念会去？

老子天地不仁、刍狗万物之论，是滞于物象以测化理，此言化者，即谓大用流行。正堕凡情窠臼。从物象着眼者，必计有小己与万物相对。在相对的世界中，小己有生死苦，又复以己逐物，即有求不得苦，乃至种种不可胜说苦。又物我对峙，遂发生种种罪行，人间成万恶稠林，广宇为一大火宅。老子兴叹在此也。庄生祖述老氏，不得已而委心任化，即委其心于无用之地，以任造化之自尔，故以我为鼠肝、为虫臂，我皆任之而已，无自力可致也，以是成乎玩世。熊先生《读经示要》第二讲评斥庄生，为从来谈庄者所不悟。先生近有《漆园记》，虽小文，而义据极深切。老庄着眼处与佛家接近，故佛法东来，彼为先导，确不偶然。然彼非能出世者，熊先生《十力语要》各卷中曾有说及。出世虽有反人生之嫌，虽偏而偏得有气力；老庄玩世，其流便一毫气力也无。评者欲引与释尊同调，释尊当不受也。

夫滞于物象而不得超悟者，则人生常限于苦逼与罪恶之中，《易》之《坎》《讼》《剥》《否》《困》等卦，明知此事，然终不起厌离想者，则其着眼处在超物而直趣上达。《易系传》曰"形而上者谓之道，此中形字是昭著义。无方无相而非空无，故言昭著。绝待，故言上。此乃遍为万物实体者，是谓道。形而下者谓之器"，此中形字是形物义。本体显为大用流行，即有翕而成形之方面，形即退坠，故说为下。以其形下，谓之器。《论语》言"君子上达，小人下达"。上达谓证得本体也，下达谓滞于物象，即执有小己而与物对峙，是甘于下坠而迷失其本体者也。子路问死，子曰"未知生，焉知死"，从来注《论语》者，于此章均茫然不会。夫子呵斥子路，令其反己而求吾所以生之理，即上达天德天德谓本体。《中庸》曰："苟不固聪明睿智达天德者，其孰能知之。"而不囿于器。小己之相舍，伊谁有死？何须以死问哉？子路之问，正是迷情，夫子呵以"未知生"，则警之上达。船山诗所谓"拔地雷声惊笋梦"者,似此气象。《读经示要》说子路所问之死,是十二支中老死之死,十二支亦名十二缘生。而夫子答未知生之生,则非十二缘生之生。此是宣圣、释迦根本异趣处,惜乎迷者弗辨也!

夫于一一物象而迷执为实有如是器界者,则内而坚执小己,外而逐物,于是物欲之无餍足,与物我相角逐间,发生无量无边罪恶,及小己之死苦,皆无可解免,此固厌离思想与玩世思想所由生。若其怀乐生之情而实不足语于上达者,则虽歌颂帝力,赞造物之美丽,实亦由迷妄之情固结于中而不自知所以耳。总之,评者以厌离世间与玩世思想为根据而批评儒家,是极大谬妄;以乐生思想猜测儒家,又是极大谬妄。儒者之道与庸众同行而异情,所行同而情实异也。异情而同行,其着眼处不在世间,即于一一物象而不作一一物象想,即于,至此为句。于器界不作器界想,世间相舍故,一一物象或器界都无故,所执无而能执亦无。能执谓妄心。孟子"形色天性也"一语,天者,本体之名。性即天也,但以为人物所以生之理而言,则曰性。直含佛氏《大般若》无量甚深微妙义,有其长处而无其流弊。《般若》破相以显性,相者,即孟子所云形色,亦即本文所云物象或器界,与小己相。何如不破相而直于相显性?何如,至此为句。破之固以遮执,而亦易流于耽空,且有性相不得融一之过,故孟子语更妙也。诚知形色即天性,即于世间直证为天性流行,岂复有世间相乎?于一一物象或器界直认为天性显现,岂复有物象或器界相乎?于小己直证入天性,岂复有小己相乎?孟子即相显性,则不待破相而相缚已无。相缚者,凡夫迷执于相,即为相所缚而不得见性也。譬如小孩临洋岸,只认取一一众沤相,而不知为

129

大海水之显；有成年人语以众沤即是大海水，则沤相不待破而自无沤相之缚矣。《般若》，破相显性者也；孟子，即相显性者也。孟子此言，盖从乾元始物与万物各正性命处体认得来，一言而发《大易》之蕴，盖孔门之嫡嗣，孟氏去孔子未远，而自称愿学孔子。儒学之大宗也。识得形色即天性，则尽性所以践形，尽者，实现天性而无所亏欠也。于形而尽性，则形即性也，尽性即践形也。践形即是尽性。故孟子之人生观，在集义，养气，以究于至大至刚、充塞天地之盛，此中天地一词，犹言全宇宙。是即人即天也，即世间即乾元性海也。孟子之学出于《易》，确然无疑。至此，则何有厌离，又何有于玩？若言乐生，则非乐其小己之生也，非乐其与物相待之生也，非安于现实之谓也。呜乎！凡夫不识此境界，诸宗教、哲学家识此境界者亦罕矣。汉唐迄清，注疏之儒，名儒而实无预于儒也。宋以来义理之儒，则杂于佛与道，大概偏从虚寂测天命，其得孔孟之意者寡矣。何况近世僧徒，可了真儒乎？

　　评者又云"物种的仁，即被解说为道德的根源"。据此，评者于高深学术似太缺乏素养。文字之初兴，多是表示实物，其时人智尚浅，即抽象的作用尚不足。及学术以渐发达，则每沿用其原有之字，因其本义而引申之，以表达其最高之理念。如我之一字，原本身见，其后引申为法我，则已甚抽象，更引申为涅槃四德之我，涅槃本真如别名，设有攻佛者曰，佛家以身见为真如也，评者以为然否？如若不然，休误言仁。

　　评文又云：论到出离，佛家从生者必灭而灭不必生的定律，确信苦痛有解决的可能云云。

此一定律,自是评者代诸佛所立者,诸佛断未肯承认。诸经论说缘生法,固云此生故彼生,此灭故彼灭,如十二支中,无明缘行,无明灭故行灭,余准可知。此明缘生法都无自性,只是依托众缘,故有法相诈现而已。评者不解妙趣,乃代诸佛别立一生者必灭而灭不必生的定律,则有无量过。所以者何?佛家大有,谈缘生法,有染分依他与净分依他之分。他者,缘义。依他众缘而起,曰依他起。故依他即缘生义。于染分依他,应云才生即灭,才灭即生,但遇对治,则不续生;若泛云灭不必生,而不以对治简,则无明遇净对治,亦非决定不生也。将佛之修行一切唐捐,此岂小过!净分依他,若如评者灭不必生,则赖耶舍已而无垢识不生,佛法将成断见外道,又岂小过!经论克就缘生说,而云此生故彼生,此灭故彼灭,止显缘生法本非实在,立言恰恰如量。评者乃泛立生灭定律,违反经义,毫无忌惮。

尤奇者,评者于其所立生者必灭而灭不必生的定律下,紧接云确信苦痛有澈底解脱的可能,而为一长句,据此,则佛氏之解脱只依生者必灭而灭不必生的定律以得之,凡佛教三藏所说万行,皆成废话。所以者何?一切法既循生必灭而灭不必生之定律,则无事于修行而自然澈底解脱故。无怪评者满纸缘起,而不悟佛家缘起义毕竟不同哲学家之关系论也。此不独未通佛法,即就中国与远西哲学言,人生超脱尘累之最高境界,岂是随其自生自灭而得之者哉?评者身为僧人,何故若斯愚妄?念此不觉怆然。

评者又云:对于苦迫的世间,称此解脱为出世云云。

解脱果只如此,则何须高谈佛法,匹夫匹妇自经沟壑便已解脱众苦。即不如此说,而乡村浑朴老农终生不作世间苦迫想,何尝不解脱,何不可名出世? 须知三藏十二部经,一方抉发众生惑染相,何等深细,何等森严! 一方阐明诸佛菩萨行愿及果相,修行为因,所证得之境名果。何等广大,何等真切,何等清净庄严! 评者于此等处若稍有触,何敢如是而言解脱? 谚云:聋者不畏雷,以不闻故。不知有难说之理而敢胡说,亦以不闻故。至解脱是否离此世间而别有在? 吾每遇人问及此。当知解脱亦不离此世间而别有在。众生秽土,诸佛净土,同处各遍故。诸经论中已言之,兹不及检举。亦非即此世间。净秽虽同处而实各别,互不相入故。要之,解脱境界终是宗教的神境,与吾圣人与天合德之诣,终不可并为一谈。吾人信之与否,别是一事,而其意义甚严格,万不可以俗情妄作解也。

　　评文又云:由于正觉现前,情见与业习的治灭,开拓出明净心地,不为世法苦乐等所惑乱。有此正觉行于世间,才能释迦那样的如莲花而不染,迦叶那样的如虚空而不着。如此的出世,似乎不可以呵毁,否则《新论》所标揭的自证相应先该自动取消。不是这番出世的人生观,《新论》从那里去发见空空寂寂的穷于赞叹,儒家能有此一着吗?

此一段话,评者直将佛教根本精神完全扫荡。须知佛教中本富于哲学思想,其理境直是穷高极深,惟此土儒宗有可与融通处,而远西哲匠纯恃理智思辨以见长者,解析虽精密,究无可攀援高深之理境。今日僧徒，疑熊先生毁佛，实皆不通《新论》；真通《新论》，必不谓熊先生毁佛也。熊先生于佛教之哲学思想方面，确吸其真精实髓而变化之，以明体用不二之妙与空空寂寂而生化无穷、健动不已之神，以明，至此为句。以救佛家耽空溺寂及性相不得融一之病。后有达者，当识斯意。但余有一紧要语告评者：熊先生平日教学者，每谓佛氏发心是对众生沦溺生死海苦起大悲心，而其究极之希愿，仍在度脱众生尽离火宅而趣寂灭海。所谓度脱，即《阿含》所云"不受后有"，后者，后世。有之一词，省言之，则谓众生身及世间。不受者，谓灭度已，不复于后世来为众生也。非谓既得明净心在世间而不染便是出世。非谓二字，至此为句。倘佛之出世果如评者所云，则诸佛菩萨何故有厌离生死海等胡乱语，岂非自暴露其心地染污，竟于世间妄诟为生死海耶？岂非，至此为句。若止在世不染即名出世，更无出世法者，则程子"廓然大公，物来顺应"二语，廓然大公，非如虚空而不着乎？物来顺应，非如莲花而不染乎？已足抵消佛家三藏十二部经。而佛氏无量无边说法，直可以老氏所云"多言数穷"者讥之，即付之秦火，无不痛快，恶用是纷纷者为耶？佛家十二部经与儒者六经四子，两相比较，其于真理之无穷无尽各有证会独深处。吾人若求融会贯通，自别为一事；但两家骨子里不同处，究不可乱。一为出世之教，一为融贯天人之学，天人不二自无所谓出世。须各存其精神与面目，此熊先生论学主张，万不容忽。

佛徒顺俗而言入世，则诸佛菩萨立教根本精神完全扫荡以尽，名为护佛法而适以毁法，不独释尊不愿有此逆子，而佛法毁坏亦是人类精神界一大损失也。熊先生并不反对佛教，尝言佛氏照察众生无量无边惑染相及诸苦相，与其大悲大愿，尽未来际不舍众生，我不入地狱谁入地狱大雄无畏精神，真乃念念服膺而不敢失、不忍失。即其度脱众生之愿，不惜大地平沉、虚空粉碎，无论可作到与否，而人类无始时来在长夜中，亦应有此超脱智慧与胜远情怀、勇悍力量，何必顺凡情而讳言出世乎？以上皆熊先生之言。先生固常言：出世之行，未免行怪。亦常言：向何处出？此则就其融贯天人、不落世间想之义据上说，当有是言；若就众生无始颠倒方面而谈，佛家出世思想自是昏城中忽燃智炬，恶容毁熄！先生每云：天地间，只儒佛二家之学足以表现宇宙精神。二者本有可融会，至理元无疆界；而二家思想出发处究有别，则有不当混乱者，切忌混乱。余尝问：先生《新论》终归宗于儒家《大易》何耶？先生曰：汝自会去。久之又曰：汝试深玩《论语》。子曰："天何言哉！四时行焉，百物生焉。天何言哉！"何言者，形容其寂也，寂寂而时行物生，此天之所以为天也。圣人与天合德之诣，合之一字，只是措辞方便，实则说到合天，则人即是天，非以此合彼也，须善会。毕竟与佛家所谓证涅槃自有不同者在。万有之实体，儒者谓之天，佛家亦谓之涅槃。然佛证涅槃只是寂；天则不唯寂也，乃寂而生生也。二家所证不全同。此间确有许多大问题，惜乎儒佛二家学者都是胶执文字，不可得忘言默会之人与之穷极真际，恐言之徒惹无谓纠纷，不如含默。世愈衰乱，独学无神解之人。昔罗什门下有三千四大之盛，什公有四大弟子。尚怀"哀鸾孤桐上，清音彻九天"之痛，而余之孤苦，则什公当日无从梦见也。先生此言，为之心戚！

熊先生尝言：出世之教与融贯天人之学，分明是对于宇宙人生根本问题而各有看法不同。佛家以缘起说缘起与缘生二词本通用，但亦有别义，见基师《述记》等。此中则据通义言。**明诸法无自性**，此中诸法犹云万物或万有。至俗云宇宙者，本万物之都称。佛书虽无宇宙一词，而诸法或诸行及有为法或生灭法诸名词，则亦概万物或万有而总称之也。无自性者，即谓万物都无实自体，万有都不是实在的也。今之新物理学，几窥见宇宙万象皆空，已为佛法张目。此中几窥云云之几字甚吃紧。几之为言，以其未能深彻也。物理学只将有实质的观念打消而近于空，实则此解甚粗。佛家观空，穷玄究妙而极微奥，非熟玩《大般若经》而得言外意者，难与谈此。物理学家何足语《大般若》哉！至其抉发人生无量无边惑相苦相，可谓上穷霄壤，下达黄泉，无不究尽。此其所以普为群生说法，欲令离生死海而趣入清净寂灭海，所谓离欲，一切惑染，总名为欲。寂海则远离诸欲也。灭诸惑永灭，名灭；寂海湛然，非诸惑所著处故，亦名灭。息没已。据十二缘生义，众生之生也，缘惑而生。惑相灭尽故，即生相灭尽，云息没已。有亦不应说，无亦不应说，有无亦不应说，非有非无亦不应说，甚深广大无量无数皆悉寂灭。呜乎！无上甚深微妙难穷哉，清净寂灭海也！后来大乘虽言无住，大乘无住涅槃，则以众生未度尽故，既不住生死而亦不住涅槃，遂名无住涅槃。对治小乘自了之私，盛言不舍众生、不舍世间，此是悲智辅翼，用而常寂，菩萨不住涅槃，常以悲智辅翼，发起无边功用，而恒不失其自性之寂。要其本愿，终欲令一切众生皆入寂灭海，与释迦主旨元无二致。若曲解大乘，谓其变更出世教义，即以在世不染名为出世，则顺世外道之名真可加于大乘，岂大乘所愿受哉！综观三藏十二部经，总是悲悯众生流转生死海、起无量惑、造无量业、业谓罪恶业。受无量苦，故乃誓愿拔出，今趣寂海。一切外教都无如是出世了义，了悟最高，无不究竟，故云了义。此乃人类思想界之最空脱、最奇，亦最有趣者。陷溺现实之人生，亦应受此一番警觉。其可毁方为圆，以变更佛法本旨哉！

　　儒者融贯天人之学，明万有资始于备万理、含万德、肇万化之一元，所谓乾元。备万理云云，此虽《新论》之旨，而《新论》实发挥《易》义。乾元遍为万物实体，即于一一物而皆见为乾元，是故于器而见道，器即道之著也。于气而显理，气即理之显也。于物而知神，物即神之显也。于形下而识形上，形下即是形上，非可二之也。于形色而睹天性，形形色色莫非天性著现，故睹天性则形色之见已亡。于相对而证入绝对，于万物而识其本体，即相对是绝对。于小己而透悟大我，若悟在己之自性与超越万有之实体，是一非二，则小己之相遣，而知天地万物皆吾同体。是孟子所云万物皆备之我，乃大我也。于肉体而悟为神帝。上帝非超脱肉体而外在故。彻乎此者，不独无生死海可厌离，实乃于人间世而显天德。人生日新盛德，富有大业，一皆天德之行健不息也。范围天地之化，裁成天地之道，此上言天地者，即谓自然界。曰范围、曰裁成，即因自然力而改造之利用之，以适于人生。曲成万物，曲成者，顺物之性而成之，使各自治自主，非有强力者宰制之也。辅相万物，辅相者，但导物以相互助而已，不可箝束之使失其自由。极乎天地咸位，万物并育，一皆天德之行健不息也。人禀天德以成人能，即于人道实现天德，天人本不二，非可求天道于人道之外也。《新论》体用不二之旨，亦是融贯天人，继《大易》而有作，扶儒学于将坠。矧丁衰乱，昏弱托庇空王；魏晋以来，每逢衰世，人心趋向空寂之教。今日军人、官僚、商人、名士，其昏恶而不自安者，多虚慕佛法；其软弱不自振者，亦稍拾佛书一二话头以自遣，此为最不良现象。虽于佛法本身实无关，然其假托，甚可恶。拯溺救焚，究非趣寂者所任。体天之健，儒学攸资，《新论》朋儒，非偶然也。

出世法，极高明而未能道中庸，其厌离生死海而高趣寂灭海之希愿，可谓人类思想界最空脱之境。此等思想，非高明之资不堪钻仰，而昏弱之徒托于此，则由其愚昧已甚，不解佛法之真耳。

融贯天人之学，极高明而道中庸。唯其一直上达，上达谓达天德，即人即天。覆玩前文。故乃德用充周，无亏欠曰充，无限量曰周。浑然与天地万物同体，不作小己流转想，即无生死海想。又其于庸众之骤难上达者，则因斯人之性，人禀天德而生，故天德在人则为性。而兴礼乐之化，辅以政制法纪，养成群体生活良习，并育而不相害。故《论语》曰“人之生也直”，又曰“斯民也，三代之所以直道而行也”。此直字甚严格。理非倒妄，故以直言。佛家言真如，亦以理非倒妄故名。此义深微，切忌浅解。人之生也，本具直理而生。三代圣者即因人性本具之直，而行直道之治。若夫枭桀之流，以野心与偏见宰割万物、箝束生人、蛊惑众庶，则是颠倒迷妄，违反人性者也。儒者实现天德于人间世，故不似佛氏以无明为导首来说人生，以赖耶染污来说人生，赖耶骨子仍据十二缘生义，已如前说。德人叔本华之学，即受佛氏之影响而误。故不似三字，至此为句。亦不以世间为罪恶稠林、为火宅、为生死海、为大苦聚、为如露如电如幻如化。亦不以，至此为句。体天德而成人能，即人道而实现天德，上二语，吃紧。故曰极高明而道中庸。佛氏终不免舍人道而索天德于寂灭之乡，虽复对彼众生从无始来锢于形、囿于习而不克显其天德者，可以破其缠缚，虽复，至此为一逗。而衡以天人不二之旨，则失之远矣。

科学精于析物，毕竟不可以知天。曾遇一精研物理学者，彼云：今日物理学已明宇宙无有实物，即已接近于佛氏之空观，但吾意则欲究明宇宙由空而现为有之理，以此欲研佛经云云。彼亦曾向熊先生道此意。先生对彼之探索此一大问题极感兴趣，但谓此一问题之探索已进入本体论，而佛家之本体论决不能对彼有所启发，佛家以真如为万有之本体，而其谈真如，只是寂静，只是无为，只是不变，只是不生灭。可参考《新论》中卷。必须由《新论》以探《大易》言外之意，复以《大易》与《新论》反复参证而识体用之妙，则宇宙万象虽有而未尝不空，虽空而未尝不有之故，可得而明矣。熊先生又言：科学纯凭理智或知识去辨物析理，专从此用功者，决不可证得本体。儒者之学非反理智，非废思辨。孔子曰"吾尝终日不食，终夜不寝，以思"，孟子曰"心之官则思"，《易系传》曰"知周万物"，《大学》主"格物"，此皆可证也。但圣人知天合天之诣，知天之知，是证会义，非知识之知。合天者，即人即天。见前注。必于人生日用中有极深极纯之修养工夫，极深云云之极字，吃紧。而后可上达天德，而后可与天为徒。与天为徒，借用庄子语，所以形容人即是天，非但为徒而已，须善会。若恃理智思辨以穷玄，只是以己测彼，彼谓天。终不与实理相应也。譬如未亲触火者，其思维中构画火相，而火之明相与热度为何等，究非其构画所及也。《新论》卷下之二《附录》曾言哲学为思修交尽之学，熊先生尝欲为《量论》，畅发此义。此中意义广大深微，非于东方圣哲之学有素养者，难与论此。又复应知，科学总以其所研究之对象为外在世界，而所谓万有之本体，从其为吾人所以生之理而言，则为吾人之自性，故不可妄计本体为离自心而外在之境，误以测物之方法推度之也。故不可，至此为句。先生尝言：学贵知类，不可以科学万能而轻毁儒者融贯天人之学。有科学而无儒学,则科学知识终不能探万化之大原,将长陷于支离破碎之域;科学解析宇宙,由玄学家视之,则谓其支离破碎,而科学之长亦在是。科学必赖有儒学为依归,由思修交尽而底于穷神知化,尽性至命,尽性至命,见《新论》下卷《成物》章,《读经示要》第二讲解释尤详。此即圣人合天之诣。则天地万物同体之仁油然不容已,而人类不至以科学知能为自毁之具,此可断言也。学不极于知天,天谓本体,可覆玩前文。则天地万物同体之爱爱即仁。终不显发。佛氏唯证见真如,即知众生同体,始起大悲,此与儒学合符处,然其道在出世,究非天人不二之旨,则前已言之。

哲学家谈本体者,大概以其理智推求所得之最后实在,说为宇宙本体,而不悟此实在者是遍为万有实体,亦即是吾人所以生之理,而为吾人之自性,固不待外求也。向外推求,徒滋疑眩,将如宗门所呵为骑驴觅驴,是不自识之甚也。故儒者尽人合天之诣,人禀天德而生,故必实现其本具之天德方是尽人道。能尽人道,则人即天也,故曰合天德。非徒任理智推求者所可至。儒者之学,不反理智,而卒达于超越理智之境,超越理智之境,谓圣人合天之境。则修养于日用践履之地,至于纯是天理流行,天理即天德。离形气之缚,念念能循天理,则形气皆天理之运用,故离缚;否则拘于形气而天理被障。如非礼勿视听言动,即离形气缚也。亡小己之私,离形气缚,即法执破;小己之私已亡,即我执尽。孔子四毋及语颜子"克己复礼"是也。是以即人即天也。熟玩六经四子而得言外意,则圣学固非仅任理智者,斯与哲学家专力处不必同,其所造之境自迥别。学不归于儒,终与真理为二,真理一词,《新论》时用为本体之代语,此中亦谓之天。尽人合天,即天人不二。理智推求之功,未足语此。此儒学所以贯百氏而宏纳众流也。

　　一切学术思想，必以儒者融贯天人之学为其依归，人生始不陷于倒妄。出世之教，奇而失正，偏而不中。佛氏自称为大医王，用其说以为沉迷现实而不反者之攻伐剂，无论有效与否，治疗不容已也。若有少数英资，炽然怀超世之感者，勇悍而逆造化，造化谓本体之流行。高蹈寂海，则亦人生之孤诣，独往焉可也。

　　评者自承佛家出世，而诋儒者无出世想。及核评者之言，则以在世不染名出世，乃欲阴托于儒，以变乱佛家本义。又不悟儒者尽人道而合天德，其于世间有经纶之盛，而一本天德之流行，元来不存世间想，即无所谓入，更何所谓出？六经四子中寻不着入世一词，大可玩味。


　　　评文又云：涅槃是什么？还有什么生命去与涅槃冥合的云云。


　　异哉僧人自叛佛教而至于斯！佛家如果不承认有个体的生命相续不绝者，则人死而即无，何有生死海沦没无依之可怖？且死而即无，又谁为得大涅槃者乎？须知佛家得涅槃与儒者合天，大有不同者。儒言形色即天性，又言尽心则知性、知天，明心、性、天三名而实一也。心者，言其为吾一身之主也；性者，言其为吾所以生之理也；天者，言其为吾人与天地万物之统体也。同此本体，曰统体。故心即是性，性即是天。吾人能涵养与扩充其本心之德用而无亏蔽，是谓尽心，尽心即性显，性显即吾人当下便是天，即凡所感摄之一一世界、一一境物，亦莫非天理呈现，天是备万理的，故亦言天理。故曰形色天性也。儒者言合天，理实如是。佛氏证涅槃，毕竟别有宗教意义。今引《成唯识论》四涅槃文，间引《述记》如左：

一、本来自性清净涅槃，谓一切法相真如理。按谓一切法相之真如理，是本来自性涅槃也。真如即本体之名。又言理者，真如亦名真理，此为复词。虽有客染，按自外至曰客。染谓惑障等。此非真如性体上所本有，故名客染。而本性净。按真如之本性恒清净无染。具无数量微妙功德，无生无灭，湛若虚空。按无生故无灭，不生灭故，湛若虚空。佛家谈本体，总是如此。一切有情，平等共有，与一切法，不一无异。按真如理是一切法之本体，故与一切法不异。而真如理非即是一切法，譬如水，非即是冰相，故又云不一。离一切相与一切分别，寻思路绝，按显唯内证。名言道断，按非名言安足处故，异有为法。唯真圣者自内所证。其性本寂，故名涅槃。

二、有余依涅槃。谓即真如，出烦恼障，虽有微苦所依未灭，而障永寂，故名涅槃。

《述记》：显其因尽，苦依未尽，按因谓烦恼。苦者，微苦，苦依者，微苦之所依；此所依犹存，云未尽。异熟犹在，按异熟，谓第八识染业种未尽之位。参考《佛家名相通释》。名有余依。依者身也云云。据《记》所云，身是苦之所依，故《论》云微苦所依。异熟犹在，即仍须受众生身，未得出离世间、不受后有也。故《论》云微苦所依未灭。

三、无余依涅槃。谓即真如，出生死苦，按众生共具有真如体,众生沦溺生死海受诸苦,即真如未出生死海苦。今者众生断烦恼障既尽,已离生死苦,即是真如出苦。烦恼既尽,余依亦灭,依,谓身,即上有余中微苦所依也。上之有余,以余惑未尽,即微苦之所依身未灭,故云余依。今此烦恼既尽,即不复堕世间受众生身,云余依亦灭。众苦永寂,故名涅槃。

《述记》:有漏苦果所依永尽云云。按有漏者,染污义。苦果者,烦恼对所招苦而名因,苦对因而名果。苦果之所依,即身也。永尽者,惑因与苦果已尽,则永不堕世间受众生身,故云所依永尽。

四、无住处涅槃。谓即真如出所知障,大悲、般若常所辅翼,由斯不住生死涅槃。不住生死海,亦不住涅槃,二俱不住,故名无住涅槃。利乐有情,穷未来际,用而常寂,故名涅槃。

《述记》:所知障者,显唯菩萨得,谓得无住涅槃。非二乘,二乘不能出所知障。所知障,从所障而得名。基师云:"言所知者,即一切法若有若无,皆所知故。由法执类,覆蔽所知境,令智不生,是名所知障。"二乘虽断烦恼障,犹未断所知障。烦恼亦名惑,此惑相甚复杂而深细,众生由惑故生。二乘能断此,而所知障犹存,可见其难断。

详上四义,第一自性则明一切法之本体名真如理,此言一切法者,即通众生或天地万物而总目之也。亦名自性清净涅槃。自性之名,则克就众生分上而目之,宗门所云本心是也。涅槃是一,元来只此自性涅槃。云胡于自性外复有三涅槃耶? 理实涅槃本无四种,其后三者,则因众生虽具有自性涅槃,而由有客染故,障蔽自性,结生相续,客染谓烦恼等。结者,结缚,亦目烦恼。由诸惑结,不可解故,生死流转,相续不绝。《二十论》即以相续名人，最有义味。于生死海沦没无依，故真如体亦随众生堕生死苦，难有出期。是故三乘因闻佛法，勤策修行，断诸染障。由障断故，如体方显，如体，具云真如体。障断尽否，如体出障亦因之。如云障月，云消多分，月出多分；云全消，月亦全出。因此说有后三涅槃，则从真如即自性涅槃出障之分位而别立三名，虽非如体可析以四，而依断障所显得言，却有四涅槃可说。

已明后三涅槃依真如体出障之分位而说，今次当知，二乘圣者，得二及三，谓有余与无余。其后三有余、无余及无住。通得者，唯菩萨。《述记》于第三无余中云通三乘释，可知菩萨非得无余不能无住。何以故？无住中云，于生死、涅槃，二俱不住，若菩萨不得无余涅槃，何能不住生死乎？三乘功修吃紧处，全在无余，无余则惑尽也。有余中，异熟犹在，尚受后有，谓于来世受人身或其他众生身。不得离生死海，即是住生死，惑障未尽也。及至无余，则惑已尽，而不住生死，方是自度已毕。小乘至此，便为止境，而菩萨不然，自度事毕，不忘他度，众生同体故。他度亦自度中事。若只自了生死，不复度生，生者，具云众生。即自度未得圆满。是故菩萨得无余已，不住生死，而仍不住涅槃。此所谓涅槃，即无余涅槃也。有余涅槃，未了生死；由得无余，方乃不住生死。而今复不住此无余涅槃，是谓生死、涅槃，二俱不住。其所以二俱不住者，则以众生未度尽故。菩萨常以悲智用，般若系译音，其义即智慧。而不译智慧者，以此云智慧，含义深远，恐滥俗解故。利乐众生，尽未来际，不复舍离，用而常寂，故名涅槃。据此，则无住涅槃即是已得无余而不住无余，常以悲智度生，不舍世间，大乘之异于小宗者在是。夫已得无余而仍终以无住，犹《易》之《既济》而终于《未济》也。圣人体大明而能爱，此中体字是体现义，即含有保任与扩充等义。《乾》曰大明，《系传》曰安土敦仁故能爱。吉凶与民同患，亦见《系传》。犹无住之意也。

四涅槃义，略疏如上。今欲告评者以三事：一、佛经虽云不坏世间相而说实相，下相字非相状义。实相犹云实体。不坏云云者，即于世间相而见真实，佛书亦译真如为真实。究与孟子"形色即天性"意义不同。佛家是出世之教，菩萨必得无余，真如离障，进而无住，不舍世间，始于世间相而见实相。此其宗教思想与吾儒似有同而实不同者也。儒者证真之谈，无有宗教意义杂于其间。

二、佛之出世，决定是出离生死海，即断苦依。依谓身，如人身或其他众生身。有余涅槃，异熟犹在，微苦所依未灭，犹是住生死；必至无余，方于生死而得不住。谈何容易，妄以在世不染名出世耶？在世不染，岂必佛教？稍能寡欲者，即可不染。以此等俗见而言出世，菩萨有知，能不心痛！儒者尽人合天，无世可出，更何所谓入？"等闲识得东风面，喻知天也。万紫千红总是春"，此喻一切物皆天也，一切动念处与举足下足处皆天理流行也。此等诗句，从孔门一贯及孟子左右逢源语得来，甚深微妙，非凡愚所了。无住菩萨，用而常寂，似此境界。然佛氏必出而后入，方见得如此，却是宗教异儒学处。

然复当知，吾言出而后入者，指菩萨已得无余，不住生死，而亦不住无余涅槃言。其不住涅槃，即不舍世间，故谓其出而后入也。但此所云入，决不是变更佛教出世本旨，其入也，正所以完成其出世之希愿耳。我已不住生死，此中我者，设为菩萨之自谓，下准

144

知。自度事毕乎？犹未也。众生与我一体也，众生未度尽，则我自度未完成也。是故不住涅槃，即仍入世。常以悲智，不舍众生，尽未来际，我皆令入无余涅槃而灭度之。此菩萨本愿也。无住涅槃明明为度众生而施设，僧人奈何不悟，妄以世间情见改易出世教义，叛佛至是，大可惜哉！凡经论中每有不舍世间等语句，皆就菩萨道言，即就无住涅槃言。菩萨入世，乃所以完成其出世之希愿，切忌误解。

三、佛家确信吾人本有个体的生命，不随形骸生灭。奘师言赖耶"去后来先作主公"，曰来先，则汝形骸未生时，汝之个体的生命无始时来已有之；曰去后，则汝形骸灭时，汝之生命岂断绝耶？赖耶一名，虽非大小各宗通用，而此词所表者，即有个体的生命，则佛家皆不外此。如穷生死蕴等，亦与赖耶大旨不异。汝试潜心深玩三藏十二部经，诸佛菩萨是为何发心？为何悲愍众生堕生死海？为何于地前、地上无量劫修行？为何得无余涅槃而犹不住？托名佛子而于世尊大事因缘全不求解、全不相信，妄臆入涅槃而苦依灭时谓身灭。即无所有。佛言：宁可我见如须弥山，不可空见怀增上慢。岂非预知来世有愚痴类将毁教法，乃严厉垂戒乎？夫有余涅槃，苦依未灭，即犹受人等身，其有个体的生命在，故不待言。入无余时，出生死海苦，烦恼既尽，余依亦尽，依谓身。详前。只是不复堕世间受人等身耳，非谓其个体的生命断绝也。身者，生命之具，而非即是生命。故菩萨入无余时，世间身已灭，《论》云苦所依者，即世间身。而菩萨之生命非断绝也。如其入涅槃而生命断，则诸佛菩萨何故长劫苦修以求得涅槃而自绝其生命乎？佛菩萨果如此以求得涅槃，则与匹夫匹妇自经沟壑之情亦无异，岂不可痛而又可笑哉！又复当知，无住涅槃中，菩萨不住生死，即由其已得无余故也，若未得无余，何能不住生死乎？至不住涅槃之云，实即已得无余而不住耳，为度众生而不住耳。此义前文明示，无可狐疑。倘如评者所云"涅槃是什么？还有什么生命去与涅槃冥合的"云云，则菩萨得无余时，其生命即已断绝无所有，则后之无住涅槃，是谁所得？岂呼虚空来得此涅槃耶，叫虚空来利乐有情耶？夫无住涅槃，自大乘空宗肇兴，首先提倡，大之异小，端在于是。无着、世亲力挽大空末流之弊，起而倡有，《成论》是世亲以来十师之结晶。其末后谈四涅槃，是佛家无量法义之总会处，是其精神与命脉所在处，是大小根本不二处，小乘千言万语，归于得无余涅槃；大乘千言万语，亦必归于得无余，而后乃无住，否则无住无可谈也。故大小有根本不二处，即无余涅槃。谁有智者而于斯不了乎？是龙树、提婆、无着、世亲同其大处，二家施设虽异，而此真归宿处不得有异。是自《阿含》以迄《大般若》乃至《华严》等经有一贯处。详玩上诸句义。评者有云："涅槃是什么？还有世间可出离的？"吾且问汝曾读佛书否？任取佛家一部经或论，其所破的迷执相是世间相否？其所厌离的生死海是世间否？六度明明舍生死此岸到涅槃彼岸，是有世间可出离否？《成论》谈有余等三涅槃，明明曰真如出烦恼障，曰真如出生死苦，曰真如出所知障，是有世间可出离否？曰余依亦灭，是有世间可出离否？佛法若不出离世间，还可说得涅槃否？评者若是在家人，乱谈佛法犹不足怪，托名佛子而知见如此，真堪悼惜！《新论》博大谨严，每下一义，都自其真实心中流出，无半字虚妄，评者竟绝不虚心，身在佛门，何可若是？评者复以《新论》此处所谈，与外道神我离系独存，及小我与大梵合一相像,以谓误解佛教。此实评者自误。佛家破外道之我,只破其妄计或妄执之我,而其自宗实非无我论也。破大梵天,亦破其妄计,不如实知,不能如其实而知之也。而佛氏本来自性清净涅槃,实与大梵有融会处。佛教徒不识世尊与诸大菩萨本意,遂与外道竞立门户,隔绝太过,而真理之在人心本有同然者,遂不可见。吃紧。此实大道之巨障,而众生迷妄与斗争所由不可解也。《新论》寄托高远,自非超悟之资,何堪论此!

　　评者又云:大乘的不同儒家,即以出世的空慧扫尽世俗仁爱的情见,而使之化为不碍真智的大悲云云。

　　评者最令人痛惜者,即其染世间洋本本之毒过深,满纸浮词,无一明确观念。如言缘生,而不知有第八识,元非无我。言涅槃而堕空见,不知无余涅槃,余依亦灭,而非无物,使其无物,则后之无住而利乐有情者其谁乎? 至言出世,则评者明明言在世不染名出世,又明明言涅槃是什么,还有世间可出离的,据此可见评者不承认涅槃是由出世间而得,此已谬极。断烦恼障,方得涅槃,大义炳然,如何不觉? 烦恼障者,非佛氏所谓世间相乎? 若不出离世间,何有涅槃可得? 评者于佛家出世本义根本无正确之理解,今乃忽然推尊大乘的出世空慧,既不明了佛家出世本义,徒拈得出世二字而言出世空慧,究是如何的一个空慧乎? 且评者后文力主大乘空宗非是破相显性,何为于此妄说空慧? 小乘人空,未得法空,故无空慧;大乘证法空,故云空慧。法空是何义? 汝云空宗不破相,是空个什么? 既不了何谓法空,云何妄言出世空慧？

　　　　评者以仁爱为世俗的情见。

　　此可痛伤。佛教与儒学虽出发点各有不同,而儒之仁爱与佛之大悲谓之有异则不得。儒之仁民爱物是世俗情见,佛之大悲众生非世俗情见乎？出世与否,确有同异,而人生本性之发用流行为万物或众生同体之仁爱或大悲者,则不可以门户愚见而妄分异同也。此处妄有异同,则人性将毁,佛种将断,是而可忍,孰不可忍！且爱字义训有二：仁爱之爱,是至善也；姑息之爱,即贪爱,谓之情见可也。佛典谈及染心所中之爱则是贪爱,非仁爱也。字义未究而诬儒佛,未知其可也。

　　评文列儒家于人天乘,此承往昔僧徒之谬说而不自知其非也。儒者所言天命或天道之天,非佛教所谓人天之天也。评者如能理解吾上文所说,而天字之义无须复赘；若犹不了,则余更无多言之必要。真理自在天地间,能悟者片言而悟,不悟者终无如之何。

　　　　评者又云：儒家何处说仁是空寂的？

　　吾且问汝：三法印结归涅槃寂静,寂义是静义,故连属成词。又佛典寂字亦与空字连属成词,曰空寂。此土道典亦以静字与虚字连属成词,曰虚静。虚静之与空寂,二家意义纵有浅深,而大旨从同则无可讳也。寂静即离欲,即无扰动相,故言寂静即有空或虚义相连属也。此等名词既已审定，试检《论语》，子曰"仁者静"，非以空寂说仁乎？又曰"仁者乐山"，山者，无扰动相，所以象仁体寂静。孔子作《易》，字字皆象，此处亦然。又有天何言哉、时行物生之叹。<sub>叹者赞叹。</sub>无言者，形容空寂也；时行物生，是空寂而能仁也。圣言高浑，非澄怀体之，未有能喻者也。

　　评者又诋《新论》赞美空寂而怕说出世，即是《新论》的根本情见云云。

　　此甚错误。熊先生尝言：吾并不反对出世法，但不认为大中至正之道，此中有无穷的意义，甚难与一般人言，佛教中人有教僻，更不好谈。即如前文所云，儒者形色即天性与佛氏不坏假名而说实相<sub>假名即谓世间，世间不实，皆假名故。</sub>毕竟不同者，儒者只称实而谈，缘其一直超悟，无有小己之迷执，故于世间，根本不曾作世间相想，即无生死海可怖，无世间相可厌离，尽心即知性知天，本无客染，故乃直于形色而见天性，此是证量境界，始终不杂一毫宗教意义。佛氏起初发心便同情庸众，有小己沦溺生死海之热烈感触，开端便是宗教热情，与儒家圣人直由智慧澈证自本自根者异辙。<sub>自本自根者，谓万有之原不可离自心而外觅。</sub>前云二家思想出发处不同者以此。但佛教有一特殊处，凡宗教家每任情感去皈向超越之上神，佛教则遮拨拟人的上神。不唯如此，而且戒定慧三学交修，由戒引定，由定发慧，其理智作用与思辨力之明睿，诚有超过世智辨聪处。然其空想与幻想处亦不少。佛教虽驳外道之神，而其自宗之神味确甚深。三界、六趣、诸天，自佛典说来,俨然亲历之境。人死而其生命非消灭,理所可有,儒者祭神如神在,恰到好处。而必曰诸天与诸鬼趣等世界如何如何,俨然一部信史,余以为不如圣人六合之外存而不论最为理智。此中理智一词,形容其不作空想与幻想。凡言神者,应分以二,曰:宗教家拟人之神与哲学家所谓宇宙大心亦名为神。宇宙大心即是吾人各具之心,实非二也。佛家毕竟宗教神味过重,不独非无神论而已。其诸天与诸鬼趣,可谓多神论。纵云界趣等说随顺民俗而谈,不必与其中心思想有关,然从其教理方面衡之,颇觉其富于悬空的辨析,辨析极重要,但失之悬空,即有病。要令入山采宝者有荆棘多于宝物之感。读佛书,如入山采宝,必遍历荆棘而后得宝。佛家穷大极深处无可否认,而夹杂空想、幻想,亦无可否认。佛法毕竟是宗教精神,吾人决不可少;但出世主张,如有畸俊,超然孤往,固无须反对,要非斯人常道。儒学极高明而道中庸,致广大而尽精微,通天人而一之,至矣尽矣,高矣美矣,无得而称矣!《新论》终融佛以入儒,其寄意深远矣哉!

# 第　二　分

评文有云:我以为《新论》原期融会儒佛,然彼于有意无意中,始终有一情见存在,即扬儒抑佛的观念云云。

审曰:融会者,非于二者之中择其有可类比之语句以相附会之谓也。附会则是拉杂,无可言学术。融会之业,必自有宗主而遍征百氏，集思广益，取人所长，违人所短，以恢宏大道而无碍通途者也。譬如具有生命的人体，常吸收动植等养料而变化之，以创新其生命力，是为融会；非自身本无生命而东取一块石、西拾一木头，两相堆集成拉圾桶可以谓之融会也。非自，至此为句。熊先生之学，据其自述，从少年以至中年，本经无数变迁。弱冠革命，曾毁宣圣、谤六经；中间曾归心佛家唯识论；四十左右，复不满于唯识师之一套理论，颇倾向空宗；其后对佛家出世思想认为是由厌离生死海之动机而有反造化之异想，此等出世法未免偏而失中、奇而失正，在熊先生本人颇不赞同，因此反己体认人生真性，历有年所，渐悟天人不二之旨。忽然回忆少时所读《易经》，始觉己所惊为自得者，乃吾圣人所已寓之于《大易》，但卦爻之理不易明，其辞皆象，又非泥于象者所可喻。自此乃归宗儒家《大易》，而毁其旧日依据世亲迄十师遗教所造之《唯识学概论》，遂改作《新唯识论》。明体用不可分而又无妨分，虽无妨分而究不二，融贯天人，融佛入儒，本诸其所自见与自信，非故意抑扬也。

又复当知，熊先生在其自己立场，本不赞同出世法，故有所融摄亦有所舍弃；在其对于思想界而说，并不反对出世法。先生认为人类对于其自己的生命有永恒之要求，同时有拔出其生命于尘海、以高趣寂海之希愿，佛法于此，确予人以强大之提振而坚定其信念。但熊先生又谓：吾人如有合天之诣，则于尘海而证得寂海，更无所谓出世。然众生根器不一，其思想与信仰接近佛教者自不少，当任人之信教自由云。

《新论》融会佛说处自不少。即如种子义，僧家只谓《新论》

对此横施破斥，并有谓不应以种子为多元论者。熊先生尝面答某僧云：《摄大乘论》言"于阿赖耶识中，若愚第一缘起，或有分别夙作为因,如尼乾子等计有先业为诸行之因。或有分别自在变化为因"婆罗门等计有大自在天能变化故,为诸行之因。云云。此中一大段话，明明将诸外道所自构画安立之本体一一破斥，而创明第一缘起即种子者，是为诸法之因,诸法犹言诸行,解见前注。参考《摄大乘论》无着、世亲二释及《新论》中卷《功能下》。此有明文，何容否认？种子本为多数，轻意菩萨云"无量诸种子，其数如雨滴"，不谓之多元而将何说？《摄论》是无着亲造，以授其弟世亲，厥后世亲盛宣唯识，始终未失此规矩。无着兄弟是唯识开山，此不可据，其又奚据？某僧无以难也。实则《新论》于本体论及宇宙论方面取消种子说，而于人生论及心理学方面，仍融摄种子说。中卷《功能下》谈染习净习处，与《明心》章谈心所处，宏深透阔，得未曾有。缚于染习，即物化而不人，亦即失其天性；舍染创净，所以成人能，即所以显天性。人之创净不息，即是实现其在已本具行健不已之天也。呜乎！斯理微矣。成人能便显天德，天人岂有二乎？种子义经《新论》融化而意义顿异其旧，浅者莫之省耳。

评者谓《新论》不曾虚心理解完整的佛法，而只是偏见到一些似是而非的。《新论》以为大乘还是出世的，不知佛家的入涅槃本与《新论》不同等语。

此一段话，吾前文本已破讫，可不复赘。评者身为僧人，而于佛教竟绝不通晓，似是而非四字犹谈不到也。评者谈缘生，不知有第一缘起,即含藏一切种子之阿赖耶识。赖耶之名词且置,究竟佛家是否以为人死后即无耶? 如其无也,还有甚佛教可说? 经论中亦时有呵斥凡夫作死后有、死后无等计度者,此乃别有密意,切不可乱作解,谓死后便无也。如其果无,佛菩萨何故悲悯众生轮转生死海? 何故修六度,要舍生死此岸到涅槃彼岸? 今日佛法虽衰,恐佛门中犹不少净信贤达,未必悉与评者同其见解。假如佛法非谓死后果无,则入无余涅槃时,菩萨余依灭尽,余依即身,已解见前。而其个体的生命可云消灭无所有耶? 评者在前一段中已攻击《新论》,而谓"还有什么生命去与涅槃冥合的"云云,今在此段又胡乱轻诋一顿。礼之一字,吾无责于评者之必要。试问菩萨得无余涅槃时,若如评者所计根本无生命在,此时只是空空如也、一无所有,佛氏之空寂果如此乎? 佛菩萨长劫修行只求如此,则与愚夫愚妇自经沟壑之见何异? 更可怪者,评者既说得涅槃时全无所有,而在此段中再行申明佛家的入涅槃本与《新论》所说不同云云,须知《新论》说三乘圣者入涅槃时,不是其生命随身俱灭,即入涅槃不是断见,不是空得无所有,因此大乘菩萨已得无余涅槃,而为众生未度尽故,仍不住涅槃、不舍众生。此在前文本已引据《成论》解释明白,评者似一向少读佛书,即读亦不求了解,满纸是乡谚所谓横扯。如评者此段有云"大乘涅槃毕竟寂灭,而悲智宛然,令一切众生成佛"云云。夫评者谈入涅槃,明明反《新论》,明明是断见,而此中又说悲智宛然,试问断灭而无所有之空寂中,尚有悲智可说否? 评者只横扯一些话头,而其胸中竟不问此等话头当作何解,此真怪事! 评者此段提及完整的佛法一语,亦知完整的骨髓在何许否? 譬如人身,所以成其完整者，以有骨髓在故，若去其骨髓，则完整者立时消散矣。佛法之完整，自有骨髓在，否则何以别异于世间法？此个骨髓是甚么？缘生是同于哲学家之关系论而无有所谓穷生死蕴或赖耶识乎？果真无我乎？菩萨入无余涅槃时，便生命随身俱尽乎？此个骨髓一空，则佛之教法全盘俱毁，评者对佛法尚得许有似是而非之解否？

评者此文，横扯不堪，实不必辨。但念世乱如斯，人人缺乏信仰，只迷执肉体，若佛教徒亦随顺世俗而忽视自宗骨髓，则世道复何攸赖！余欲辨正之动机，实在乎此。甚愿评者多作静虑工夫，担当法运，毋自误也。

　　　　评者谓《新论》有取于台、贤，隐而不言，为掠美或藏拙云云。

此不独有意横诬，而亦太不了解学问之事。中外古今谈哲学者，著述虽极多，综其大要观之，哲学上之问题何在，各家皆不约而同注意到。至其对于问题之解决，则各哲学家之见解不能一致。然此不一致之情形并非极纷乱无绪，却可类别之为若干流派，流者，类义。试检几部哲学史便可见。不论何地何时之学者，观其著述，总可分属之于某一流派。其在同流共派之中，各个之所见或所说自有大体从同或许多说法相合之处。至其从同与相合者或后之于前、彼之于此曾受影响，而亦有后未读前之书、此未阅彼之籍，竟有遥契处者。此心此理，自有同然，孟子、象山之言，深可玩味。评者必谓《新论》有合于台、贤即是有取于台、贤，

154

而又坐以取则掠美、未取而不言即是藏拙云云,试问《新论》之体系果与台、贤同否?《新论·附录》中答人书曾言台、贤渊源所自,不能外于大空大有,此语自是诚谛。一般人皆言台、贤是中国思想,此与诟理学实是禅宗者同一错误。凡一学派之思想受时代影响或外来影响而有变易于其所承接之古学,此另是一事;至其骨髓与所承接之古学为相反、为相承,此个分别极紧要。佛法是出世之教,儒者为融贯天人之学,此是二家骨髓不同处。理学尽管受禅师影响,而其骨髓确与古儒学为相承;台、贤尽管以中国思想附会佛法,而其骨髓确已反固有而归宗出世法。又复当知,佛教东来,宣译之业,要以罗什之介绍大空、奘师之介绍大有皆为较有系统之传译,足资研究。奘师未出之前,真谛古学颇盛行,台、贤多资于是,后来亦受奘门影响,此中不暇讨论及斯。但谓台、贤渊源所自不外大空大有,此语终无有错。

《新论》体用不二义,一方由佛法中谈真如只是无为、只是不生灭、只是寂静,其与有为法或生灭法无融会处,一方鉴于西洋谈本体者,其于本体与现象亦多欠圆融,因此潜思默识,历年良久,而后断然以体用不二立说。先生初欲求印度之真,先从奘译唯识入手,后乃上探什师,此土诸宗,实所未究。《新论》文言本出后,有人谓其近《华严》。先生尝涉猎一过,谓其有甚好处,惜不免混乱。阅《疏抄》时,以老病未及随笔抉其得失,尝以为恨事。台宗则迄今未多翻阅,此实情也。《华严》理事圆融,以视大乘诸经生灭与不生灭折成二片者诚有异,与《新论》体用不二义本较接近,但其于本原处虽有见,毕竟失之浑沦,只说到理成事与事即理而止,事上欠解析,即不能施设宇宙论,此还是印度佛家本旨。宇宙是如何而有的，如何而显现，在吾国之《大易》与《老》《庄》均有精透说明，印度佛家独不尔。评者在第二段中所云"佛氏于此照例默然不答"，此语却是。佛家何故不许问宇宙如何而有？在佛教中人固以不可思议四字来神圣与庄严此种意趣，其实如果要说宇宙如何而有，则宇宙即是依本体之流行而假施设，佛氏出世法于本体只见为寂灭，亦云寂静。终不许于本体说流行或生化也。《新论》明由体成用，其所谓用者，即依本体之流行而立名。本体是备万理、含万德而流行不息的物事，即于其流行中有一翕一辟之势上而名为用。详在《新论·转变》《功能》诸章。故于用而施设宇宙，亦即于用而识体，以体用本不二故。但用者依翕辟二势得名，而辟乃真体显发其自性之方面，故不妨说心为体，以心之名依辟立故；翕虽亦真体之显，但此方面便已物化而不守自性，故说翕为物。唯夫心则恒如其本体之自性，故于此识体也。此体用义与台、贤果有相似处否？望评者且细心。若不会，姑置可也，何用相诬？全性起修，即"元者善之长"义，亦"自诚明"义。孟曰"诚者天之道也"，其在人则谓之性。明即见性功夫，一切修为皆明也。自诚而明，是全性起修何疑？全修在性，"率性之谓道"也。此等句子，时见称引。小大无碍，《庄子》有明文。主伴互融、一多相摄等义，华严家实自卦爻中体玩得之，然西洋哲学家亦多能言及，何用少见多怪，以为华严独发之秘乎？海沤等喻，既是譬喻，亦何足言？即物游玄，便自见得，心同理同，互不相袭，此皆枝节，无关根底。若云袭取，则佛教自其肇创，以至后来小宗大乘之发展，随时皆有所取资于外道，而乃破斥外道不遗余力，然世未有以此议佛氏者何耶？老子后于孔，今人考据，殆无异议。

儒言道，老亦言道，儒言阴阳，老亦言阴阳，此乃根本大义相同，非枝节之合而已。然老攻击儒家甚厉，从来未有诋老氏学非自得，亦未有疑其袭儒言而反抹煞之者何耶？良知始见《孟子》，而阳明自谓其发明良知为千古之一快，世未有疑阳明袭孟子者何耶？张人李人，五官百体无不似也，而世不谓张人即是李人者何耶？伯乐相马，得之于牝牡骊黄之外，得其精气蕴藏故也。牝牡骊黄，天下之马无弗同也，而马各自有其精气蕴藏，则不得而强同也。岂唯相马，读书者若只求之于文句或理论之间，而不了解其中之所蕴藏，徒妄生异同、妄为是非，则与著者本旨无干，亦无所损，只自误而已矣。

　　评者又云：《新论》继承理学的传统，以"寂然不动"、"上天之载，无声无臭"、"神无方而易无体"说明儒家知道寂然的真体，此空此寂即是佛家所见的，于是乎会通《般若》与禅宗。其实佛明空寂，彼此间也还有差别，浅深偏圆不等，那里能凭此依稀仿佛的片言只句作为儒佛见体寂。同一的确证。

　　此段话是门户狭小见。华梵圣哲澈了大本大源之言，甲乙不约而同言到。其所以同言到者，实由其同见到；其所以同见到者，实由心同、理同。孟子、象山皆说心同理同，此是无上甚深第一义语，千圣莫能违。心有所不同者，必非大明之心，障染未尽也；《易》之《乾》言大明，佛曰圆明。理有所不同者，必所见非真，要非理果无实，令人不得同见也。儒者穷理、尽性以至于命，参考熊先生《读经示要》第二卷。即佛氏所谓澈法源底也。穷至此大本大源处，说"寂然不动"，不动者，无昏扰义，非停止义。说"无声无臭"，说"神无方易无体"，神者，神化；易者，变易。此皆就本体之流行言。换句话说，即就本体之全现为大用而言。无方者，无有方所；无体者，无有形体。此与佛氏见到空寂，无方所、无形体等义名空，非空无之谓。确无不同处。唯儒者却证会到本体空寂乃无方而化也神，无形而不穷于变易，所谓动而健、生化不测也。佛氏出世法于本体健动德用却不与儒者同其所见，然于本体空寂之德，却是佛与儒同其所见。今评者必曰此空此寂即是佛家所见的，而于圣人所言寂然不动与无声无臭、无方无体等了义语竟悍然诋为依稀仿佛的片言只句，此等门户见，实有未安。佛家浩浩三藏，蔽以三法印，三法印归于一寂，《大智论》有明文。《大易》"寂然不动"一语，赫然确尔，与佛世尊心心相印，何得以私意抑扬？无声无臭，无方无体，《大般若》千言万语，无非密显此义。上圣圆音，一字中含无量甚深微妙义；一句中表无量甚深微妙义。证真之言，何事于多？喋喋多言，徒令众生缘名言而起执。佛家小宗大乘诸论师每有此失，宗门起而扫荡，真是一掴一掌血、一棒一条痕，可不悟哉！夫辨异同者，辨之于理而已，明明证真之言，字字金科玉律，而曰"依稀仿佛"，虚怀究理者，何敢为此言？何忍为此言？评者甚至以无思、无为、寂然等语为谈蓍龟，如斯戏论，未免侮圣言。夫《易》者，象也，即取象蓍龟而义不在蓍龟也。如《乾》德取象于龙，而义不在龙也。明儒有诟佛家涅槃之寂为厌生死而逃之冥漠反成鬼趣者，评者亦以为然否？

　　无思无为即非有意想造作之谓，此即异乎一神教拟人的观念,佛与儒此处有何差别? 稍有头脑者,当不至谬想孔子言天同于景教等也。评者疑《新论》谈本体、谈唯心,便与西洋学者混同,佛家真如是遍为万法实体,又曰"三界唯心"云云,亦与西洋人混同否?《新论》谈儒家修养,何曾说即是佛家的修养? 明明谓佛家只证到空寂,而不悟生化之健,正由儒佛修养有不同处,故所得成效异耳。评者有云"以此为彼",不知果何所谓? 犹复须知,万事万理总是同中有异、异中有同,克就异点而言,固无可强同,克就同点而言,亦无可立异。儒佛修养,有其异点,自亦有其同点,若一往谈异,必佛法全不是道而后可云耳。

学字有多义,《学而》章之学字是觉义,则汉儒古训也。五十知天命之命,非神的意志,非神的赐予,则《易·无妄》之象有明证,评者横扯作甚!

> 评者又云:儒家说仁、说良知,都是人类异于禽兽的特性。故仁或良知不是一切法所同的。

此实不究儒学。《易》明乾元始万物,故曰万物各正性命。注家皆谓万物各得乾元大正之理以为其性命也。儒言万物,犹佛书云一切法,万物之本性皆是乾元。汉儒言乾为仁,又曰"乾知大始"言乾以其知而大始万物也。此中知字义深,显乾是明昭之体;大者赞词。据此,乾元即仁,亦即良知,可见仁或良知即是万物或一切法共有的本性,<sub>言万物,而人类在其中。</sub>岂唯人类独有之乎? 程子言"仁者浑然与万物同体",即据《易》义。评者全不求解何耶? 夫仁或良知虽一切法同有,而植物及无生物则不能显发之；动物已稍露端倪，互助论者所发见之事实皆可证明动物已有仁或良知在，否则只有相噬，何能互助？《大易》之义，显然不诬。但动物虽有此端倪，而毕竟甚暧昧，未能显发，能显发之者，厥惟人类。故从万物本性上说，任何物通有仁或良知，不唯人类有之而已。从万物不免受形气之限而言，则唯人类能显发其仁或良知，而可以谓之特殊。故儒学崇勉人道，使之尽己性以尽物性，达于天地位、万物育之盛，而全体大用毕竟呈露，无所亏蔽矣。至矣大哉！孰得而称诸！《华严·性相品》云一切众生皆具如来智慧德相，是从众生本性言。然余经又说阐提毕竟不成佛，又说修行唯在人道，诸天与地狱等众皆难修。佛氏虽说得空阔，事实上还同儒者人道为本也。

评者又云：禅者不像儒者缴绕于伦常圈子里的，理学家那里理会得？

此等语真可哀！王阳明常叹佛氏出家想逃人伦之累，却先已有累在心。儒家则不然，有父子，还他一个孝慈，何父子之累？有兄弟，还他一个友爱，何兄弟之累？有夫妇，还他一个有别，何夫妇之累？若以贪嗔痴三毒缴绕自心，即逃出伦常之外，毕竟造业受苦，有何好处？此可哀者一。儒者伦常那有圈子可说？《大学》三纲八目，格致诚正统于修身，自身推之家国以至天下，天下者，天地万物之都称。故儒者伦谊不限于人类，极至范围天地之化而不过，曲成万物而不遗，裁成天地，辅相万物，终底天地咸位、万物并育。修齐治平之效已举，而犹曰惧以终始，犹如佛位有不放逸数也。儒道至大无外,至高无上,而评者横计有圈子,作茧自缚,驴年出!此可哀者二。吾以诚心告评者:昭烈帝曰:"勿以善小而不为,勿以恶小而为之。"今人浑是贪嗔痴,有甚伦常?出家人竟毁及此,忍不戒与!释尊教人孝父母,度其弟及妻子以及众生,与孟子亲亲、仁民、爱物,果何差别?其敬念之哉!

评者极诋禅与理之浑沌。

凡不同流派的思想并行,终当有出而融会者,此为中外古今之公例。拘门户者,不知观其会通,而大道始丧矣。理学家于禅融到好处与否,是别一问题,而评者无可通禅与理,则可断言也。且理学可妄议乎?自魏晋之衰,北中国全陷于鸟兽之俗,南朝亦失淳风;唐太宗一代称盛,藩镇非胡帅者无几;承以五代之主,又皆蛮野。此长期中,正义殆绝,人气殆尽,吾中夏之衰自此始。非以良知深研历史而不同考据家态度者,殆不能感觉此长期之黑暗与惨毒。佛之徒,皈命空王,忘怀世事,民生无所赖,此是事实。五代最惨,而禅学于时特盛。熊先生尝言:自唐至五代,佛门中许多过量英雄,若戮力世法,尔时世运或别是一局面。此说不为无理。两宋诸儒承衰微之运,又承汉以来儒学久绝于经师之手,而佛教适乘机以入,取中国文化与学术之统而代之,如今日全盘西化之局,两宋诸大哲始董理尧、舜、汤、文以迄孔子之道统、学统、治统,自是而吾民族始知有人道之尊、人伦之重、中夏圣贤学术之可宝、数千年文明之可慕,于是兴自信之念,有自大自立之风。虽元起漠北,扫荡欧亚,曾不百年,因南宋昔在江浙,理学植根深厚，明祖卒藉之以兴，成光复华夏之伟业。明代人才甚盛，晚明学术思想发达，则王学解放理性之所启。此时本不当亡国，惜乎继体之主皆昏庸，其亡灭于边区之东胡，则由其时民主思想未开，不知改革帝制，遂至群众涣散而亡。故明季诸大哲如船山、亭林、梨洲等，皆以理学家盛倡民治，而欲革帝制，不幸神州已临厄运，而业考据者遂趋附胡主，斩理学之绪。中夏至今，民德日衰，民智日浮乱，社会无中心思想，艰危将甚于昔。稍有人心者，平心静气思之，理学自是中华民族一线血脉，何容轻侮！宋明诸老先生之学，上究天人之故，下穷道德与治化之原，王霸义利之辨，正是今日帝国主义者与资本主义者之对症药。根底深厚，践履笃实，后生何忍过自轻狂，率意诋毁！论学术，求至道，无分于夷夏，外国有圣贤，吾人当敬奉，本国有圣贤，奈何欲鄙视？释尊与宣圣，虽各有特异处，而必谓一在人乘，一高出三界之外，此有何种尺度可以量度？龙树、提婆、无着、世亲诸菩萨与程、朱、陆、王诸大哲，所学不必同而互有短长，亦有何种尺度可判其高下？吾侪当以平等心敬礼中外圣贤，而学理异同与得失，则一衡以公明之心。熊先生尝言：至理无穷无尽，中外古今乃至未来，任何上圣，其学之所造总有异点，总有同点，乃至同中有异，异中有同。大同大异，小同小异，互相观待，纷纭复杂，妙不可诘，唯无门户见而善观会通者，乃可渐近于真理。惜乎千古学人，求有胸怀豁达者极不易。穷理之事，本乎神解，胸怀拘碍而神解得透者，星球余信其可毁，而独不信有斯事。先生此言，大矣广哉！曾是有知，忍不服膺？先生又言：禅宗诸大德视教中诸大菩萨，论长则各有其长，求短亦各有所短，入主出奴亦不必。混沌自是末流之失,而且任何上哲,其明之所在即其蔽之所伏,于此有所明,于彼即有所蔽故。此蔽处正是浑沌。谁能一口吞下真理之大全,绝无浑沌?先生此言,又有趣也。又曰:宋明儒病在拘碍,颇欠活泼。此意难言。吾人宜承其志愿以上追孔门。据此可见评者议《新论》承理学传统,太隔阂在。评者又云"《新论》虽然不同情优侗与附会,可是并没有离开这套作风"云云。吾告评者:离开与否,且让后来具眼人判断。评文此段末后,纯是意见作祟,大义均详于前,无须赘答。

# 第 三 分

评文谈空宗与有宗,今摘其谈空宗之要点如次:

(一)《新论》谈空宗,一言以蔽之曰"破相显性",然而我敢说破相显性不是空宗的空,决非《般若经》与龙树《论》的空义,反而是空宗的敌论者有宗。

(二)《新论》根本没有懂得空宗,以为空即破一切法相,于是想入非非,以为缘生是遮诠,而不是表诠。龙树是否破四缘?《新论》慢作主张。《智论》三十二,论到四缘说:"但以少智之人,著于四缘,而生邪论,为破著故,说言诸法空。般若波罗密中,但除邪见,不破四缘。"凡《中论》《智论》破荡一切,都应作如此解。《新论》以空为破相,可说全盘误解。

（三）空宗的空是自性空，当体即空，宛然显现处即毕竟空寂，毕竟空寂即是宛然显现，所以说"色即是空，空即是色"。空宗的空，非《新论》遮拨现象的空，遮拨现象即是破坏世俗、抹煞现实；也不是遮拨现象而显实性，遮拨现象所显的即是神化，玄学的神之别名。《中论》说"因缘所生法，我说即是空，亦为是假名，亦是中道义"，即空即假的中观论者，与有宗大大的不同。空宗是缘起论的，说缘起即空，不是说没有，所以与有宗唯识论不同。依此即空的缘起，在相依相待的因果论中能成立一切法，所以不幻想宇宙的实体作为现象的根源。与《涅槃经》等不同，空宗也说即空寂的缘起为现象，即缘起的空寂为本性，但本性不是万有实体，即此缘起的空性。经说一切法自性不可得，自性不可得即是一切法之自性。中略。真如涅槃，非离缘起而别有实体。

（四）《新论》误解《般若》为只是发明生灭如幻，以为必须有一不空非幻的实体。中略。如《般若经》说："为初学者说生灭如化（虚妄，空寂），不生不灭不如化（真实，不空）；为久学者说生灭不生灭一切如化。"所以《新论》如要论究《般若》义，还得更进一步。

审曰：评者谓缘生不是遮诠，当是表诠，故又云空宗是缘起论的，说缘起即空不是说没有。余望评者细心将《成论》与《中论》等子细对读。《成论》成立四缘，而说一切法仗因托缘而起，稍有头脑者知其是表诠。《中论》等却将一一缘遮拨得一无所有，如何不是遮诠？此真怪论。评者引《智论》"但除邪见不破四缘"之语，以为空宗是缘起论，此实误解。《智论》于此语之前有申明其密意之一段文云"汝不知般若波罗密相，以是故说般若波罗密中四缘皆不可得。般若波罗密于一切法无所舍、无所破，毕竟清净，无诸戏论。如佛说有四缘，但以少智之人著于四缘而生邪论，为破著故，说言诸法实空，无所破"云云。案凡言舍者，必是执有实法，方言舍；凡言破者，必是执有实法，方言破。般若波罗密中无有所执实法故，即无所舍、无所破。《论》文于此段下又有云"菩萨行般若波罗密，如是观四缘，心无所著。虽分别是法，而知其空，皆如幻化。幻化中虽有种种别异，智者观之，知无有实，但诳于眼，为分别知。凡夫人法，皆是颠倒虚诳而无有实，故有四缘。中略。菩萨于般若波罗密中无有一法定性可取故，则不可破"云云。详此论意，系据般若波罗密中不取四缘中定相，故无所舍、无所破，理趣深微已极。般若波罗密中无有一法定性可取，即入第一义。无四缘相可取，即无四缘相可破，此无上了义也。愚者若起一毫误解，便计空宗成立四缘，即住颠倒虚妄法中。此正《论》文所谓"凡夫人法皆颠倒虚诳而无有实，故有四缘"，《论》主已预防误解，而评者竟不慎思何耶？

《智论》三十二所说"般若波罗密中四缘皆不可得"云云，读者务须注意般若波罗密中一语，此乃克就般若波罗密中说，易言之，即克就第一义谛说。读者从"四缘皆不可得"至"毕竟清净，无诸戏论"云云细心玩味，当知是克就第一义谛说也。若未入第一义谛者，尚住世间颠倒虚诳法中，便须为之破除四缘，令离颠倒虚诳而悟入真实。易言之，即须泯除缘生相而证入法性，此即《新论》所谓破相显性。《智论》此段文，须与《中论·观四谛品》中世俗谛与第一义谛及《观法品》《观因缘品》参互详究，求通神旨。如终不悟，务望存疑，慎勿寻章摘句，偶见《智论》三十二有"不破四缘"一语，便谓空宗是缘起论，不承有法性也。佛书难读，空宗为尤，理趣幽玄，辞旨奥折，浅智粗心者，读之或全无解，或执取单辞片语以为解，甚可悼也！

　　评者云："说缘起即空，不是说没有。"今应问汝：所云空字是何意义？如是空无之空，何故又云不是说没有？如非空无之空，此空是何义？但评者又有云："空宗的空是自性空，当体即空，宛然显现处即毕竟空寂，毕竟空寂即是宛然显现。中略。空宗的空，非《新论》遮拨现象的空。"据此，则评者所云空毕竟无明确观念。评者已云自性空，则是一切法之自体本来是空无的，不如此解，而将何解？下语又以宛然显现处即毕竟空寂回互言之，则一切法自性幻有，毕竟不全是空无。假如云幻有之法即无实自性，故可云空者，如此必须了解《中论》所以施设真俗二谛之故。《中论·观四谛品》云"诸佛依二谛为众生说法，一以世俗谛，二第一义谛，若人不能知分别于二谛，则于深佛法不知真实义。世俗谛者，一切法性空，言诸法自性本空。而世间颠倒故，生虚妄法，于世间是实。诸贤圣真知颠倒性故，知一切法皆空、无生，于圣人是第一义谛，名为实"云云。据此中第一义谛，则一切法自性本空，空无。但世间颠倒故，生虚妄法，评者所云"宛然显现"者即此。吾前引《智论》谈四缘义所云"凡夫人法皆是颠倒虚诳而无有实，故有四缘"者，即《中论》之世谛，评者妙悟所得者即此。其实，"诸贤圣真知颠倒性故，知一切法皆空、无生"，皇皇圣文，胡可不究？第一义谛中无缘生相，吃紧。故言"一切法皆空、无生",此与《智论》言"般若波罗密中无有四缘相可破"者密意吻合。《中论》又云:"众因缘生法,我说即是空,亦为是假名,亦是中道义。"下文即自释云:"众因缘生法,我说即是空,何以故?众缘具足和合而物生,是物属众因缘,故无自性,无自性故空。空亦复空,如定执空,即毁世谛,故言空亦复空以遮之。但为导众生故,以假名说。言空之为言,亦是假名说也。夫言缘生法空矣,即非有也。今又言空亦假名,则非无也。故下言离有无云云。离有无二边故,名为中道。是法无性故,缘生法无自性。不得言有;亦无空故,不得言无。"一切法无自性故,非有,此约第一义谛言;亦无空故,非无,此约俗谛言。又上文有云:"汝谓我著空故,为我生过,我所说性空,空亦复空,无如是过。以有空义故,一切世间、出世间法悉皆成就;若无空义,则皆不成就。"第一义空者,为破相显性故,即破世间颠倒相故,方假名说空耳。说空即知世谛不无,如无世谛,为甚说空?故知有空义,则世间、出世间法皆悉成就。详上述诸文,皆以方便善巧施设二谛,此是空宗大关键处。于此着不得一毫误解,若有一毫误解,便有差毫厘谬千里之患,可不慎乎!

评者以为《智论》有不破四缘之文,便谓空宗是缘起论,于是不承认空宗有所谓本体。

评文有云:也不是遮拨现象而显实性。又云:空宗是缘起论的,说缘起即空,不是说没有。依此即空的缘起,在相依相待的因果论中能成立一切法,所以不幻想宇宙的实体作为现象的根源。空宗也说即空寂的缘起为现象,即缘起的空寂为本性,但本性不是万有实体,即此缘起的空性云云。

评者之主旨在此,但未了解二谛义,则此论终不可通。评者所云"空宗也说即空寂的缘起为现象",此语不独无义,而实显违空宗。即就评者所引据,《智论》三十二谈四缘中文明明言"凡夫人法皆是颠倒虚诳而无有实,故有四缘",而评者乃云"空寂的缘起",以"空寂的"三字为缘起之状词或规定词,与《智论》言颠倒虚诳而无有实者显然违背。评者又云"宛然显现处即毕竟空寂",此与空寂的缘起一语同犯大过。须知空寂一词决不可与颠倒虚诳无有实者同其含义,此义后谈。稍有头脑者,亦能辨此,如何可以空寂的缘起大痴见诬堕空寂? 评者又说"即缘起空寂为本性,但本性不是万有实体,即此缘起的空性"云云。缘起法根本属世谛中颠倒虚诳法,于世间是实,何所谓缘起的空性? 犹复须知,如认缘起法为空寂者,即无所谓世间颠倒虚妄法,是破俗谛。《中论》云:"若不依俗谛,不得第一义;不得第一义,则不得涅槃。"皇皇圣文,如何可背? 此处轻背,则佛教精神根本推翻。《中论》言"若人不知分别二谛,则于深佛法不知真实义",此可深省也。

评者只欲反对《新论》以破相显性言空宗,于是不承有实体;而不承有实体又不好自圆其说,遂以空寂的胜义加入缘起法上,而曰"即缘起空寂为本性,但本性不是万有实体,即此缘起的空性"云云,如此适以自陷。余初审正评文,至谈缘生义,有为无为不分,生死涅槃无辨,已甚诧异;今阅至此,乃知评者迷谬所在。评者若自讲其缘起论,而声明不同佛教之旧,亦可不乱佛法,但必以己意说空宗,且自负为空宗之解人,则佛菩萨有知,自不免心戚也。

评者不承空宗破相显性，余望评者放下胡乱知见，细玩《中论·观法品》。今节其扼要处如次：

> 为度众生，或说一切实，或说一切不实，或说一切实不实，或说一切非实非不实。一切实者，推求诸法实性，皆入第一义，平等一相，所谓无相，如诸流异色异味，入于大海则一色一味。
>
> 一切不实者，诸法未入实相时，各各分别观，皆无有实；但众缘和合，故有。
>
> 一切实不实者，众生有三品，有上中下。上者观诸法相，非实非不实；中者观诸法相，一切实一切不实；下者智力浅故，观诸法相，少实少不实。观涅槃无为法，不坏，故实；观生死有为法，虚伪，故不实。
>
> 非实非不实者，为破实不实故，说非实非不实。

综上四门，第一门是密意说，第二门为入第一义方便故说，第三门为众生于前二门中有执着故说，第四门为破著故说。密意说者，为众生不了诸法实性故，方令推求，于一一法皆入第一义，平等一相，所谓无相；然犹未能令众生不着一切法实相故，非了义故，云密意说。

其次，为入第一义方便故说者，诸法未入实相时，实相犹云实性。各各分别观，皆无实，但众缘合故有。欲令众生于缘起法相勿妄着故，方悟彼实相。如于绳相不妄着故，方于一一绳相悟知是麻，麻喻实相。故云为令入第一义方便故说。

众生根器不一,观诸法相多有著故。此第三门,思之可知。

故第四门说非实非不实。非实者,推求诸法实性入第一义时,若作实相想,亦是著相;为破此著,故云非实。非不实者,若于诸法尚未悟入实性时,闻说诸法皆无实,便执一切不实,此复成著;应知说不实者,欲令于一一法悟入实性,非坏诸法,若见诸法实性已,即一一法皆实,譬如于一一绳相皆了知是麻。故云非不实。又诸法相皆入第一义谛已,而俗谛中不妨施设诸法,故云非不实。如是非实非不实,方为了义。

如上引《中论·观法品》文,并为略释。当知空宗非是诸法无实性论者,佛家大乘诸经,无论依妄识以树义、本真常而为说,要皆未有持无体论者。体者具云本体,亦云实性。空宗果如评者所云只是缘起论,即住颠倒虚妄法中,此成何说?有人言,吕秋逸居士谓佛家思想当作整个的去看,其说之内容如何,吾不悉,但各派所宗之经虽各有扼要之义,而大本大原处总有血脉相通。如空宗果为无体论者,即是随缘外道,《大般若》直是戏论,与《华严》《深密》《楞伽》《胜鬘》《涅槃》诸经全无可通处,龙树诸大菩萨何足为大乘开山?

评文中有云:幻有二义,一、宛然现义,二、无自性义。真如、涅槃非离缘起而别有实体,依相待施设安立的说,即具此幻的二义;依绝待离言非安立的说,即具幻的无自性义。

此等语不知从何说出?安立、非安立,即真俗二谛之别名。

真谛亦名非安立者，以心行路绝、语言道断故，此唯证量所得，非言说安足处所，故云非安立谛。此必真知有实性故，有第一义故，乃于真谛名非安立。评者明明说缘起幻法无自性，即是《智论》所谓颠倒虚伪法，《中论》所谓世间颠倒故生虚妄法，如何可以颠倒法说为绝待离言非安立谛耶？如此侮圣言，终不自觉，佛法将如何？是可哀也！评者知绝待一词作何解乎？唯诸法宛然幻现而无自性，故说诸法有实性，所谓真如涅槃。吃紧。譬如说绳相是虚幻无自性，故说绳有实性，所谓麻。绳喻幻法，麻喻实性。麻本非实性，乃设喻，不得已而强为之词。评者已知幻法是相待的，而又不承有实性，则绝待二字作何解？须知绝待者，非离相待而妄想一个空洞之境名为绝待也；即由于幻法而透悟其实性，如于绳而透悟为麻。便泯相待之相，直于一一幻法皆见为真如涅槃，即是绝待。吃紧。若只执取幻法宛然显现无自性者为有，而绝不承幻法是依实性故有，则只是相待的幻法，而绝待之名从何安立乎？宣圣曰"必也正名乎"，评者既用绝待之名，当求绝待之义，如何遮拨诸法实性成无体论？此真痴极！

空宗非无体论，已说如前，今次略明破相显性。空宗《大般若经》，《大智》《中》《百》《十二门》四论，凡稍有头脑者读之，当知空宗一切扫荡而实非空见。非独实性不空，即虚诳法亦不遮。二谛义宜玩。实非空见而一切扫荡，空宗根本意思是欲令众生见性，性者，诸法实性。方不堕颠倒虚妄法中；然欲见性，即非破相不可。譬如无知之孩只执取绳相，必不能于绳而见其只是麻，成年人欲晓之，必示以绳相是依人工、时日、资具、造作等缘而幻现其相，无实自性，方令彼孩即于绳相而顿悟是麻。绳相不破，麻性不显；

诸法之相不破,即不能见诸法实性。此义不悟,便如长夜昏眠;此义说穿,确是家常便饭,元无奇特。《心经》是《大般若》之撮要,开首便空五蕴,非破相乎? 破相非以显性乎?《新论》已释得明明白白,而评者毫不求解,横持己见,不知果何所谓。《心经》且置,《中论·观法品》云:"问曰: 若诸法尽毕竟空,无生无灭,是名诸法实相者,此中实相犹云实性。克就实性言,唯是一真绝待,无有所谓诸法之相,故云诸法尽毕竟空。云何入? 问如何悟入诸法实性。答曰: 灭我、我所着故,破人我执。得一切法空,无我慧,破法我执。名为入。"此中一切法空四字,不可滑口读过。空者,破除义。一切法空,易言之,即破除一切法相也。法相不除,何可悟入诸法实性? 空之为言,非于世间颠倒虚伪法上迷执为空寂故,名空,非字,一气贯下。佛法中无此邪见。乃于世间颠倒虚伪法相直破除之而显其本来空,空者,空无。第一义谛中,一真绝待,诸法相本来空,非以意空之也。否则不名悟入实性。譬如孩儿未空绳相,终不能于绳而见是麻。《观法品》又言:"为度众生,或说一切实,或说一切不实。中略。一切不实者,诸法未入实相时,各各分别观,皆无有实,但众缘合故有。"此文不作破相解,将作何解? 须知此中所云将诸法各各分别观,便见得皆无实,只是众缘合故有,明明是破除诸法之相。各各分别观之,便是其破相之方。方者,方法。析物至极微,则物相破矣;极微又析之,则极微亦破。又如分别诸法,知其但众缘合故有,则诸法之相破,而四缘又各各分别观之,便知一一缘皆非实有。《中论·观因缘品》即四缘一一破尽,文繁,不引。还有甚诸法相? 各各分别观者,即解析术。用此术以破诸法相,如剥蕉叶,层层剥去,便无所有。诸法相剥落尽,都无所有,便乃豁然顿悟诸法

172

实性，如孩儿闻绳相不实，便见麻也。破诸相故，说一切法自性不可得；自性不可得，即是一切法之自性者。由舍相已，即显其实性故。此义深微，凡夫难会。《论》文于各各分别之上，有"诸法未入实相时"一语，宜澄心体究。所以破相，正以未见实性故，若已见性，何相可破?《智论》说"般若波罗密于一切法，无所舍，无所破"，与此可互明也。《中论·观法品》明揭破相显性密意，而评者不悟，且横攻《新论》，亦何伤于日月乎?

犹复须知，《中论》所以重视二谛者，即为缘起义故。缘起法本是颠倒虚妄法，若不破之，则不可见实性，故欲令众生入第一义，非破缘起法不可，此《观因缘品》所由来也。若一往破除，则无颠倒虚妄法，亦无涅槃可说，无修证之事，还谈甚佛法? 故《观四谛品》施设二谛，于缘起法，破与不破，两无妨碍。第一义谛，非破相不可悟入，故缘起法在所必破。《观法品》及《观因缘品》有明文可证。世俗谛中，颠倒虚妄法亦名为实，即缘起法于俗谛非不许有。《智论》三十二说"譬如小儿见水中月，心生爱著，欲取而不能得，心怀忧恼。智者教言：虽可眼见，不可手捉。但破可取，不破可见。菩萨观知诸法从四缘生，而不取四缘中定相。四缘和合生，如水中月，虽为虚诳无所有，要从水月因缘生，不从余缘有。诸法亦如是，各自从因缘生，亦无定实"云云。详此，谓四缘虽无定实，而未尝破斥为无有，即依俗谛义故。余亦尝遇人言：空宗谈缘起法，或时决定破斥，或时似不破，甚似诡辨。余曰：非也! 此中关捩子在二谛义，如不了此，便生眩惑，甚且寻章摘句，妄作主张，以为如此如此，则微秕蔽目而天地全暗矣。可不慎乎!

《新论》根本在明体用，首须识得体。其讨论及于空宗者，特取其第一义谛破相显性之方便法门。实则此方便法门即是究竟理趣，故可说空宗全部意思即在乎是，其余千条万绪要无不会归于此者。《新论》不涉及宗教思想，故于颠倒虚妄与因果钩连之缘起法，为俗谛所不遮者，《新论》无论列之必要，学者求之空宗典册，可自得之。熊先生云《新论》亦含二谛义，俟《量论》方详。真谛则于认识方面遮拨现象而识体，俗谛即现象界一一事物皆随顺世间，不妨安立。《成物》章可考按也。评者谓《新论》遮拨现象即是破坏世俗、抹煞现实，不知《新论》首先标明从认识方面而谈识体，识者，认识。则于现象而见真体，自不执取现象，此非凡夫境界。肇公云"悲夫！人情之惑也久矣，目对真而莫觉"，此可味也！从认识上说，识取第一义，并无妨碍于俗谛之现实，《新论》微妙，评者弗思耳。

> 评者云：《般若经》说："为初学者，说生灭如化，自注：虚妄，空寂。不生不灭不如化；自注：真实，不空。为久学者，说生灭不生灭一切如化。"所以《新论》如要论究《般若》义，还得更进云云。

评者于此中引经说生灭如化下自注虚妄、空寂二词，大有过患。空寂与虚妄何可并为一谈？此不止差毫厘谬千里也。空寂是涅槃义，空非空无之空，亦非以幻现而无自性名空；幻现而无自性者，如依他法固可言空，然与寂字连用成复词者，则此空字亦是寂义，即涅槃义。空而不无，四德具备，所谓常乐我净是也，如何可与虚妄一词同解？虚妄是众生颠倒法，属俗谛；空寂是离世间颠倒法，所谓涅槃真如，《经》云"不生不灭不如化"者即此，评者注云"真实，不空"是也，此属第一义谛。评者因不解《般若》，而误想空宗是无体论，遂以空寂一词视为与虚妄同其含义，不独毁坏《大经》，而佛教根本归宿处乃完全推翻矣。《般若》是群经之王、诸佛之母，果是持无体论而安住颠倒虚妄中者乎？龙树菩萨果如此，倘在吾前，当一棒打杀与狗吃！若不如此，此罪在谁？《经》云"为初学者，说生灭如化"，即《中论·观法品》说一切不实义；其云"不生不灭不如化"，即《观法品》说一切实义；又云"为久学者，说生灭不生灭一切如化"，即《观法品》非实非不实义。此在前文已解释明白。评者竟误会《经》文为久学者说生灭不生灭一切如化句，遂妄主张空宗果是无体论、是一切如化论者，谬解《经》义，稍有识者当能辨之。

熊先生尝自言：弱冠时，一日登高，睹秋草零落，忽生悲感，推想天地万物皆归无何有之乡。壬子在武昌，一日正午，坐人力车过大街，天无片云，白日朗然，车中无思无念，忽尔眼见街道石板如幻如化，形象与原见之石亦不异，但石体不实，犹如幻化；拟之浮云尚不可，浮云犹实在极矣！见房屋如此，见一切人，坐者立者皆如此，见人说话口动亦如此。仰视天，俯视地，一切如幻如化。平常视天，即所谓苍然大圜气界，并无不实在感，此时顿觉大圜气界如幻如化、毫不实在。视车及车夫，皆如幻如化。但视自身犹如故，无幻化感。吾视商店两人对话时，口动，面带笑容，皆幻化人也。忽起念云：哀哉，人生乃如是耶！怆然欲泣，即视觉一切复其旧。尔后思此境，不可再得。迄今就衰，终不再

现。当时曾告友人李四光仲揆，彼大笑云：我知此意。并云彼
在日本东京市上，见群众扰攘状，亦起一种异感，觉尘世可悲。
余曰：此与吾之感恐不必同也。又曾告蔡子老，子老曰：此幻觉
耳。语一老僧，曰：此夙生定境发现耳。先生自述此事，又曰：
平生探穷宇宙人生诸大问题，就现象方面言，一切犹如幻化，于
此确信不疑；但有无真实根源，苦参实究，老夫挥了许多血汗。
求之宋明，不满；求之六经四子，犹不深契；求之老庄，乍喜而卒
舍之；求之佛家唯识，始好而终不谓然；求之《般若》，大喜而嫌其
未免耽空也。最后力反之自心，久而恍然有悟，始叹儒家《大
易》、佛氏《般若》皆于真实根源甚深处确有发明。儒者穷神而不
深体夫寂然处，将虑滞有之患；佛法归寂而过喻幻化，反有耽空
之累。《经》云"设复有法胜涅槃者，我说亦复如幻如化"，幻化之喻，本谓空寂
至极，不可作实物推测。然不悟者，或谓涅槃真如只是假名，竟无所有，则幻化
之喻适成大过，故云过喻。于寂而识夫生生健动之神，于生生健动之
神而见其湛然冲寂，反求诸心，理实如是。自此复探《华严》《楞
伽》《涅槃》等经，更回思无着、世亲之学以及此土晚周诸子，逮于
宗门大德、宋明诸老，众贤群圣，造诣不齐，而皆各有得力处。乃
至西哲所究宣者，亦莫非大道之散著。析其异而会其通，去所短
而融所长，则一致而百虑之奇诡，殊途而同归之至妙，乃恢恢乎
备有诸己。而后信证真即妄法皆真，随妄则沦没无倚。感怀世
变，亟欲宏儒；德治、礼治，根源性地，所以挽失性者之惨酷，而使
世间不异涅槃者，非可徒恃空教也。凡人为学，眼光透上天去，
还须遍视大平地上万类始得。天在上乎？地面地下无非天也。
仰视而不俯察，未可云见天也，况其未能仰视而妄臆见天者乎？

先生此言,足为拘守门户者戒,乘便书之于此,今当回复本文。

《经》为初学说生灭法相。如化,明是破相;说不生不灭实性或真如涅槃。不如化,明是显性;为久学说生灭不生灭一切如化,则虑人闻真实法,谓诸法实性,亦云真如。又复执实,故说一切如化以遮其执,要非否定本体、成一切如化之论也。《大经》此文《大般若经》亦称《大经》。与前引《中论·观法品》文互相和会,是为空宗所宗经论宏纲巨领所在。其说法虽变化万端,不可捉摸,而执此纲领以刊定之,则如珠走盘,纵横移转,而未尝无所守之范域也。《新论》言:空宗一往破执,破即成执。生灭如化,不生灭亦如化,闻者遂作一切如化想,无有真实根源,将令众生永堕颠倒虚妄中,岂不悲哉!清辨《掌珍》已云"无为无有实,不起似空华",以彼聪明,犹恶取空,又何责于评者乎?朱子曰"教学者如扶醉人,扶得东来西又倒",大哉斯言!至有义味。

先生尝言:佛书未易读,读之者必具四条件:一、抽象作用极高,天资低者,虚怀困学,亦可养成。否则于其高广幽深之玄境不可攀援;二、分析力极强,否则于其方方面面无穷的义蕴,寻不着端绪与脉理;三、会通力极大,否则如盲人摸索大网罟,十指触入百千孔穴,将缚于一孔或数孔之间,终不得其纲领所在,而犹自谓提挈全网也,不大可哀欤?四、必有广大心、真实心,非徒在语言文字上作活计,以肤乱知解诳无知、趋势途者,必修养功深,方许了解文字而终会意于文字之外,与十方三世诸佛相见。智慧之神不会来舍于杂染心,此事宜知。上四条件,缺一不得,而第四为根本。如条件不具而谈佛学,只堕烟海中,自害害人,有何了局?自佛法东来,吾国思想界少有好影响,而世莫之省耳。又曰：儒者之学，从人生日用中体现真理。六经四子皆因事因人随机记录之词，非有意述作也，非欲为理论也，此与佛家根本不同处。佛家诸菩萨著书度众，皆以工巧心经营一套理论，故于因明特为游意，而儒者不尔也。吾侪少时，轻尧舜、薄文周、非孔孟，宋明更不值一骂；中年而后，渐有所悟；老而日益亲切。惜当衰乱，学绝道丧，此意无可与言。余相信，托于儒、托于佛者，始有儒佛高下之争；真儒真佛则异而知其类、暌而知其通，决不会起诤也。先生此言，至为沉痛，随机触及，述之于此。空宗成为一切如化之论，余不觉怆然戚戚于怀，因念吾侪读书往往辜负圣贤心事，故引先生之言如右，所冀有实心作人、实心向学者能勿以轻心遇古籍也。

　　将空宗说为空的缘起论，说为如幻如化、无有实体、无有根源，不顾《智论》有"凡夫人法，颠倒虚诳，故有四缘"之明文，不顾二字，至此为句。大乘无上甚深微妙法毁坏至此，稍有慧者，何能不为诸佛悲痛？哲学中有现象论者，其在知识与理论方面自有精密可喜处，若就穷理而言，却甚浅薄，以不足语于彻法源底之事故。《胜鬘经》彻法源底语，含义极深广。佛家缘起说与现象论及关系论者，其骨髓全无似处，何可误解缘起一词便否认诸法实性、取消本体？评者勿托空宗，吾无怪焉，以此坏大乘法，是而可忍，孰不可忍！

　　佛法千言万语，无非归宿证真两字。真之为言，万法实体也，人生真性也，万有根源也。为甚修一切行、断一切障？求证真故。如无真实法，谓本体。则诸经论言修、言断，如彼森严峻厉，如彼重复言之而不稍休，岂非疯狂？《大经》与四论无量言说，只明个一切幻化，只叫众生永住颠倒虚妄中，是成甚佛？

《新论》谈空，揭明从认识论方面破相显性，此是正法眼藏。众生所现见诸法相，犹俗云现象。确是《智论》所言"颠倒虚诳而无有实"，今之科学发明已足证实此理。例如瓶子只是一聚白与坚等相，此即法相，此即现象，科学家分析此一聚坚白等相只是一聚元子电子，而此一聚坚白等相确是虚诳无有实，然犹曰有元子电子也。及科学进步，又知电子无实质，不可作小颗粒想，则元子电子还是虚诳，无有实法。由此可知，空宗为初学者说生灭如化，《大经》，见前引。生灭即诸法相之通名，以一切物皆有生灭，故云。说一切不实，《中论·观法品》，见前引。令凡夫人破除虚诳不实诸法相，即无颠倒执着，往日视为玄谈，今已得科学为之张目。但科学只做到破相初步，如佛法则破相之意义甚深，此姑不谈。而不知有诸法实性，即不见本体，此与佛法太隔远在。科学家只是凭析物的方法发觉诸法相是虚诳不实，破相虽作到，而无可与之言显性。空宗密意却是令人勿认取此虚诳的法相，而当透悟其本体，亦云实性。所谓真如、涅槃，犹如成年人教小孩勿认取绳相而当透悟其只是麻。此义深微，吾且借《中庸》语以明之。《中庸》引《诗》曰"'鸢飞戾天，鱼跃于渊'，言其上下察也"，程子释曰："上下察者，天地间皆实理昭著之谓。"夫鸢鱼，法相也，天渊亦法相也，飞跃亦法相也，今于此一一法相都不作一一法相想，即鸢鱼、天渊、飞跃等相俱破也。而直见为实理昭著，即见性。此是何等理境！科学方法何能用到此处，科学知识何可凑泊得上？科学破相而不能显性，此一问题非常重要，但此中不便讨论，今当还入本义。空宗一面破相，说生灭如化，说一切非实；一面即显性，说不生不灭实性，亦云本体。不如化，真实。说一切实。均见前引。初学人闻此，始破相缚，凡夫人见鸢鱼只是鸢鱼，见天渊只是天渊，见飞跃只是飞跃，而不悟实理昭著，是为诸相所缚；今闻佛说一切非实、如化，故相缚破也。乃即于诸相而悟入其实性。如破除鸢鱼天渊等相，即于此而见实理昭著，是见性也。故破相显性者，只是认识的智性不受缚于虚诳之相而透识其本体，所谓法空慧即此。佛为初学人说诸法相即生灭法。不实如化已，复为说诸法实性即不生灭法。真实不如化，所以启发初学人法空慧，将自悟入实性，此其机权微妙，儒者所谓循循善诱也。佛明明说生灭虚诳相如化，而揭示有不生不灭法，即虚诳法之实体是不如化者，大义炳如白日，评者胡为妄臆空宗是缘起论、无有本体，竟以空实性而不空妄相诬堕空宗乎？评者铸此大错，或因为久学人说生灭不生灭一切如化句，遂致眩惑；实则此末后语正恐人于实性起执故，复来一番扫荡。如吾国程朱诸师谈心性，较之涅槃，其拘碍立见，正由诸师不免将心性当作内在一实物事执持之，所以差失。观此，佛为久学人说一切如化，实有深意。为久学人说五字，最不可忽。久学人已深悟入实性，但恐于此起执，故与之说如化，恰是当机。若与初学人说此，则法相已破，又无实性，而无真实根源可为归宿，永住颠倒虚诳中，则佛种断、慧命绝矣，岂不悲哉！然佛虽为久学人说，毕竟扫荡太过，易滋众生之惑，有宗起而矫之，诚有以也。《新论》衡空宗，洞见本源，字字不虚不妄，未容轻议。余于此往复申说，亦不惮烦，诚以大空之学为大有各派所承，即禅净诸家亦须汇归于是，否则未能无执。哲学家谈形而上学，不究乎此，无以涤除情见。空宗理趣幽玄，而其根底不容损坏，根底一失，即其无量言说皆成肤乱。余怀无限意，难为今人言。

评者谓《新论》解说《心经》似是而非，共举三点：

一、谓析至极微，分析至邻虚，仅是分破空，而不能真知自性空。

此等无知真可哀！试问佛典处处将五蕴一一分析，以明无我，今用评者之言以难之曰：仅是分破我而不能真知无我，诸佛受过否？

二、谓对于空即是色，却不能反过来说此真如即是幻相宛然之色法，而增益为离相寂然真理即是色法之实性便大误云云。

此则本其痴想空宗为空真寂实性而不空颠倒妄相，因以曲解《心经》而妄诋《新论》。

三、谓《新论》言《心经》空五蕴而不空无为，不知《心经》明明说无智亦无得，无智即无能证得的现观，无得即无所证得的真如无为云云。

评者不承有实性，故以真如、无为、涅槃等名皆作为假名说，因此遂不许空宗有现观。现观，证解也。无实真如，即无证解可说。《大经》与四论，无一字本之现观，即皆虚妄语，龙树诸菩萨被汝一笔抹煞，而况《新论》乎？须知无智者，无有能证得之相，非谓无现观也。若果无现观智，佛法成甚东西？无得者，无有所证得之相，非谓无有真如无为法也。若于智证真如时，有所得相，即堕虚妄。《经》所以破彼妄执有能所得相，非遮智与无为也。使破智与无为，即佛法根本推翻，汝何故为僧？此真可哀！

评者谓破相显性不是空宗的空，反而是空宗的敌者
有宗。

此等无知语真属创闻。余极力排除主观，虚衷以逆索评者此种痴想之所由来，久之发觉评者却未解得一相字，故有此痴想，成大矫乱。在有宗唯识论，分别法相、有时或省言法，或省言相，或亦言诸法自性。法性，有时或省言性，或易文曰实性，或亦曰实相，或亦曰诸法自性，以于诸法而识真如即可说真如是诸法之自性故。此与在法相上亦言自性者，意义绝不同。凡诸异名，可随文求解，毋劳举证。本甚明白。性相二字，有时互用，并非淆乱，须求训释。《唯识述记》卷一疏释颂文"稽首唯识性"处，言："唯识性相不同。相即依他，唯是有为；中略。性即是识圆成自体，唯是真如，无为无漏，唯识之性，名唯识性。"本文前曾节引《记》文并附注，可覆玩。又曰："为简依他，故说识性。何故须简？有漏依他，不可敬故；无漏依他，亦俗谛故，非最胜故，非诸圣法真实性故，此真实性是圣者断障之所显得，凡夫虽具而不得显，故以圣法简之。非所证故，略不敬也。"据此，则性相二词之义界，基《记》卷端便已训释明确。相即依他，唯是有为；性即是识圆成自体，唯是真如无为。此中识字是广义，举能缘即摄所缘，故此言识即无

182

异言一切法也。相字之所指目者，即是依他、有为法。基师亲译《唯识》，又经奘师审定，其说自是确据。如谓不可据，则中国译籍只合一概推翻，还谈甚佛教！

如评者以为性相之分只在有宗唯然，则基师明言相即依他，是有为，性即圆成、真如，是无为，据此，性相之分即是有为无为之分，亦即是生灭不生灭之分，生灭即有为之别名，不生不灭即无为之别名。岂止有宗分别性相，佛教各宗皆同兹义据。基师此疏，可骂他谬误否？余意只有痴想《般若》为只空法性、真如、无为而不空缘起、虚诳相者，余意二字，一气贯至此。可以大骂特骂基师无知胡乱。基师亲禀奘师，空宗所宗之《大般若经》，即奘师所特别竭其全副心力以译出者。《般若》所说法有生灭或有为，与不生不灭或无为之分，犹之哲学上有实体与现象之分，《易》家有形上形下之分，此等名词之分别，皆非不根于实义者。若泯此类分别，必是于本体信不及而妄持说者，此辈唯依现象界构画而成一套理论，即只谈有为，无所谓无为；只谈生灭，无所谓不生灭；只谈法相，无所谓法性；只谈现象，无所谓实体；只谈形下，无所谓形上。此辈二字，一气贯下为句。此乃思想与理论之必然。吃紧。如其不解此意，便无法与谈学问事，又谈甚佛法？若果识此意，则基师说相是依他有为，性是真如无为，确是综佛教各宗同禀之大义而通言之。佛教中绝无有以虚诳之依他法为立命之地者，故性相之分，在佛教各宗皆然。惟第一义谛中是否破相，则大空、大有争端所在。评者于空有两无所知，并于一极重要之相字尚未知是指目甚么，岂不哀哉！

评者如知相即依他，唯是有为，则何至有"破相显性是空宗敌者有宗"之梦语？须知依他即缘起义，他谓缘，依他众缘而起，曰依他起，故依他即缘起之别名。有宗经论有那一部曾如《中论·观因缘品》之破斥四缘乎？稍有头脑者，读几部有宗书，当不至痴想有宗曾破缘起义也。评者自居佛弟子，我慢异常，而于佛书字句竟不子细理会，出家一场，何苦如此？评文言有宗有两种类型：其一虚妄为本的唯识论，如无着、世亲学云云。如此妄诬菩萨，毫不畏罪可乎？无着、世亲何至以虚妄为本而造论乎？以此自害、害人，当堕地狱，尚足为菩萨乎？唯识之论，明明归于转识成智。转有二义，转舍、转得，谓转舍杂染，转得清净。故虚妄是其所必舍，而谓其以虚妄为本，二菩萨受此不白之冤，于汝安乎？无着、世亲学只矫空教末流之弊，其骨髓仍在《大经》、四论。《成论》归无所得，犹《般若》密意也。为唯识正名，当曰明妄趣真宗，不可诬以虚妄为本也。评者以空实性而不空颠倒虚诳法之痴想诬堕空宗，并复诬及有宗，今日佛教虽衰，而中国之大，贤比丘犹当不少，岂尽受汝诳乎？

无着、世亲短处，只在其种子论，一切错谬皆缘此而生。种子论之最不可通者，莫如法尔本有种，二重本体之嫌疑在此。既立真如，又立本有种，且于二者之关系无所说明，非二重而何？

种子与果，俱时而有，评者既已承认，尚未至如粗涉佛典者根本不了果俱有义而恣妄谈。尚未，至此为句。但评者必反对《新论》种现对立之评判，则又挟私而自陷错误。评文中有云"我要指出唯识宗是缘起论的，是以因果、能所成立一切的"云云。此处忽尔将破相二字忘却。既知是缘起论，何故道他破相？相即缘起，如前已说。此事且置。今应问：果俱有意，如何不是种现对立？

种子是能生者，故名因；现行是所生者，故名果。评者已言唯识宗是以因果、能所成立一切，则能生之因法即种子者与所生之果法即现行，既是同时并在，如何道种现非对立？又就唯识种现说之体系而言，赖耶识亦有自种子，赖耶之种种子省言种。与前七识之种均藏在赖耶自体内，而为赖耶之所缘相分。即为赖耶所知之一种境相。赖耶于种为能缘者，种于赖耶为所缘，亦是能所对立。又前七识从其自种生时，既自为现行界，而其自种此时则犹眠伏赖耶自体中，故前七种与其所生前七现行识现行即识之别名，今合用为复词。并不同处，非能所对立而何？彼种现说之体系确如是，何必为之曲讳？种现对立既无疑，则其犯两重世界之过失又何容否认？不一不异，若就大海水与众沤之喻上说，方为恰当。旧唯识师种子，于俗谛是有实自体的，于真谛亦是幻有而非无；从种而生之现，是与其自种同时并在，此于俗谛是有实自体的，于真谛亦是幻有而非无。种现明是一潜一显两重世界，种藏伏赖耶中，是沉隐的世界；现行识方是显现的世界。虽强以不一不异言之，究是异而不一。佛家诸菩萨任何说法，总是要劈得极开无融会处，而后又来说不一不异，譬如将一小动物的生机体切成几段几片，再将段段片片说为不一不异，终不与生机体相应。唐李泌谓德宗曰："陛下与濮固怀恩，譬如破叶不可复完。"吾于佛家诸大菩萨之说法，总不免有此感，非独有宗如是，空宗亦然；例如生灭与不生灭开作两片说去，却不肯说生灭即是不生灭的实性之显现。非独大乘如是，小乘无弗然者。此意兹不及详，明者当自得之。

熊先生尝言：旧唯识师谈种现，如在心理学上说，此谓哲学的心理学。若科学的心理学则不涉及本体，而只依据生理与经验以说明精神现象,与哲学之谈自有大不同者,此不及论。而不以之组成宇宙论,则有重大之价值;如依据《楞伽》《涅槃》《华严》《胜鬘》等经而谈真常心,另以种现义作为习气或妄心之说明,而归于顺真常心以创净习,即融会孟子"扩充"义,救耽空滞寂之流弊,儒佛可一炉而冶。理实如是,反己体之自见。

《新论·明宗》章首揭出性智,即通《楞伽》等之如来藏,与《华严》之合毗卢遮那、文殊、普贤、观音而为一性海,并《成论》之四智及《大易》之仁、宋儒德性之知、阳明良知,皆融会为一。《功能》章谈习气及《明心》章说习心,则因旧师种现义而变通之,至本体论与宇宙论方面,则以体用不二为宗极。即依本体之流行而立用名,用上说为一翕一辟而成变化。

用由体现,不可离用而觅体,不可离用觅体故,即于用而识体,易言之,即于流行识主宰。然复须知,用有一翕一辟,翕即有物化之倾向,疑于不成为用矣;严格谈用,唯辟是用,以不失其本体之自性故。此云自性,犹言本体自具之德。德有二义,曰德性,曰德用。如空寂、虚静、空、虚皆非空无之谓,以无形体、无方所、无作意故,名空、名虚。寂者,无迷暗、无扰乱之谓,静亦然。清净、刚健、纯善、生生、化化流行、不息、进进不坠,进而又进,曰进进。以其具向上之性,恒不坠退,云不坠。皆其德也。万德咸备,万理具足,不可胜举,故总说言本体有其自性,是其流行不已而自性恒不改易也,否则不成实体,云胡现用?

用具翕辟二势,翕势物化,唯辟不舍失其本体自性,故可于辟而名为心,亦不妨于辟而说为本体。故内在于吾人之真常心或性智,即是宇宙实体,宇宙实体亦即是内在于吾人之性智、真常心。吾人与天地万物本为一体，无二本故。就吾人分上言，此性智、真常心即是吾人之真己；《新论》所谓本心或性智，即真常心之异名。就一一物言，即一一物各各具有真常心。然克就真常心遍为万有之实体而说，即真常心是超越天地万物而独立无匹。言天地万物，犹云万有，即摄吾人在内可知。本文前面曾言万物各具之自性神言万物，即赅吾人在内。即是绝待之一神，绝待之一神即是万物各具之自性神。所谓一为无量，无量为一是也。此神即真常心之目，与宗教家言神而杂以拟人之观念者绝不同。《新论》性智即真常心，亦云本心。由即用见体义故，便于用上说体。夫心之名本依阖而立。阖，用也。今以心而说为真常者，真常即本体之名。由即用说体故耳。《新论·明心》章首明此义。空寂而生化不测，虚静而健动不屈，不屈谓无穷竭。是吾人所反求而自识者也。《新论》汇通《大易》与《般若》，自明自见而始言之，非取两不相容之说而强求其通也。

　　翕之势似与阖反，而实为阖之具，故翕终从阖，即物随心转，而物莫非心也。

　　空宗只以不生不灭言体，以空寂言体，空非空无之谓，详《新论》。故不于体上说流行，即不能依真体之显现而施设宇宙。《新论》议其短在此，可谓精核之评。空宗虽于俗谛不破缘起，然但视为虚诳法，由众生颠倒故有，第一义谛于四缘即破除。《新论》救此失，故明由体成用，而用上即可施设宇宙；复以由体成用义故，便可用识体，即一一物皆是全真。此《新论》骨髓，所以有异乎空宗也。

　　有宗之学，即无着、世亲学。其短处只在种现说。以阿赖耶识中一切种子亦名功能。说明宇宙人生，而遮拨外道之梵天、神我等说。参考《摄大乘》等论。彼计含藏一切种之赖耶识亦从其自种而生，赖耶与其自种系同时而有，故赖耶能藏其自种。详《成论》及《述记》等。彼又以器界即俗云自然界或天地。与吾人根身均是赖耶识之相分，此根器相分各从其自种而生，至其分别八个识为一切相分、见分，皆各从自种生。其说极繁琐，今不及详。有宗之宇宙论确太穿凿，《新论》广破，无可曲讳。然《新论》虽弹正其种现说之失，并不以此灭损有宗之价值。熊先生尝言：印度人颇好为凿空之论。种现说在吾人今日衡之虽不满，然在当时为融摄各派思想与理论计，自为精密而有力之伟论。种子义实从数论自性及外道极微说修改而成，赖耶识亦从外道神我说而修改得来，其间枝节之义又多与小乘对照而立，兹不暇论。且有宗之以种现成说，变更以前之缘起义而寓构造之旨，虽不必应理，然试探其所以矫正空教之本意，则有大不可忽者。空宗于第一义谛破一切相，遮拨四缘不遗余力。《心经》为《般若》撮要，首曰"照见五蕴皆空"，五蕴，有为法也，亦即缘起法也，言空即遣除尽净，竟无所有，《新论》断为破相显性，确尔无疑。有宗之兴，正为空宗破相即破缘起。而矫其失，故盛演三性义而成立依他，依他即缘起之别名。二者相争之基地即是依他、有为法，一破一成，显然互不相容。《新论》语体本中卷。《功能下》章明明揭示此事，而评者竟绝不通晓，反谓有宗破相，岂不愚哉！

　　空宗重要关键在二谛。俗谛不破四缘，有世间颠倒法故，方有涅槃，亦由第一义中说空故，知有世、出世法。说空即知有世间法，否则何所空？由空世间颠倒法故，知有出世间法。详玩《中论·观四谛品》。真谛即第一义。则破缘起法以显性,而于性体亦不许作实物想,所以破执,非破性也。评者不了此胜义,乃谓空宗是无体论者,岂不哀哉!

有宗重要关键在三性,三性主要义在成立依他,此与空宗针锋相对。但有一问题,空宗第一义中破一切相,即得法空慧而不堕法执,今若成立依他而不破相,岂非自堕法执乎? 有宗为释此难,故说三性,三性中初性即解决此问题。

三性者,一遍计所执自性,二依他起自性,三圆成实自性。三性名义,《新论》语体本中卷《功能》章已疏释明白,但非字字注意亦难解了,所望学者肯虚心耳。

遍计所执自性应分三项以明之。

一、能遍计,谓意识周遍计度,是能遍计。

二、所遍计,谓依他法。依他起,省云依他。

三、遍计之所执,谓人我与法我,如依五蕴而执有实我,此是人我执;如于五蕴中一一法上而坚执着此是实物,当知才作是想,便名法我执。

依他起自性者,即诸有为法,省云有为。亦名生灭法,省云生灭。其实即是五蕴法。五蕴中,总分色心二聚,色犹云物,聚者类义。五蕴法总分心物二类。此色心诸行,行者谓有相状幻现、迁流不住,犹俗云现象也。有问:"心无相状。"答曰:否。虽非如色法之可目见,而非无相状,汝反体之自知。唯依众缘合而现起故,众缘谓四缘。都无实自性故,性者,体义。无自体者,犹云不是独立的实在的物事。故以此色心法说为依他起自性,亦云依他法,亦名缘起法。有宗说依他,于俗谛是实有,于真谛则谓之幻有而非无,此是与空宗根本不同处。空宗说

缘起，即依他。于俗谛是颠倒虚诳法，详前。第一义中即真谛。四
缘则破除尽净。

圆成实自性即是真如，此是一切法之实性。此中一切法谓色心
诸行，亦即依他。

详此三性义，有宗之中坚思想在第二性依他，此与空宗恰恰
相反，稍有头脑者，一对照便可知。

空宗直下破相，相即依他有为法，详前。所以显性，而于性体又
恐人作实物执着。原夫人生习于实用，其于一切事理无往不坚
执为实，本此心习而猜度宇宙根源，即于一切法之实性亦将当作
实物而想像之，且坚执之，如此则性亦成相，直是作茧自缚，其何
以堪！故《经》复说"生灭不生灭，一切如化"，见前。所以防人于
性体上起执，其用意深微已极矣。而评者乃妄臆空宗是空法性
而不空缘起虚诳相，岂不哀哉！余昔游熊先生门下，有人问："空
宗荡一切相，似乎中外思想界罕有如是者何耶？"先生曰：佛家
之学自止观来，空宗修空观，自不容着一毫相，故于法性不容起
执，于性起执，即于性体之上增益妄相，此空宗所以力遮也。从
来哲学家只作思辨工夫，不修观行，行者，修为义，观即是行，曰观行。
宜不了此。昔马大师言"即心即佛"，后言"非心非佛"，其门下梅
子和尚闻之曰："这老汉又误煞天下人，尽管他非心非佛，我只是
即心即佛。"人以告马祖，祖曰："梅子熟了也。"世之习空教者，乌
可妄执一切如化而恶取空，以自害害人哉？

有宗不破相，即成立依他。而妙演三性义，则以为法执之起，
正由能遍计意识。对于所遍计法即依他法。而妄起我、法执。此
我、法执纯依妄情上有，妄情谓能遍计。理实无有，无有如妄情所执之

实我实法也。但所遍计之依他法不可说无。吃紧。即此依他法之实性，所谓圆成、真如，一真绝待，理绝言思，不可于此着空见，自不待言。有宗以为只破遍计所执，即是于依他法上无有执，亦即是于依他法而透悟其实性，圆成、真如，都无妄执，此其所以不破相而自不堕法执也。空宗破相，即空法执。有宗分别执与相依他。是两事，执则依妄情故有，照妄，即执空；相则真谛不无，去执乃于相而见性。此有宗矫正空宗之功，实有不容忽视者，三性确是有宗胜义，不必为空宗所及。《新论》于有宗矫正空教之本旨，固极赞同，惜乎今之学子莫知注意，乃妄疑《新论》诋毁无着、世亲学，岂不痴哉！

然有宗矫正空宗之本旨虽善，惜其于法性、真如，乃承空宗之旧，只是不生不灭，不许言生；只是无为，不许言无为而无不为；只许言如如不动，不许言流行。而所谓依他法究与实性真如为如何之关系，终不可得而明。若唯以不问宇宙如何而有，为佛氏密意所存，不容于此作批评者，则既已说依他法，又说实性真如，独以何义而于依他法与真如之关系竟不许发问？岂非怪事！又有宗之言依他，只是种现互为缘，而首立法尔本有种为现法之因，一切现行相分、见分，得名现行界，亦得名现法。其于现法又析得极零碎，则推求其种，自不得不极多。轻意菩萨言"无量诸种子，其数如雨滴"，此无量种皆聚集赖耶识中，而与其所生现法判为潜显两重世界。既以本有种为现法初因，又复承有法性、真如，并不说明种与如之关系，如者，具云真如。而两重本体之嫌亦无可否认。况复种分染净，新熏系后起，可云无关实性，本有种之染性者是否与真如实性有关，此皆未有说明。若细核之，其所谓依他

191

即种现说者，实含无量矛盾，难以言之成理，不徒有凿空之患而已。自斯学东来，历千余祀，聪明睿智之俦不知凡几，皆惊其奥赜，苦其难通。《新论》出而后肃清霾雾，此功何可没哉！

　　《新论》明由体成用，则用即是体之显现，体与用本不二而究有分，可分而实不二，故不必问体与用之关系，以其本不二故。佛氏之依他法与真如，一为不生不灭，即无为。一为生灭，即有为。明明说成二片，即不能不问其关系。而佛氏毕竟未有说明，此可谓根本缺憾。《新论》发明体用，始彻法源底，无支离之病。又复由大用流行之迹象上假说万物，一方可随顺俗谛，万物条然宛然相依相待而有，此可融摄关系论；关系论与佛氏缘起说貌似而实不同，则以缘起说之骨髓在有个体的生命，即妄识流转故。但《新论》不涉及此。一方可趣入第一义谛，乃即用而识体，即流行即主宰，即现象即真实，不待破相而性显，此与空宗异。亦无性相不圆融过。有宗，相即依他，不可说由体现，性即圆成真如，不可说流行，性相终欠圆融。《新论》即用而识体，便无此失。《新论》在宇宙论方面可善巧施设，而与本体论血脉相通，在本体论方面，说本体是流行不息的，即在宇宙论方面可依本体之流行，即所谓大用之一翕一闢而施设宇宙，故血脉相通。佛氏法性是不生灭，相是生灭，便说成隔绝。自有谈玄以来，至易简、至圆融无碍者，无如《新论》，谁是有知而可妄毁！

# 第　四　分

　　评文谈性相与体用有曰：《新论》分辨性相与体用，贬抑佛家,是非常错误的。不知性与相对立的说明,以相为现象,以性为本体,在佛教经论中不是一般的,惟有在能所证知认识论中才有以相知性、泯相证性的相对意义。在一般的因果、体用、理事、真俗中,或说性,或说相,二者可以互用,并无严格的差别。

审曰:性相、体用,余在斥评文谈空有中已极分明,本无复赘之必要,惟念评者思想总不入轨范,又不忍无说。评文谓"以相为现象,性为本体,在佛教经论中不是一般的"云云,此甚错误。评者总由诬堕空宗是空法性而不空缘起虚诳相之妄想在中作祟,故作是说。须知佛家性相二词各有所指目,决不是两个空名词,此处正须忘言默会。佛教小乘且勿论,大乘空有两轮,确由人生论发展而谈实性,即相当于哲学上所谓宇宙本体。空宗施设二谛而有第一义,即依实性而设。若只承认缘起虚诳相而无所谓实性,则何有第一义可言乎?《般若》明明分别说生灭与不生灭,或有为与无为。明明说涅槃,何可误解《般若》为无体论? 有宗开山无着、世亲二大菩萨,虽别唱有教,而与空宗根本不同处只是三性中依他,一于真谛破而不立,一则认为幻有非无而已。有宗净分依他,尤有深旨,此中不便申释。关于法性真如,空宗破执之语气过重,有宗虽意存矫正,然终不谓龙树有空法性之邪见也。《成论述记》自是基师亲禀奘师之绪论,其攻击恶取空者,只在空教末流之清辨,而绝不涉及龙树、提婆。且空宗唯一根据之《大般若经》实译自奘师之手,倘《般若》果为空实性而不空缘起虚诳相之妄说,奘师为有宗大哲,何至宣译此经,备极尊崇?

降一步言之，《述记》何故攻恶取空者性相皆空，只在清辨而不及龙树乎?《般若》明明为初学人说生灭如化、不生不灭不如化；明明法性真实，其为久学人说一切如化者，只是遮执，非破法性，不可误解也。《中论·观四谛品》说"因缘所生法，我说即是空，亦为是假名，亦是中道义"，首二语即空除缘起法。第三语，空亦假名，则缘起虽空而非一切空无，于俗谛中非无缘起虚诳相，于第一义中明有实性，故空之一词亦应空除，不可妄计一切皆空也。此语意义深微，非深心体认，不得其旨。第四语，明中道者，第一义中缘起法空，故非有，而诸法实性不空，故非无，又俗谛中不空缘起法，故非无，所以为中道也。大乘空有二轮都无空法性之浅见邪说，此乃无上根本大义，必须认定。王辅嗣说《易》云："会之有宗，统之有元。"斯义诚千古不磨。在知识上说，世间学术、如科学等。各部门的知识，在每一部门中虽自成体系，而对于宇宙之浑全以言，毕竟是各限于一部门，故一切知识之学必须有其统会之宗与元，否则知识终陷于散殊之域而无统会处，人生将无最高之蕲向，有日趋堕落之忧，此义非浅夫俗子所逮闻也。如欲畅言，当别为论。犹复须知，人生具向上之要求，如无此要求，即不成为人类。故常有一种超越感。超越感者，即恒自觉有超越小己与万物之无上真实根源，为其所申诚归仰。一神教者视此根源为外在；儒者之言性与佛家之言真常心，则视此根源是遍为万有实体，而亦是内在于吾人当躬，即为一身之主者。此非灵魂的意义，须善会。儒者有杀身成仁，即为平日富于超越感，其生活非虚浮空荡而无所归宿，故临难有此勇气。佛氏有投身饲虎，亦以此故。宗教与玄学虽分途，而穷究真实根源之精神则有其大同，不容否认；但一由信仰，*此就耶教言。佛教固笃于信仰，而极尚理智思惟。一任理智，此就西洋哲学家言。若吾儒之学，虽是理智的，而非仅以思辨为能事。故有教与学之分耳。*空宗首唱无住涅槃，不舍众生，悲愿弘大，岂不究真实根源者乎？求之《大经》、四论，本无此浅见邪说，区区之忧唯望评者悔悟。

评者又谓：惟有在能所证知认识论中，才有以相知性、泯相证性的相对意义云云。

此误不小！评者完全不解证量一词。须知克就证言，便无能所相可分，如何可说以相知性？既云以相，即有相存，有相存矣，胡云知性？又云"泯相证性的相对意义"，太不成话！既云泯相，何有相对？评者于此大根本处何乃绝无理会？证量是何境界，评者知否？《新论》说空宗在认识论方面破相显性，此为导引学者趣入证量，而非克就证量立言，不当误会。至云说性、说相，可以互用，则随行文之便，而意义自当随文领取，未堪淆乱。如实性亦得云实相，则此相字是体相义，非相状义。又如说识以了别为自性，识即相也，则此自性是克就识相而目之，此性字虽亦作体字释，却是自体之体，与实体之体字绝不同义。举此二例，可概其余。评者每于佛书辞义不求真解，更无论言外之意，任在这里涉猎得一义、那里复涉猎得一义，终于真义没理会处。古今学人不蹈此败阙者无几，真修行人务须痛戒。

评者有云：佛法本来不以性相为对立的根本论题。

余则谓佛法是否以此为根本论题不妨暂置,望先了解性相二词。佛教三藏十二部经,谓其于哲学上所谓宇宙论无所涉及,则非教僻至深,未有以为然者。今试从宇宙论以究佛之旨,则佛教如非安住虚妄法中而不究真实根源者,自不能不于法相而穷其实性。法相略当于哲学上现象一词,实性犹云实体。基师《成论述记》分别性相,非其臆说,亦非限于有宗一家之言,各宗皆可以义准。倘于此犹疑基师,则必其人头脑不清,难与析义,置之可也。佛之徒有言,佛教不许有离心外在的宇宙,故无宇宙论,而只谈人生。余诘之曰:汝知佛教析观五蕴,都不可得实人乎? 为甚有人生可谈? 性、相二词如已解得,则是否根本论题似不待言。

　　评文有云:佛以为诸行是虚诳妄取相的,不可执为实有,所以以幻化阳焰比喻他。又云:流转不已的诸行,观为无常、无我,而证得涅槃,说为不生不灭的无为云云。

评者此段话,还是空法性的痴想横梗于中。今应问者:既云诸行是虚诳妄取相,却须知诸行者,色心二法之都称,色法且置,汝心既是虚诳妄取相的痴物,凭谁而修无常无我的正观? 又云"即于诸行观为无常、无我,便是证得涅槃,说为不生不灭",据汝此言,则涅槃、无为、圆成、真如、不生不灭等名皆变为虚用之词,不得为实性或本体之目,目者,名目。如仲尼即为孔子其人之目。十二部经被汝一手推翻,吾疑汝颇大胆。然看到下文有云"有为实性即无为",始知评者只缘不通辞义而陷此罪过,是可哀也! 须知有为实性之云,本于有为下、实性上,中涵一之字为介词,而佛书译者求高浑，往往不用介词，读者非精通文理，便易误会。夫言有为之实性即无为，则无为是有为之实性，而不即是有为明矣。有为是相，前引基师语"相即依他，唯是有为"，此义无可摇夺。空宗说有为相纯是虚诳无实，只言无实，不谓无此虚诳相也，俗谛不破四缘者以此。但评者既只认取此缘起虚诳无实之相，而横欲空法性，妄计有为即无为，且疑性相分别只在有宗唯识为然，其文中于实性一词全不求解，只滑口读过，悍然以空宗为无体论者，无体谓无本体。岂不哀哉！夫法性一词，具云诸法实性，犹云宇宙本体。或时亦省言性，圆成、真如、涅槃、无为、不生不灭，皆其名字也，稍读佛书者当知之。评者身为僧人，于此无上甚深大根本处不能悟，而亦不求悟，且欲泯性相之分而即以相为性，妄臆有为即是无为，却不悟有为实性即无为一语中，其实性二字万不可忽，万不可不求解。譬如说冰之实性即水，冰相只是虚诳无实，虽现此相，此相者，谓冰相。下同。而本来空，冰相无自性，即本来空，非以意空之也。但冰之实性即水，此非空无。佛言有为相不实，而有为之实性即无为，此不可说空，冰相喻有为相，水喻有为之实性无为。应如理思。当如其理之实而思之，不可妄猜也。评者谈空宗，只承认缘起、有为虚诳相，而空除有为之实性，即所谓真如涅槃，通观评者全文意思，只是如此。以此诬空宗为无体论。评文分量颇不少，其纠纷与浮乱令人难阅，本不足辨，而卒反复以辨正之者，诚念佛法不当诬乱。今世之真志乎佛法者既少，能解佛书文字者益少，误堕烟瘴，即损慧命，吾是以不忍无辨，而此苦则无可言矣。

《智论》卷三十一云："智者于有为法不得其相，有为之相，虚诳无实,其自相本空,故云不得其相。知但假名。曰有为法者,但假名耳。以此假名导引凡夫,知其虚诳无实,无生无作,有为本无自性,何生何作?心无所著。中略。复次离有为则无无为,所以者何? 有为法实相即是无为,此中实相犹云实性。无为相者则非有为。但为众生颠倒故,分别说有为相者生灭住异,有为法生起,名生相;生已而灭,名灭相;方住时,名住相;有变异故,名异相。是有为法之四相。无为相者不生不灭,不住不异。是为入佛法之初门。若无为法有相者,则是有为。"为初学人分别说无为相异有为相,其实无为法不可以相求之也,若妄计无为有相者,则无为何殊有为乎? 又曰:"第一义空者,第一义名诸法实相,不破不坏故,是诸法实相亦空。何以故? 无受无着故。"以无受无着,名空,非空无之谓。又曰:"一切有为法及虚空,非智缘尽。智缘尽者,如说正智是能缘,真如是所缘者,则是犹有智缘之相。今智与如相俱泯,即能所相俱空,是谓智缘尽,此明证量义也。《心经》云"无智亦无得",即此义。云何无上法、智缘尽? 智缘尽,即无上法也。智缘尽即是涅槃,涅槃中亦无涅槃相,涅槃空是第一义空。中略。贪等诸烦恼断,是名有余涅槃;圣人今世所受五众尽,五众即五蕴。更不复受,是名无余涅槃。不得言涅槃无,以众生闻涅槃名生邪见,著涅槃音声而作戏论,若有若无,以众,至此为一读。以破著故,说涅槃空。注意。若人著有,是著世间;若著无,则著涅槃。破是凡人所著涅槃,不破圣人所得涅槃,圣人于一切法中不取相故。圣人得涅槃,不于涅槃作有相或无相想,故云不取相。贪等诸烦恼假名为缚,若修道,解是缚,得解脱,即名涅槃,更无有法名为涅槃。若已得解脱而更计有法名为涅槃,便是将涅槃当作一物事来猜想,便是取相,故《论》言"得解脱即名涅槃"云云。《论》只遮于涅槃取相,非谓涅槃空,此处须虚怀体究,切勿误会。如人被械得脱,而作戏论:是械?是脚?何者是解脱?是人可笑,于脚械外更求解脱。众生亦如是,离五众械更求解脱法。"五众即是虚诳法,亦即是械,离此械已而更求解脱法,即又取相,又复被械,经论不许人于涅槃作有相想者以此。据《智论》此文,只遮于涅槃取相,实非空涅槃。《新论》谈空,无一字妄下,而评者不善会经论文旨,实为可惜。《智论》卷三十七云:"法性者,诸法实相,除心中无明结使,无明即惑,亦名为结使。结缚人故,名结;惑能役使人故,亦名使。除者,断除之,犹儒者云克己也。以清净实观得诸法本性,名为法性。注意:缘起诸法自有本性,若只认取虚诳相而不见其本性,便妄欲空法性,此自陷结使中也。性名真实,注意:只认取缘起虚诳相而不承有缘起之实性,是无真实,明明违经论。以众生邪观,故缚;正观,故解。"正观即解缚也。除无明结使,即得诸法本性,无有我法邪执,是名正观。据此,以清净实观即得诸法本性,性名真实,则缘起虚诳相不即是诸法本性甚明,何可执相而空性乎?

佛家在量论方面,量论犹云认识论。就断惑证真言,即于相而识性,故性相不一不异。然从本体论方面衡之,佛家以相与性剖作生灭相。与不生灭,性。或有为无为二片说去,其于体上不许言生、不许言变、不许言流行,故不可说由体现用,即无以施设宇宙。有宗成立依他,已谈宇宙论,但其圆成真如与为现界因缘之本有种作何关系,未有说明。因此佛家之量论与宇宙论无融会处。宇宙论一词有广义、狭义,狭义即谓现象界,广义则通本体与现象而总言之。今此中宇宙论一词即广义。《新论》谓佛家在本体论方面由有出世情见故,不悟体用不二,此千年来暗室孤灯也。后有达者,当知抉择。

评者谓法相一词不是斥指已成物象而名之,以此攻《新论》,

却是自安迷雾。《智论》明言"四缘是颠倒虚诳，无有实"，此虚诳相不实，而于世俗亦非无者，正是物象，汝不悟哪？且评文明言"缘即相依相待的关系性"云云，若未成物象，岂有相依相待的关系可说乎？以相依相待互相关系而有，说明物象不实，此则诚然。却须知相依相待互相关系而有者，正是克就物象上说，如无物象，说甚相依相待，说甚关系？《新论》克就用言，即无物象。佛家不说体现为用，然说有为之实性即无为，此实性无为即第一义，汝计有物象可乎？第一义中破四缘，汝不悟哪？评文随处引佛典而皆不求解，又何怪不通《新论》乎？

　　评文又云：佛法所说体用的体，与《新论》的自体相近。

　　此是无端添一葛藤。《新论》体用二词，须从《新论》之整个体系中求解释，此与佛书及他书中有时用体用二词者不必同，稍有头脑者读《新论》，决不至误会。而且《新论》中卷《功能》章对此二词特为解说，鄂省三十六年印行本中卷末有《后记》，更阐发精详。商务馆本缺后记。若以《新论》体用义准诸佛法，则《新论》所云体者，相当佛家之法性、真如，但弗说为不生灭或无为法；所云用者，略当佛家之生灭法。亦名有为法。此中略字注意。佛家生灭即缘起法，是染污性，有宗净分依他，当别论。彼不说体现为用，其缘起法非真如现为，故与《新论》所云用者异义。《新论》用由体现，即非染污，染污则是人生后起恶习，与用无干。据此，则《新论》用义似与佛谈生灭法者迥异，而复云略当者何耶？应知《新论》于用上施设宇宙，佛家缘起法，俗谛实有，亦即于此说宇宙万象，缘起法者,即色心诸行;俗云宇宙,即色心诸行之都称。故云略相当也。评者于《新论》及佛法两无所解,而曰"佛说体用之体与《新论》的自体相近",不知果何所指?

评文又曰:佛法是没有以体为真如实性的。

此真愚极!实性之性,在佛书中即作体字释,汝未读唐人注疏乎?如前所说,有为之实性即无为,此实性一词与哲学上言实体及明儒言本体者,其所指目者都无有异,但解释不必同。所指目同而解释不必同者,如桌子一词,两人说此词时,所指目者全同,而一人据常识说桌子实有,一人据哲理说桌子不实,此解释之异,而二人于桌子一词所指目者未尝有异也。各家于实体一词,其所指目者无不同,但解释不必同,亦犹此譬。有为法者,色心诸行之都称,俗云宇宙万象,即此有为法是。故佛法中言有为之实性,犹云宇宙实体,辞义分明,而汝不会,岂不惜哉!此义屡详前文,兹复赘说,诚念佛法根本处不可晦也,余岂不惮烦哉?真如虽有十一名及七名见诸经论,而皆以诸法实性为言。如流转真如一名,非谓流转即是真如也。经论明曰"诸行无始世来,流转实性",此实性一词,实伏有之字为介词,而汝不会,妄臆真如即目流转,实则正显真如是流转法之实性,曰流转真如,依主释也。自余诸名,皆应准知。辞义不通,诬乱大法,身托佛门,如何不戒!评者又有"佛法以为存在的即流行的"云云,凡一大段话,无一语不浮乱,总由只认取虚诳相而不知有实性,所以陷浓雾中,曾无一隙之明。

评者误会《新论》遮拨现象。

不悟《新论》明由体成用，即于用上施设现象，稍有头脑者自知之。又谓《新论》神化，而神字作何解，评者尚不知。此则余已详说如前，无复赘之必要。又谓《新论》离开常途的因果观，此则诚然。《新论》不涉及宗教，故不谈果报。然评者妄计佛法中谈缘起只是相依相待的幻相，而绝口不谈赖耶识，则因果何存？既无世间因果，即无涅槃，则胜义从何开显？无怪评者抵死不承有实性。又复应知，《新论》明由体现用，则万有无非胜义，即俗全真，又修正旧师种子义而明业习流转，并未毁坏世间因果之所依据，汝乃一无所知何耶？

评者谓空宗决不是离用言体。

此甚错误。须知空宗所谓颠倒虚诳的缘起法，不谓之用而何谓？评者文中曾引《阿含经》中佛称世间法为行，也称为有为，行与有为的字根与作业及力用相同云云。据此审定佛家有为法亦名生灭法，亦名缘起法。即属《新论》所云用，评者原无异议。用字之所指目者既已决定，再说体字。评文引述推宗龙树之天台学者谈证悟，有见真谛及见中道二说，西藏所传龙树中观见，亦有主绝无戏论及主现有。空双聚二家，而自断之曰"这可见离用契体，应说泯相证性，及即用显体，应说融相即性"云云。评者于此处明言离用契体，则一切法之本体不无可知；明言泯相证性，则诸法实性非空可知。如此则评文中体字或性字与哲学上本体一词所指目者亦不能有异。体用两词义界都已核定,今从宇宙的观点审察空宗,彼<sub>空宗</sub>。于体上唯显空寂,而无有生生化化不息之健,非离用谈体而何? 彼于用上唯说颠倒虚诳,此虚诳法不可云由体现为,是又离体而谈用也。

自释迦唱教,首说十二缘生,以宇宙从迷暗而开发,人生从迷暗而肇有,此乃不向真实明净源头上理会,直从吾人有生以后拘于形气成乎染习处着眼,以视吾《大易》直由乾元始物及万物各正性命处开显,孰得孰失? 如有具慧眼者,自当明辨,不必期凡愚之共了也。《新论》归宗《大易》,良不偶然。

　　评者云:一切法即是毕竟空,毕竟空不碍一切法。

此是《新论》理趣。本体无形无象、无作意、无惑染,非毕竟空而何? 由体现用,虽翕辟宛然而都不暂住,无有定相可得,一切法即毕竟空,何消说得? 然大用流行,虽不暂住而翕辟宛然,众相俱成,却是毕竟空不碍一切法。

　　评者又举经中"依无住本,立一切法"等语。

佛家惯技,说一切法析成各个碎片,及知其不可通,又来说向圆通去,无如粉碎之各片终究无法圆融。彼之无住本元是空寂、是不生不灭,其一切法即诸行,元是力用、是生灭,既已碎成二片,今却要说依无住本、立一切法等语,吾不知一片不生灭与另一片生灭如何融会? 此一关捩子转不得,休言"依无住本、立一切法"，休言"不动真际、建立诸法"，休言"我说空、缘起、中道为一义"。评者不须忿诉《新论》轻议诸大菩萨，其实《新论》只救智者千虑之一失，而于其穷玄探微之理趣，未尝不有所依据与推演也。禅与净诸大德不缚于教，而其所深造自得者，并不与教中言外之意相背，可惜束教之徒死于句下，难与语斯事耳。评者又谓《新论》误解虚空喻，彼义实如是，非执喻以相责也。

　　评者以《心经》"色即是空，空即是色"证成佛说空寂即是生化，欲破斥《新论》评佛失当。

汝不悟：佛说本性相分清。空寂是斥就性体而言，非谓本无实性，只于缘起法上说之为性也。非谓，一气贯下。缘起是就虚诳相上言之，是染污性，与《新论》所云生化绝不可相混。《新论》生化是用、即体之显，前文曾略辨，如何可以缘起虚诳之生化混同真体流行之生化？ 评者此说，于佛法及《新论》两皆无据，两不可通。

　　评者有云：《新论》的根本谬误，以佛法的泯相证性为离用言体，即于佛法作道理会云云。

评者自陷根本错误而不自省，反诬《新论》。佛家浩浩三藏，明明说了许多道理，且用逻辑为破他宗、立自义之工具，与儒者体现真理于人生实践之中、不尚理论者，根本异趣，此事显然。佛家本以说道理为能事，故宗门不满之，而首唱不立语言文字以救其失。宗门虽矫枉嫌过,然诸菩萨及论师好说道理则无可讳言。《新论》从其说道理之阙失处而绳正之,与宗门用心略同,而态度较好,以其不废教理之探讨,足为实修之助也。道理且置。评者此中本意,似谓诸佛泯相证性之谈为导引学人入证量之阶梯,此即偏从量论的观点来理会佛说。然有万不容忽者,佛氏无量无边言说,不限于量论一方面,还须从多方面去理会。如汝所举经云"依无住本,立一切法"及"不动真际,建立诸法"等语,此则明明属宇宙论方面之谈,未可作泯相证性理会也。但试究其如何建立诸法,则见夫一片是不生不灭的空寂真际,亦云无住本。一片是生灭的缘起虚诳相,今以《新论》衡之,分明体用成二片。其于道理上有阙失,《新论·功能》章辨析精确,圣人复起,不能易也。《新论》明由体现用,而即于用上立一切法,大乘空有二轮未竟之绪,至《新论》而始完成。《新论》本继述大乘菩萨之志事,非违反大乘也,而佛门中必欲攻《新论》,诚所未喻。余阅至此,尤感兴趣者,昔从游熊先生门下,尝叩体用义于佛经有所本否。先生即举"依无住本,立一切法"及"不动真际,建立诸法"二语,曰:此与乾元始物意思可融会,惜空宗二谛仍未圆融。先生意谓:虽说真俗相依而有,但生灭不生灭究是二片。有宗三性成立依他,更由断染而说净分依他,以视空宗说缘起不别说净分依他者,用意较深,但其说真如不生灭,仍与空宗同,则本有净种即与真如成二重本体,云何可通? 余潜思累年,始揭体用不二义,明由体现用,而于用上立一切法,缘起之义但可于大用流行之迹象上施设,乃空宗所谓虚诳相也。如不明体现为用,则如空宗俗谛中缘起承十二缘生之说,宇宙人生无有真实根源,只是无端而有一团迷暗现起,此成何说?有宗看透此失,故成立净分依他,宇宙人生自有本有净种为因,不可说为染污,其染污者客尘耳,非其本然也。有宗此处确正空宗之失,有功大法,惜其净种生灭与真如不生灭终成两片。余乃斩断一切葛藤,直说由体现用,而依大用之一翕一辟建立诸法,又修正种子义,纯言习气,染污则是客尘,净习则率性以成人能,人极立而天道显,天人实不二,此《新论》所以融儒佛而一贯也。先生自明述作之旨如此。宏廓深远,莫如《新论》;真切易简,莫如《新论》。虽世道衰微,此学此理无可讲于今日,真理自在天地间,老氏所以有下士闻道大笑,不笑不足以为道之乐也。

又复应知,佛书中说泯相证性,此即《新论》评空宗处所云"破相显性"。评者在前面反《新论》,今忽又与《新论》一致。泯者,泯灭义及泯除义,皆是破义。为导引学人入证量故说,导引二字,注意。若克就证量言,便无所谓相,更何所泯?此属量论方面之谈。若夫显示性德,则属本体论方面之谈。佛家在本体论方面,总是以空寂或寂静显性,显者,犹言明示其为如此如此也。一切宗派,说法无量,印以三法印,前二印会归第三涅槃寂静。此与《大易》以无方无体、寂然不动而有生生化化不息之健者,此中不动非静止之词,乃无昏扰义。两相对照,其于性德之证会有偏全,灼然可辨。佛氏为出世教,宜其于空寂之领纳特深,亦提揭独重,无足怪者;《新论》融会儒佛,始无偏蔽。未见性人只在言说上转,终不喻斯旨也。评者读佛书,不能从各方面去理会,乃谓《新论》评佛离用言体,是由误解泯相证性、引归证量之谈,而妄有此评。自家读书用思不入轨范,而妄攻人,大可惜哉!《易》家曰"辞也者,各指其所之",此语涵逻辑上无量义。辞之所之属于何方面或何范围,此不可不深辨也。于此不辨,一切大迷乱由兹而起,可不慎乎!评者此处一大段话,矫乱不堪,如诸佛菩萨有知,恐只合付之一叹。

评文中有云:无为与空寂当然可说为诸行的否定,但这不是自性的否定,当下含摄得否定之否定的云云。

余阅至此,适一佛学家至,见之,颇动悲愤曰:无为、空寂奈何作诸行的否定说去?佛法乃至此耶?余曰:评者本不承有诸法实性,无怪其然,但不应以此说佛法耳。否定之否定,此语原出马学,马学本之黑学<sub>黑格耳学</sub>。而已异于黑。评者用此语,是否有当于马氏,此中似不必谈;惟评者用此语而演之曰:说无生,而更说无不生,此言无生是生之否定,但此否定当下含摄得否定之否定,所以更说无不生。评者以此为妙之又妙,但据评者之主张,说无不生,当下又含摄得否定之否定,必更说无生,若依此式循环转下去,如左:

| 生 | 肯定 |
|---|---|
| 无生 | 否定含摄否定之否定 |
| 无不生 | 否定之否定又含摄否定之否定 |
| 无生 | 否定之否定 |

依右式,无生又再否定,递转下去,还归无生,如此循环演去,佛法谈体毕竟无生,《新论》所言未堪摇夺。

《新论》就法相上言，色心相依俱现，近二元。评者于此误解。

评者云佛家最初说五蕴，色心平列，近二元，《新论》曾说过。

近字甚吃紧。《新论》非谓佛氏持二元论也。就法相上言，色心相依俱现，心非色之副产物，色亦非心之副产物，故近二元。但色心诸行之实性即自性涅槃，此乃本心，与色法相依俱现之心，是依本心之发用故有，而非即是本心。色法固以本心为其实性。佛法究是唯心论，但与西洋唯心论者所唯之心不必同，彼等未能发见离染之本心耳。《新论》自是唯心论，但融儒佛于一炉，即以空寂而有生生化化不息之健者是诸行实性，名为本心。《新论·明心》章融通仁、寂而谈，此乃从来所未有，惜乎今人以驰逞杂乱闻见为学而不务反已，难悟此理趣耳。

《新论》说物质不实，评者否认。

物质宇宙本来是无，此说何可否认？《易》曰"变动不居"，此不居二字甚吃紧，不居那有物质存在？由科学言之，可以说宇宙是能力之发现；自《新论》言之，如计能力为实有，尚是一种执着相。故应说言大用流行有其翕之一方面，即此翕势渐转而粗，可以谓之能力，但不可计执为实在的物事。故科学上所云能力犹不即是《新论》所云用，此义宜知。能力尚不可执实，而执有实物质可乎？

神者，不测之称，评者不了。

神者，不测之称。穷理至极，无复有上于此者，故说为极。心行路绝，语言道断，心行者，心之所游履曰行，如思辨或思考时，即谓心行。语言即心行之表出诸口或文字者也。理之极处，思辨所不及，故云心行之路绝；言说形容不到，故云语言之道断。故言不测，故说为神。《新论》神义是否宗教家拟人之神，稍有头脑者自知。

评者谓色法即物质。非滞碍的、非凝固的，不必于色法上赋以神的意义。

物质一词之本义原来有三：一曰可见、可触，二曰对碍，碍者，质碍。凡有质碍之物，不能于一处并在，故是相对的，因云对碍。三曰顽钝。无灵明德用。今汝言物质非滞碍的、非凝固的，正可见物质本非实有，恰如《新论》所说大用流行有其翕之一方面现似物质，而非果有实物质也。汝所言适足证成《新论》，胡为反《新论》乎？上述物质一词具有三义，即是滞碍与凝固义，今汝言非滞碍、非凝固，正可谓虚灵不测之神，而汝必欲名之为物质何哉？

《新论》主张自然界之无机物阶段，心灵隐而未显，非是无心灵，评者不悟。

《新论·成物》章后谈《坎》《离》义最有冲旨。须知万物各具之生命即是宇宙大生命,此大生命之显发其自力也,不得不凝成为一切物以为表现其自力之资具。然已成资具,即生命本身将有为其所缚之患,是谓坎陷。自然界之无机物阶段,其时生命或心灵只是《乾》之初爻,隐而未见,后来生机体发展,而生命、心灵始盛著,却非本无今有,乃由隐之显耳。如本无生命、心灵,焉得后来忽有? 无能生有,决无此理。有无二词与隐显二词,须分别理会,不容混乱。有而未显只是隐,不可谓无。显而可见谓之有,不可谓无,人皆知之;隐而不显只是隐,不可说无,则人能知之者鲜矣。通乎隐显之义,则无机物阶段只是生命在其运用资具或通过物质之进程中必经之坎陷,然生命要是备万德而健进不已,毕竟解缚而显其主宰之胜用。如老子云"五色令人目盲,五声令人耳聋",乃至驰逐发狂,此皆见吾人生命有被缚于资具或物质之患。然儒经曰"视思明,听思聪"乃至"思曰睿",又曰非礼勿视听言动,则又可见吾人生命或心灵究是官天地、府万物,而不失其主宰之胜能。唯人生若自甘堕没,如《礼经》所谓"人化物"、孟子所谓"从其小体为小人"者,则乃锢蔽其大生命与心灵而不得显发,是则人能不修所以致此。佛法在未得有余涅槃以前,真如不得出烦恼障,亦是此理。评者乃疑心的本身不够健全,然则真如未出障时,岂是真如本身不够健全耶? 斯理玄微,非可以凡情猜度,能悟斯贵,未悟,何若存疑? 此节吃紧。

《新论》解决善恶问题最圆满,评者不了。

善恶问题,中外古今纷无定论。《新论》扫尽枝叶,直从善恶根源处解决，惜乎评者不能了悟!《新论》语体本中卷言功能无漏，即孟子性善义也。习气与形骸俱始，则有染有净，其云染习，即摄荀卿性恶义;其云净习，即荀卿善者为也之旨。荀曰"善者伪也"，伪本为义，言人为也，注家皆如此解。人生真性本来纯善，《新论》以功能为本体之名，以其在人而言，即谓之性。其有恶者，则囿于形骸之小己而起染习也。人能自强而克除小己之私，以显发其真性之善，则染习自断而净习日增，久之净习纯成，不待致力便与真性为一矣。净习者，人为也，强为善而去杂染，所以顺其真性之本然也。人虽皆有真性，然有生以后限于形气，迷执小己，则染习于是起，恶于是作，而本具真性障蔽深固，不得显发，至此则染习乃为一身之主，而真性若不存焉。必能强为善者，日从事于去染增净，以顺其真性之善，而后真性显发，日益盛大。孔子曰"人能弘道，非道弘人"，佛说真如是所显得，即此义也。《新论·功能》章分别能习，义最宏深剀切，而僧人乃若未睹，哀哉!孟子言性，超脱形与习而言，适见为万善之源;荀卿误从形与习上认性，所以说性恶，而以善属人为。《新论》正二家之偏而会其通，义最宏远。荀卿以善属人为，固是，但不见真性，则内无众善之源，理不可通。容当别论。


《新论》文言本《明宗》章所云慧，评者误以为观察慧。


法空慧及一切智智岂可从杂染中得来? 欲断杂染，非定不济。定力不深，智慧不生。熊先生《读智论抄》有一段可考证，此处不容浮语虚词诤论。武侯《戒甥书》犹曰"才须学也，学须静也"，而况学得一切智智，可无定乎? 为佛之徒而轻视静定，未知其可也!

《新论》所谓慧,相当于俗云理智,《新论》亦谓之量智,故别于性智而言之,文言本《明宗》章已有自注申明。评者误会为观察慧,则未审《新论》但据凡位立言,观察慧必转依而后有,得此则周通万物而无所谓逐外也。然非定力深、惑障尽、智体呈露者不得有此,谈何容易!《新论》注重静定工夫,是就发现性智即得本体。而言,凡夫逐物之知正是妄识,不可返识自性,千圣同此见地,非《新论》创谈也。


　　　评者弃绝禅定。


此由其不承有诸行实性之根本谬误而来,根本谬误不除,自无法与言禅定。评者极力反对廓然离系、显发性智、契会本体,以此为一般神学及玄学者同一路数,如印度婆罗门教及佛教末流,佛梵同化与儒佛一家者大抵如此云云。余以为诸大学派虽各各有互异处,然同归于廓然离系、显发性智、契会本体,此根本处不容有异;唯各各所造有浅深、偏全,与实证、相似之分。诸大学派间所以有异同或诤论,即因浅深、偏全与实证、相似等等不齐而起,但于根本处决无异论,因此,诸派学者有互相商讨及攻难之余地。今评者极力反对廓然离系、显发性智、契会本体,已将根本处推翻,还有甚么深远道理可说? 理之极处,至大无外。极高无上曰远,幽奥难穷曰深,凡愚不得攀援及此。民国以来学子,有打倒玄学鬼之声,无怪其然。舍此根本而言学,唯依乱识寻求世智,乱识一词见《摄论》等。凡夫杂染或散乱之心,名为乱识。世智亦佛书屡见之名词。凡世间知识技能之学,通名世智。即凡为知识之学者,其知识不成体系,技能未有专长,但务肤杂见闻者,亦世智所摄。自不感触禅定重要。

评文有云:释迦本教,不但不由静证体,而且还是不必深入的。如慧解脱阿罗汉,没有得到根本定,仅得未到定,甚至一刹间电光喻定,即能证得涅槃,与深入禅定者的俱解脱罗汉,在息妄体真的解脱方面毫无差别。从定发慧,不过说真慧,要在不散乱心中成就,那里一定要静虑之功造乎其极云云。

评者身在僧列,竟有"释迦本教不但不由静证体,而且不必深入"之言,此真愚极!稍有头脑者,读过半部佛书,恐不会赞同此言。评者所举不必深入之例,太粗心在,得未到定甚至一刹间电光喻定一刹间之定力喻如电光之一闪,其促不可形容,曰电光喻定。即证涅槃者,在其未证以前之未到定中,不知经历若干长劫修持,始有此顿证之效,电光喻定,亦是此一刹以前有无量功修,方获顿证。顿之为顿,实积渐而至,舍渐言顿,是末学未通教理之过,不宜袭之以自误也。真慧要在不散乱心中成就,评者已知,而又谓不要静虑功夫造极,此正病根所在。须知不散乱心非就有漏心中暂时染缘不至,及遇胜缘妄念乍伏可以谓之不散乱心也。非字,一气贯下。佛家地前地上无量修行是为甚么?如不散乱心毋须费大力而得到,则诸佛何故徒自苦为?孔子言求仁必由克己,又曰"仁者先难而后获",此亦与佛法相印证。人生不可自甘堕没,幸勿以时俗知见自误。

评者疑《新论》偏于定而略于观。

此甚错误。须知禅定与般若虽分言之，而实际上不可分。禅定之义为静虑，静即止而虑即观。止故，无嚣乱相；观故，照了一切法性相。<sub>法性及法相皆如实照了，而离虚妄分别，方是虑，亦云观。此</sub><sub>虑义与观义极严格。</sub>非制其心于不用之地可云禅定也。般若是智慧义，非禅定已深、乱识已舍，不得有此智慧。故言定即有观在，言观必由定发。不定之心，恒是虚妄分别，虽于俗谛知识有所当，终不可入真理，非佛法中所云观也。此义宜知。

就证量言，能证之智与所证之理本非二事。佛说无有如外智，无有智外如，此是了义语。证量中本无能所之分，有能所即不名证量，此义须认清。宗门说自己认识自己，此话老实，用不着许多闲言语，悟此者可与谈证量。

评者好谈缘起论。

佛家此义，是由破斥外道之神我说而自成其另一神我说，始有此缘起义。余屡闻熊先生言及此，深思之，极有味。余初研佛书时，见其破外道神我甚力，然就佛法本旨言，则确不谓人之生无所自、死无所有，却明明是为吾身自有去后来先之主公<sub>见前</sub>。沦溺生死海，期拔出之，此非神我而何？胡为破外道乎？及闻先生言，乃知佛氏以缘起义来说明神我，确高明于外道者甚远。此意如要说便太麻烦，姑不论。

空言缘起，亦不过如哲学家之关系论，只在物象上着眼，发见一切事物互相关联而有，绝没有独立的固定的实物，即无自性义。其见地只及此而止。倘由此而进穷之，或可悟入本体之流行，即归于《新论》之体用义，始识宇宙自有真源，人生自有真性，人生真性即是宇宙真源，宇宙真源即是人生真性，虽分别为言，而实非有二。不空而空，体用真实不空，而一切物象只依流行之迹象假为之名，所谓化迹是也，化迹如旋火轮，此则是空。空而不空。一切物象本化迹而非实，是空义；本体流行即所谓大用不息，是不空义。老云"玄之又玄，众妙之门"，吾无以名之，字之曰神。

评者言心，只认缘起法，即色心相对之心，而不见真常心。

评者误计空宗是空法性、不空缘起，遂执取缘起幻象为立命之所，此如认贼作子，适以自害。评者因妄臆空宗是空法性，遂谓谈真常心者如《楞伽》《胜鬘》《涅槃》等经属有宗之另一派。其实空宗早谈真常心，《大智论》卷四十一云："心相常清净故，如虚空相常清净，烟云尘雾假来覆蔽，不净；心亦如是，常自清净，无明等诸烦恼客尘来覆蔽故，以为不净，除去烦恼，如本清净。"此非真常心而何？此与《新论》所言性智或本心亦非二物。评者必谓谈真常仅属有宗之一系，是将空有判为绝不相通之二途，甚违教理。昔奘师为有宗上哲，而空宗之根本大经即由彼所宣译，基师亦承宣空教，足见空有虽各自成宗、各有独到，要未可谓其根本处不一。诚宜辨其别异，以观其会通，而后不至以一曲之见蔽大道。

　　评文有云：如佛教的唯心论者，从相分、见分而到证自证分，从六识、七识到如来藏识云云。

　　评者于四分义似绝未索解，此真怪事！每一心、心所各各有四分，只是以分析法来分析每一心为此四分而已，言心即摄心所可知。并非内向的工夫由相见至第四分一步一步的体验进去。又如八识之谈，亦是分析说来，不是内向的工夫从眼等识一步一步体验到赖耶如来藏。

　　摄色归心，摄智归理，评者不解。

　　摄色归心，并不坏色，只是色不离心独在；摄智归理，元不废智用，良以智即是理。理遍现为色心而无碍，故智周万物而无阂。智即心，亦即理，色亦即理，故智周通乎万物而无阂，为其理之一也。评者于此不悟，余欲无言。

　　评文举《新论》不大不小的错误共十项，今审决如左：

　　第一，谓《新论》不知经部师可以缘无生心云云。评者似指《新论》卷上第二章破经部师极微计处而言，不悟《新论》此处只明和合色是假法，无有为五识所缘缘义。《观所缘缘论》颂云："和合于五识，和合具云和合色。设所缘非缘，设者，纵词。纵许和合色是意识之所缘虑，而终非是引生眼等识之缘。彼体实无故，彼者，谓和合色，和合色是假法，无实自体。犹如第二月。"经部师亦不说五识缘第二月，故以

为喻。《新论》据此说和合色是假法，不得为引发五识之缘，此缘谓
所缘缘。有何错误？汝自向善知识问《观所缘缘论》去。陈那菩
萨岂不知经部缘无生心，而说和合色于五识非是缘？此必有故，
汝妄吠作甚！大乘非不缘无，而云变似无之相分为所缘缘。

第二，色法无有等无间缘，据佛家各宗多数主张及大乘论定
之义而说，何容妄难？如说佛家破我执，纵有以犊子计我难之
者，而说者终无过。

第三，刹那即妄念之异名，基师明文，《新论》引据之以为非
时间义者，此有深义，汝自不了耳！妄念才生即灭，无有暂住，诈
现而非实，故假说刹那。而时间义，据佛家说依诸行相续流传假
立为时。若法已生已灭，立过去时；此若未生，立未来时；已生未
灭，立现在时。故时有过现未等分段。《瑜伽》及《百法论》中说为
不相应行法之一，《杂集》等论，并可参考。佛家虽以时为分位假
法，而不妨随顺世俗说有过现未等分段，故时间相与妄念顿起顿
灭之相实有不同。因作时间解时，即计有分段，便成空间之变形
故，空间是有分段的，今计时间有分段，即是空间之变形。妄念顿起顿灭，
无有分段可得，故基师以妄念言刹那，方可表示生灭之无住与不
息者，唯是妙用不测，不测之谓神。正未可作分段想。此中理趣深
微，非达于化者，无可与言也。但如了解刹那本非世俗时间义，
却亦不妨假说为时间，唯此时间是内自体认生生化化、健动而无
住与不息之流，一向新新而起、故故不留，因假施设时间义，但不
容以世俗时间观念应用于此。自非超悟之资深解《新论》，未有
能识斯理趣者也，而于评者何尤？

第四，评者不承认空宗是站在认识论上说话。《新论》认为空

217

宗所说虽包通许多方面，但主要的意思在破除情见、导入证量，故如是云。

第五，赖耶见分说为不可知，评者谓《新论》只说了一半。据《成论》云："不可知者谓此行相极微细故，难可了知，《述记》云："见分行相，难可了知。"或此所缘内执受境，《述记》："内执受境，即有漏种及有根身。"亦微细故，外器世间，量难测故，名不可知。"详此则《论》文于所缘相分但置或言，实重在显示见分为不可知，《新论》即据《论》旨而谈。此中尚别有解，兹不及详。

第六，因缘种子。名为作者，余缘名为作具，《成论述记》确可检，此际不暇查卷数。

第七，评者谓无着无本有种义，确不然。《摄论》等谈三法展转、因果同时，三法者，本有种为因，亲生现行，现行复为因，亲熏生新种，此无着义也。彼计无始创起之现行，必有本有种为其因故。

第八，佛家所谓根，虽通摄者多，毕竟以五净色根为主要。佛说净色根明明别于扶根尘，如何道他是物？六尘境方是世俗所谓物。五净色根非心法，自不待言。

第九，成佛方舍赖耶，此佛氏究竟了义，《新论》据此而谈，谁云错误？地上入观虽无漏，出观则否。如疟根未断，终不可谓无疟人；十地未成佛，终不可谓无漏显现。

第十，自性涅槃既众生本有，为甚又立漏无漏种？且评文云"无漏种子无始以来成就"，何故第七项中不承认无着立本有种？评者自相矛盾且不论，惟此无漏种与自性涅槃作何关系，唯识师究未有说明，若细推之，其过甚多。总之，唯识师于本分事毕竟不曾究了，徒恃闻熏，勤求外铄，如木无根，虽外蒙雨露，何可滋生?《新论》绳正,其功甚大,百世俟圣而不惑可也。


**附识一**:本文有一段云:智即是理。理遍现为色心而无碍,故智周万物而无阂。自注云:智即心,亦即理,色亦即理,故智周通乎万物而无阂,为其理之一也。熊先生摄智归理,义极重要,而难索解人。可参玩鄂省印《新论》语体本中卷后附录《释理》一则及《语要初续》答徐见心君言"心即理、物亦即理"诸文。

**附识二**:本书曾用洋本本一词。民初以来,后生轻弃固有学术,而于西洋大学派名著亦不求深造,每袭取西洋现代流行无深厚内容之书册,以其浅薄议论为根据,而肆意述作,急就成章,便付书局以西装行世,而社会上间有识者,则轻之曰此洋本本也。父兄稍知学者,必戒子弟勿徒阅洋本本,然已无可挽。今记此词之来历,俾后有考焉。昔有人与章太炎论义,曰:先生何不作某说? 太炎呵之曰:我是洋本本?

# 附录熊十力先生语要二则

## 与诸生谈新唯识论大要

《新论》以体用不二阐明万化根本原理,救正佛家分截法相是生灭、法性是不生灭,将性相打作二片,及西洋哲学家谈实体与现象每欠圆融之锢疾,救正,至此为句。此当首先注意。《新论》鄂印本中卷《后记》释体用、释体常、释理三篇,至为扼要,初学宜熟玩。

东方诸大学派谈本体者,证会所至,各有发挥,约举三家。一、印度佛家唯以空寂显体。佛家大小乘,派别极繁,互相攻难,而印以三法印,一切无诤。三法印者,空寂义也。

二、中土道家则说本体唯是虚静。王船山《庄子通》有云"虚静之中,天地推焉,万物归焉",盖深得道家意。虚静犹空寂也。佛法东来,魏晋玄家为之导。玄家宗道,故能与佛氏合流也。夫于本体而

220

唯证会到空寂虚静者,则其宇宙观与人生观将皆别是一番意义,易言之,即不免有耽空滞静之流弊。由此而形诸群化、政俗诸方面,亦必顺守故常。中国自汉以后,始则道家阴夺儒者之席,继则道与佛合流,晋世。久则佛法普遍深入于社会。二千余年来学术思想与政治社会各方面一切凝滞不进,此其原因虽不一,道与佛偏彰空寂虚静之本体论,其影响确不良,则不可忽而不加察也。

三、儒家在中国思想界为正统派,余著《读经示要》已言之。儒家六籍,以《大易》《春秋》为根本;《春秋》与《大易》相较,则《大易》又为《春秋》所本。汉儒说《易》为五经之原,其去孔子之时代未远,七十子后学口口相承之说,汉初犹未失也。佛家说《大般若》为群经之王、诸佛之母,余于《大易》亦曰群经之王、诸子百家之母,真知中国学术源流者,当不忽吾言。《易》之谈本体,则从其刚健纯粹、流行不息、生化不测之德用而显示之,此与佛道二家谈本体显然不同。惜乎汉以后,《易》学始亡于象数家,至宋明理学言《易》者,又杂以禅与老,而孔子之《易》不可复睹矣。

《新论》谈本体,则明夫空寂而有生化之神,虚静而含刚健之德,所以抉造化之藏、立斯人之极者在是也。穷理至万化根源处,是乃无形无象、无有作意、无有迷乱。佛氏证空寂、道家悟虚静,谓其所见非真固不得,但耽空溺静,即未免舍其生生化化不息之健,如佛氏反人生、道家流于委靡,皆学术之蔽也。《新论》透悟本原,谓本体。明夫空寂虚静而有生生化化不息不测之健,虽融三家儒佛道。而冶于一炉,毕竟宗主在《大易》。二千余年间,《易》道既绝而复明,天实启不肖以肩斯任欤!

初学每苦《新论》难读，今略示大要。本体是全体浑然、无差别相，喻如大海水；而本体之流行有一翕一阖，刹刹顿现、不守其故之谓用，此则喻如众沤。学者由大海水与众沤喻，当知《新论》体用可分而实不二，虽本不二而不妨有分。

一翕一阖之谓用，依翕假说物，依阖假说心，阖以运翕，翕随阖转。易言之，心能了物，非物可了心，心能御物，非物可御心。是故用有胜劣，说识名唯。识者，心之异名。

《新论》发明体用，其所谓体，具云本体。非谓其超脱于万有之上或隐于万有之后，非字，至此为句。虽不妨形容为万有之根源，而根源即显现为万有，非离万有而独在。故从万有言，则一一现象皆是自根自源。譬如每一沤皆具有全大海水。孟子言"形色即天性"，宗门说"一华一法界，一叶一如来"，法界犹言本体，参看《通释》。如来亦法性或本体之异名。皆可由《新论》而得其的解。

《新论》言本体备万理、含万德、肇万化，学者或犹疑之，殆不深穷之过耳。本体上不容有一毫亏欠，否则云何成用？此须放下知见，默然体认。余且强以喻明：一粒谷子，当其未发现为萌芽、根干、枝叶、花实之时，而确已有此种种可能性潜在。由此譬喻可悟本体备万理云云并非空想或荒谈。因明言喻取少分相似，不可求其全肖也。此以谷子喻本体，萌芽乃至华实等喻体之成用，但体用本不二，而世俗则视芽等以次渐生时，谷子已灭，并非以谷子为体，此于玄学上之体用义不能全肖者也。唯大海水与众沤喻形容体用不二最合。

《新论》以本体名为功能，民国十一年，余在北大，《唯识学讲义》已有《功能》章，尚据佛家本义。十四年，《新论》初稿便以功能说为本体，而注明与旧义绝异。亦名恒转等。本体非是兀然僵固之体，恒时舍其故而新生，不可言常,名之为转;恒时是新新而起,永无断灭,说之为恒。等者,本体尚有多名,此不及举。夫本体者,从一方面言是势用无穷之大伏藏,从又一方面言是万理皆备之大伏藏,有宗《大论》说圆成为大伏藏,最宜深玩。圆成亦本体之名。故本体得名功能,亦得名之为理,不可以理为离异功能而托于虚也。理字本即条理或法式、则律等义,但如以理与能离之为二,功能亦省言能。则理只是空形式,既无所丽矣,能具云功能,下同。与孤存之空形式即理。又不知如何结合,云何得成物?故理与能虽随义而异其名,要不可离之为二,皆所以目本体也。自本体具大势用而言,目之以能;以能目体,是即用显体义。详《新论》。自本体备万理、含万德而言,目之以理。在玄学上言理,便是有能之理,言能便非无理之能,如单言能,固为本体之目,单言理,亦本体之目也。理与能不可离而二之,不可以理托于虚;本体绝待,无处不充周,又焉有空虚之所乎?伊川每言实理,着一实字最有深义,此与佛家以真如名为真理者义亦暗合。真如即本体之名。


# 为诸生授新唯识论开讲词


在讲授《新论》之前,余于斯论大意当略提示。荀卿云“学贵知类”,此语甚吃紧。二三子于哲学之分类必明了不紊,方好认清其所研究之对象,自找问题,而后读古今哲学书籍不至在名言中转,自有抉择之鉴与引申触类之乐也。

哲学中分类略如左:

一、本体论，一名形而上学，即穷究宇宙实体之学。

二、宇宙论，即解释宇宙万象<sub>现象界。</sub>之学。

三、人生论，参究生命本性及察识吾人生活内容，求去杂染而发挥固有德用，复其天地万物同体之真。<sub>俗或名生活哲学，稍欠妥。</sub>

四、知识论，亦云认识论。

如上四类，在西洋哲学中或不免分截太甚，而在中国哲学上向无此等分立之名目。但就哲学家用力言，实应依上述四类分别去参究。吾人今日依四类以探索中国哲学，即见其包含此四类而毫无遗漏。四类中唯本体论是万理之所从出，一切学术之归宿处，一切知识之根源。

中国哲学之内蕴，虽可依四类分求之，然向不立四类之名目，此固由吾先哲默契真理，不喜向理论方面发展，其著述大抵随笔为之，少有系统，因此名词简单，但先哲确有最高境界，吾侪不容忽视。西洋哲学分类虽有其长，而短亦伏于此，如宇宙人生实不容割裂而谈，倘误将宇宙视为离吾人而独在，不唯人生渺如沧海一粟，绝无意义，而就真理上说，吾人之生命即是宇宙大生命，宇宙大生命即是吾人之生命，实不可离而二之也。孟子曰"万物皆备于我矣"，<sub>此语初学不悟，可细究《新论》。</sub>又曰"上下与天地同流"，<sub>世俗以为上天下地在吾身之外，其实吾人之精神志气原是与天地一体流通，无内外之分，无彼此之隔。</sub>庄生曰"独与天地精神往来"，此皆证真之谈。独惜凡愚不肯是究，忍自绝于真理，佛氏所以有众生颠倒之叹也。余以为宇宙论、人生论虽名言上不妨分别，而理实一贯，不堪割裂，吾先哲于此所造独深，宜详究也。

谈宇宙人生，若不澈悟本体，将无往不陷于戏论。哲学家颇有否认本体者，以为万有乃相依俱有，如彼缘此故有，此亦缘彼故有，譬如芭蕉本无实物，唯是众叶互为缘起，现全整相，万有互为缘起理亦犹是。如关系论者，其大意不外此。果如此说，宇宙竟无真源，万有丝纷，直若空华幻现，人生无根蒂，飘如陌上尘，是乃以滞迹之迷情障真宗之妙谛，凡否认本体者，只是迷滞迹象，故不悟宇宙自有真宗。真宗犹云真宰，亦本体之异名。稍有智者未知其可也。夫慧深者，穷理必推其本；心广者，为学必究其源。故本体论恒为千古哲人之所钻研不舍。然此理乃无上甚深微妙而难穷，略举二三问题。本体为超越于万有之上而独在乎？抑隐于万有之背后而为万有基乎？将于流行识主宰，于变易见真常乎？又如何认识本体？此一问题更为切要。将恃理智推求，即于宇宙万象层层推究，推至最后有第一因乎？抑反己体认，灼然知吾生与天地万物同体无二本乎？中外哲学家解决上述诸问题者颇不一致，二三子参稽博究之后，终当舍弃见闻，虚怀默识，久之自有脱然澈悟之乐。宋人小词云"众里寻他千百度，喻理智推求。回头蓦见那人正在灯火阑珊处"，回头喻反己默识之功，那人喻本体，灯火阑珊处喻理智思辨之所不及也。此意渊微。二三子姑从西洋哲学中用一番思辨工夫，而后由《新论》以深究吾先哲之蕴，当别有一般境界。

《新论》直将本体论、宇宙论、人生论融成一片，此是老夫苦心处，亦是不失吾先圣哲精神处。宇宙论中唯一问题即是心物，此最复杂难穷。而最大争端莫如唯心唯物二论。唯物论者虽不否认精神现象，然终以精神为物质之作用，甚至思想亦不妨说为物质的；唯心论者虽不否认物质现象，然终以物质为精神之发现，甚至说质碍物为心之一分。如佛家唯识宗立八识，而每一识可析为二分，曰见分、相分。就眼识举例，能见物之见是名见分，物字本当用"色法"，今从俗用物字，使人易解，却未变其本义。所见物如白壁等是质碍物也，唯识论者即以此质碍物名为相分，合相见二分名为眼识。自余耳识、鼻识乃至第八识，皆为相见二分，可考《三十》等论。据此则质碍物亦名为心，是故唯心之论推至其极，则物莫非心矣。唯物之论推至其极，则一一心作用皆可名之以物矣。唯心唯物二家之争决非名词之争，实缘二宗对于宇宙之观察不同，而其所领取之意义乃全异，由意义之异而影响于其人生态度者亦复不同。大概唯心论之宇宙观易使人提高灵性生活，但如忽略现实，则群众有物质生活贫乏之困者，其灵性亦受累而难显，是宇宙之大灵有缺憾也。唯物论之宇宙观易使人注重改造现实，诚哉其然！顾有不可忽者，注重现实者是心，认清现实者是心，改造现实者亦是心，如何可否认心乎？佛典有言："如刀不自割，如指不自指。"此喻物不自知，唯心知物；物不自辨，唯心辨物；物不自制，唯心制物。是故运用物者心，主宰物者心，人生不可沦溺现实以损其灵性生活，断不容疑。唯心唯物二宗，所以相辅而不可相无，学者宜知。若夫二元论者，心物对峙，持论太粗。非心非物论者固与二元论同自唯心唯物两宗演变得来，议论翻新，适成肤见，兹不备论。

《新论》以翕辟成变说明心物。翕辟不是两种实在物事，学者欲了翕辟，须透悟本体。本体备万理、含万德、肇万化，湛兮固存，复然绝待，固存者，不可问其所始。其为物也至空而有、空者，以无形状、无作意、无惑染,故云空;有者,虽无形状而非空无,是为万化之源,备万理、含万德,故云有。**至静而动**,静非停止,静亦动也;动非嚣乱,动亦静也。动静恒合一,非如现前实物动即不静、静即不动故。**是乃刚健流行无已止也。流行必非独运,故有一翕一阖。翕者,本体之流行,其势猛疾而收凝,现似物相**,相者,相状。**疑于本体不守自性而至物化**,本体自性是不物化的,今现似物相,故疑本体不守自性云云。疑者,但疑其如此而已。**是动而反也。**动而不顺其自性,故云反。**然本体毕竟不物化,当翕势起时,即有阖势与之俱起。**翕阖本不可以时间言,今日起时者,为言说方便故,恐人误计先翕后阖故。**阖者,本体之流行终不舍失其自性,故有刚健、纯粹、开发、升进之势**纯粹者,纯谓纯善,粹谓粹美。升进者,不坠堕义,犹俗云向上。**运行乎翕之中,而破除翕势之重锢,即转翕以从己。**己者,设为阖之自谓。**是故一翕一阖同为本体之流行**,阖或心,固是流行无碍的;翕或物现似质碍,亦非其本然。**不可视为两种物事。**

本体非兀然僵固之体,而是流行不已。流行之谓大用,不流行即空而不有、空而不有便是空无之空。寂而不生,便成枯寂。何用可言乎? 本体无待,而其流行成用也即有待,本体自身全成为用,譬如大海水全现作众沤,大海水浑然全体,喻本体无待,其现作众沤便成各别相,喻翕阖有待。所以一翕一阖者,大用流行自然之妙,不可致诘也。大用流行四字,作复词用,大用即是流行故。《新论》有曰:翕以显阖,阖以运翕,详《转变》章。不翕即莽荡空虚无物,而阖之势亦不起。所以者何? 翕者,阖之具也。具者,工具。阖势如无所藉之具,将何以自显乎? 故翕者所以显阖也。然复须知,如唯翕而无阖,则本体将失其自性而或完全物化,是已不得保其真常之德,岂得为万有之原乎？唯本体毕竟不舍自性，故显为闢势，以运行于翕势之中而破其重锢，终令翕随闢转，完成本体之发展。老氏所谓"冲和"，其有窥于此欤！是故翕闢同为本体之流行发现，不可视为两种物事。流行之谓大用，则翕闢即是用之异名。《新论》依翕而说为物，依闢而说为心，翕闢异势而非异体，心物殊功而无二元。物呈形而心有知，故殊功；同体，故无二元。由心宰物，故说唯识。识者，心之异名。唯者，殊特义，非唯独义。

尤复应知：摄用归体，心物俱泯，一真无待；依此立真谛。心物即翕闢之异名，后仿此。举体成用，心物俱现，万有纷若。依此立俗谛。举体成用，举字吃紧。举者，全举之也，譬如大海水举其全体现作众沤，非大海水在众沤之外。本体全成为大用，即是全体现作翕闢，亦非本体在翕闢大用之外。易言之，即本体不在心物或万有之外。由举体成用言之，绝对即是相对；由摄用归体言之，相对即是绝对。穷理至此，高矣，广矣，深矣，远矣，至矣，尽矣！心行路绝，心之所游履曰行，如吾心方用思辨时，便若游履于各方面也。今穷理到极处，则心行之路绝，无复可致思也。语言道断，语言之道断，谓不可说也。既非思考所及，尚可得言议乎？庄生所叹"恢诡谲怪，道通为一"，盖亦穷至思不及、说不到处，只有叹其诡怪而已矣。虽然，诡怪之叹，庄生所以未至也；圣人默而成之，默者，内自证知也。成之者，实践此理于日用之中，即真理实现诸己，是谓之成。不言而信，成之，故不言而信，自明自诚，故信也。存乎德行，德者，得也。此理实得于己，发起万行，故曰德行。恶有诡怪之谴词乎？

宗教家信有上神，哲学家谈本体与现象而未能融一者，皆以绝对为超脱于万象森罗之相对界而独在。哲学家否认本体者，其解析宇宙又只拘于万象森罗之相对界，即不能于相对而识绝对。《新论》明举体成用,绝对即是相对,摄用归体,相对即是绝对,启玄关之秘钥,燃孤灯于暗室,庶几本体论、宇宙论、人生论融成一片,易简理得而葛藤悉断矣。二三子幸脱然超悟,勿以情见猜度也。

人生论中,中外哲人鲜不有天人隔截之患。二三子如细玩《新论》举体成用与摄用归体义,则一一微尘各得天之全体以成,各字吃紧。天者,本体之名。而况于人乎?尧得天之全体也,桀亦得天之全体也,其他可例知矣。桀徇小己之私而蔽其天,然其天未尝不在也;尧荡然无己而同于天,则尧即天也。曰同者,特苦于措辞耳。天人不二,此尧舜至孔门相承之旨,《新论》继述,不敢失坠耳!

《新论》说翕以显闢,即明心灵必待有物而始显发,如宇宙发展自无机物凝成逮至生机体发现与其构造逐渐精密,心灵乃日益盛大显著,是其明征也。据此而论人生现实生活方面,则物质的条件不具,心灵必受障碍而难显发,《大易》所以注重改造物质宇宙,如曰"开物成务",曰"裁成天地,辅相万物"诸义,皆为近世唯物宗导其先河。《新论》承其绪,未尝有戾于唯物之旨也。

《新论》说闢以运翕,即明心能宰物而不为物役。如宇宙开闢,当无机物凝成时,心灵只是潜而未显,不可谓本无心灵,如其本无,后焉得有?无能生有,断无是理!潜而未显,只是潜而已,不可谓之无。有则不无,无则不有。潜者,有而未形;显者,潜之已形而盛著也。故潜与显始终是有,不可言无。宇宙是浑然全体,虽不妨随俗假说有无机物阶段,要不可割截此一阶段,令其脱离全体,竟谓此阶段中无心灵也。此阶段中,心灵潜而未显,

229

然唯其潜之也深，故其历久而显也，不可掩，不可御。自生机体进步至人类心灵发展，而后见心灵有官天地、府万物之特殊作用，是固明明不容否认也。据此而推之人生修养方面，则人生毕竟以发扬灵性生活为最高蕲向。如孟氏所谓"收放心"，佛家宗门所谓"常惺惺"，此工夫直是彻始彻终、无可休歇。成圣犹自强不息，成佛犹不放逸，可谓严肃极矣。诚如是，则此心通寂感而恒一，常无障蔽，其流通于天地万物也，一一皆是天则昭著于当前，格物而不系于物，格物，宗朱子即物穷理之训。近日好战者以科学供杀人之用，而理论科学几废，正是系于物之患。用物而不役于物，体物而非逐于物，体者，与物同体，所谓物我无间是也。体物故不迷逐于物，此非凡夫境界。其斯为圣人尽心之学乎！尽字吃紧。尽者，心德全显，无一毫亏蔽也。《新论》未尝否认物，而以心为主者，吾本其所见所信，非立异也。

翕成物，故见各别相；辟则本体之流行不舍其自性，是乃无形无象，无定在而无所不在。翕亦本体之流行，初不异于辟，但已翕而成物，则失其本体之自性，斯与辟有异，然辟终转翕，非定异也。《新论·功能》《成物》诸章颇详此义，宜深玩。

知识论，吾国人只知诵法西洋，其实西洋哲学家只盘旋知识窠臼中，终无出路。中国及印度哲学，皆于知识论上有博大高深之造诣，惜乎今人莫知求也！余以为哲学不当反知而当有超知之诣，哲学家有主张反理智与知识者，此固未妥。然孔门所谓默识、后儒所云体认与佛氏所云证量，此皆超知境界，乃哲学上极诣，学者未可忽而不求。虽上几乎虑亡诠丧之域，终不废思辨，庶乎见独而不流于蹈空，见独，借用庄子语，谓证会本体也。独谓本体。务默识者或反知，则不察于事物而有蹈空之患。**通感而不陷于支离。**不废思辨，故可通感；默识本原以立本，故不支离。本原亦谓本体。**余尝欲通究华梵西洋三方思想，别异同，衡得失，以衷诸至当而造《量论》一书，**量者，知义。本诸因明现比二量。比量之知，略当于理智思辨；现量亦名证量，则证会本体之义也。故现量之知与通常知识一词绝不同义。**抗战入川，不遑从事，今衰矣，恐难果此愿也。**

《新论》一书，援佛入儒，归本《大易》，余平生心力在此。二三子如留心国故，幸相与护持，俾异时治旧学者有所考焉。今非需要此学之时也，如有极少数人存此种子，亦是佳事。国故一词，民国初年盛行，而其词甚空泛，不知所指。余以为儒家《大易》乃一切学术根源，真国故也。

**附识一：**有问："本体论既别出于宇宙论之外，则解释宇宙万象者，莫如科学为精，何须哲学？"答曰：否否。汝所见亦浅矣！此问题甚大，兹难详答，且略申三义。科学是纯知识的学问，且析为各部门，其于宇宙万象解析至精密，虽足以发见宇宙各方面之奇秘，但宇宙原是变化不测、生生不息之全体，科学于宇宙大生命毕竟不能体会，此不能无待于哲学者一也。宇宙人生本浑然同体，不容割裂，故吾《大易》之义言天地而人在其中，三才义可玩也。古言天地，多是包举万有而为言，即宇宙之别名。三才义本于《易》，以人处天地之中，与天地并称三才。或特提出人生而为言，则亦含摄全宇宙，如孟子言"万物皆备于我"，曰"上下与天地同流"，即演《易》义也。科学以纯知识态度，乃将宇宙视为外界独存，而用客观的方法去解析之，既于完整体妄为割裂，而欲识宇宙真几，必不可得也。真几一词虽出明儒，确有深义。真者，无虚妄义；几者，动之微。宇宙原是变动不居，其真实之几由微而著，非知识所及测也。须知宇宙人生本来不二，吾人必克治其随形骸俱起之杂染或小己之私，而与宇宙大生命同流无间，方可体会宇宙真几。科学为纯知识之学，断不能有此精微造诣，是不能不有待于哲学者二也。然哲学中亦唯吾国儒家一脉，于此所造最远，非深于《大易》者莫辨也。西洋哲学大概与科学同为纯知识之学，斯不待论。佛家反人生，故视宇宙纯是众生颠倒虚诳相，虽大乘得无住涅槃，其人生观、宇宙观颇近吾儒大用流行意义，然为众生难得度故，以悲智力起兹胜用，其唯一蕲向仍在度脱生死海。《新论》中卷及《摧惑显宗记》已言之。佛家只是一种宗教神趣，非若吾儒直反己而自识宇宙人生之真也。《新论》归宗《大易》，学者宜知。或有难云："公素喜谈空何耶？"答曰：余之谈空，因俗学陷于知识窠臼，皆计执外在世界，不悟大用流行之真，故令观空，去其妄执而后可悟真也。此与佛氏观空仍不全同，兹不及详。又解释宇宙一词，盖随顺西洋哲学之遗习而为言，其实中国哲学正统派儒家确非徒事解释。儒者实证宇宙人生浑然一体同流，无内外之隔，无物我之间，故视宇宙内事皆人生分内事。《尚书》帝典已有"天工人其代之"之语，不独《大易》有"裁成天地，辅相万物"诸义也。故解释宇宙只是纯知识态度，而吾儒殊不如此，必注重即知即行以开拓宇宙。《易》曰"富有之谓大业，日新之谓盛德"，决非若后儒或至遗忘天地万物而独修其小己可云德业也。吾人本与宇宙通为一大体。日新者，大体之日新；富有者，大体之富有，非小己得私利也。此非知行并进者，不能造斯诣也。阳明王子演先圣之旨，盛唱知行合一，其言曰"知之真切笃实处即是行，行之明觉精察处即是知"，以救世儒徒求知而不尚笃行，与盲行而缺乏真知之弊，学者宜以是为宗趣。哲学为成己成物之学，必知行合一，始堪成就德业，否则无可言学也。综上三义，可见哲学家对于宇宙万象非徒以析物之知为能事，要在于生活上能去己私而得大明，灼然洞澈自我与大宇宙浑然一体流行，极乎参赞化育，揭天地以趋新，与万物各遂其性，是乃儒家哲学在宇宙论方面之特殊贡献。

**附识二：**孟子求放心之义，至为弘深，切忌浅解。余著《读经示要》卷一讲《大学》"明明德"处，曾于本心义有所提示，初学宜细究，否则心且不自识，如何知放？又如何知求？

附告者，《新唯识论》一书，商务馆本尚有未经改定处。民国三十六年鄂省所印中装本虽稍有修正，但错落字犹不免。

# 附：评熊十力的新唯识论

印　顺

# 一、引　　言

　　熊十力先生的《新唯识论》，属于玄学的唯心论。发挥即寂即仁的体用无碍说，诱导学者去反求自证，识自本心：在玄学的领域里，自有他的独到处！辨理相当精细、融通；特别是文章的宛转，如走马灯，如万花筒，不惜絮絮的重说。满纸的恳到语、激发语、自称自赞语，确乎是"苦心所寄"！

　　《新论》(《新唯识论》简称)的"融佛之空以入《易》之神"，虽未能确当，但有两点是值得同情的。一、"行业"与"空寂"，为佛法两大论题；依行业而有流转与杂染，依空寂而有解脱与清净。在近代学者的著述中，能尊重此义，极为难得！二、关于儒佛，《新论》不说三教同源，不说儒佛合参，不说"真儒学即真佛学"；关于空有，不说空有无净，不说"龙树无著两圣一宗"。虽仍不免

234

附会,但自有常人所不及处。

《新论》自以为"以真理为归,不拘家派";"游乎佛与儒之间,亦佛亦儒,非佛非儒"。其实,"融佛之空以入《易》之神";"《大易》其至矣哉!是《新论》所取正也"。本意在援佛入儒,扬儒抑佛,不出理学者的成见。却偏要说:"本书于'佛家',元属造作";"《新论》实从佛学演变出来,如谓吾为'新的佛家',亦无不可耳"!这种故弄玄虚,难怪佛门弟子要一再评破了。老僧长夏无事,也不妨来评点一番。

# 二、佛 法 与 玄 学

《新论》以"即用显体"为宗;以为"万变不穷的宇宙,自有他的本体。不承认他有本体,那么,这个万变的宇宙,是如何而有的"?"宇宙如何显现,是需要说明的。我们于此,正要找得万化的根源,才给宇宙以说明。否则,不能餍足吾人求知的愿欲。"《新论》"体用说"的根本假定,根源于满足求知者的愿欲,为了给宇宙以说明。然而,释迦说法,不是为了如何说明宇宙,如何满足求知者的愿欲;相反的,遇到这样的玄学者,照例是默然不答——"无记",让他反躬自省去!

释迦见到了众生的自相残杀,人生的困恼苦迫,于是乎出家,成佛,说法。佛法的动机,不外乎为己的"出离心",为他的"悲愍心"。所以,释迦的教化,不是为了少数玄学者的玄谈,而是普为一切众生的依怙。依佛法,此现实的苦迫,惟有从察果明因中,正见苦迫的原因何在,而后给予改善,才能得到苏息。所以佛法的中心论题,不是本体论,而是因果相关的缘起论。不仅世间的因果如此,就是无为涅槃,也是从依彼而有必依彼而无的法则,指出"此无故彼无,此灭故彼灭"的。即大乘极唱的本性空寂,也从缘起极无自性中深悟得来。依缘起而现为缘生,明事相与事行;依缘起而体见寂灭,即显实相与理证。佛教的缘起论,不落有无、常断等边见;彻上彻下的,即俗即真的,极广极深的;不拘于事相,不蔽于理性,被称为"处中之说"。

佛法说涅槃、说空寂,不是以此为宇宙本体,以满足玄学者的求知欲,是深入缘起本性而自证的。释迦对须深说:"不问汝知不知,要先得法住智,后得涅槃智。"不依缘起因果的法住智,是不能悟入空寂的。所以,"不依世俗谛,不得第一义"。佛法的根本体系,即依缘起因果以明现象,也依之以开显实相;依之以成立世间的增进行,也依之以成立出世的正觉行。如离此缘起中道的教说,即难免与神学同化。然《新论》并不知此,离开了因果缘起,说本体、说势用、说转变、说生灭,以为"不可以常途的因果观念,应用于玄学中"。一般经验中的见地,是不曾离去根本的自性妄执,不能悟入法性。然而,离却现实人生经验的一切,如何能方便诱化,使之因俗而契入真性? 又如何能契真而不违反世俗?《新论》只是神学式的,从超越时空数量的"神化",说体、说用、说变、说心;用"至神至怪"、"玄之又玄"等动人的词句去摹拟他,使人于"恍恍惚惚"中迷头认影。《新论》虽相信佛教古德确能体见法性空寂而不是情见的。但不知佛门的体证空寂,不是玄学式的,恰是《新论》所反对的——从缘起(因果)的相依相反,观缘起本空而离见自证的。《中论》说："能说是因缘,善灭诸戏论。"离开缘起论,即违反世俗;离却世俗的胜义,不外乎情见的猜度! 神化的玄学者,对于缘起论为中心的佛法,不能了解,缺乏同情,原来并不希奇!

无本体论者批评本体论说："本体,只是观念论者好弄玄虚,而妄构一个神秘的东西来作宇宙的因素!"《新论》说:一般玄学者,"总不免把本体当做外在的事物来推求。……立论皆出于猜度,要非本于自证,与吾侪所见自是天渊"!《新论》的本体,自以为不是猜度的,是"反求实证相应的";与一般玄学者,"只其介然之明,不胜其情见之蔽,终自组成一套戏论",大有不同。自以为"具眼的人,自当承认我这种看法是没有错误的"。但依佛法看来,作为万化根源而能给宇宙以说明的本体,不管是向内的,向外的,一切都是情见戏论的产物——神之变形。

玄学者,为什么要找到万化的根源来给宇宙以说明? 为什么会"妄构一个神秘的东西来作宇宙的因素"? 这并不从玄学的神悟得来,而是根据于现实经验及其错乱。凡是现实的存在者——即缘起的存在,必然的现有时间的延续相,即前后相。由于不悟时相前后的如幻,因而执取时相,设想宇宙的原始,而有找到万化根源的愿欲。原来,众生与世间,有着根本的缺陷性、错乱性,即在众生——人类的认识中,有一种强烈的实在感,虽明知其为不真确的,如水中月、如旋火轮,但总还觉得是如此如此的。这种强烈而朴素的实在感,即乱想的根本——自性见。依此自性的实在感,成为意识的内容时,如从时间的延续去看,即是不变的:不是永恒的常住,即是前后各别——各住自性而不变——的中断。如从空间的扩展去看时，即是不待他而自成的：不是其小无内的小一——即成种种，便是其大无外的大全。由于实在感而含摄得不变与独存，即自性的三相。在知识愚蒙的，索性把一切都看为真实、不变、独存的，也无所谓神学与玄学。由于知识经验的进展，虽逐渐的发现到现实的虚伪性、变化性、彼此依存性，但由于自性惑乱的习以成性，很自然的会想到超越于现象——虚伪、变化、依待——之上的，含藏于现象之中的，有"这个"（本体等）存在，是真实、是常住、是独体；依"这个"而有此宇宙的现象。

由于不觉时间的幻惑性，所以有寻求宇宙根源的愿欲。明明是人类自己在那里创造宇宙，构划宇宙，却照着自己的样子，想像有真实的、常在的、绝对的——独一自在的神，说神是如何如何创造宇宙。等到思想进步，拟人的神造说，不能取得人的信仰；但是万化根源的要求，还是存在，这才玄学者起来，负起上帝没有完成的工作，担当创造宇宙的设计者。玄学者，不像科学家的安分守己，知道多少，就是多少，却是猜度而臆想的。或在执见与定境交织的神秘经验中，描写"这个"是超越现象之上的，或是深藏于现象之中的。凭"这个"本体，构想宇宙的根源，这不但玄学者的知识欲满足了，神学者也得救了！

佛法，确认此现实的存在是缘起的、是无自性的、是无常的、是无我的。缘起法现有前后、彼此、因果等等，世间即是如此如此的；但不能作为实在性去理解，实性是不可得的。如时间，现有前后相，但加以推究，如前而又前，落于无穷的前前中；无穷，即否定了最初的根源。反之，如前而又前，到达前之边沿，但这还是否定了时间,因为时间是永远向前伸展的,没有以前,即不成为时间,也即不成其为存在了。时间如幻,而众生为自性见所乱,不能不要求万化的根源。《新论》的"神化",虽说不能以时空的观念去理解,但这"至神至怪"的"神化",一翕一阖,于是乎"始凝而兆乎有"。"推原万物之始,其初凝也,亦不外流行猛疾所致"。宇宙是这样的从至无而始有,何尝离得了时间的情见?真的超越时空,还谈甚么万物之原始?佛法确见此时间的惑乱而不可究诘实在性,所以只把握此现实身心的事实,如何去改善他、革新他。用不落玄谈的态度,说"众生本际不可得",截断一切的葛藤络索。至于找求万化的根源,那是戏论者的闲家具,让神学者与玄学者去创造、说明。

# 三、入世与出世

《新论》不满于佛家的出世人生观,以为"佛家毕竟是出世的人生观,所以于此性体无生而生之真机,不曾领会,乃但见为空寂而已"。"佛家语性体,绝不涉及生化";"只是欲逆遏生化以实现其出世的理想"。《新论》虽以为佛家确是有所证见的,但终于说:"佛家原期断尽一切情见,然彼于无意中,始终有一情见存在,即出世的观念。"

佛家的空寂,确乎与出世有关;如不能出世,那里会发明非一般玄学所及的空寂! 出世或者恋世,这由于时代、环境、个性不同,本是不能强同的。恋世,也许有他的长处;出世,也未必如

《新论》所见的"根本差谬"。

儒家的文化，代表庸众的人生观，缺乏出世思想，局限于平凡的浅近的现实。代表庸众心境的儒家，于天地间的生生不已，虽也感到"天地不与圣人同忧"，虽然终究是不了了之——未济，但到底倾向于生之爱好，觉得宇宙间充满了生之和谐，一片生机！因此推想到拟人——有意的——的天或天地，于人有莫大的恩德，歌颂为"天地之大德曰生"；也有说"上天有好生之德"。于是，物种的"仁"，即被解说为道德的根源，即生生之机了。

老子的观点即不如此。他说："天地不仁，以万物为刍狗。"万物的产生又灭亡，存在又毁坏，一切在如此的过程中；假定天地有心，那确乎未免残酷！老子不满现实，即有些出世思想，所以说："吾有大患，为吾有身。"由于不满现实而来的出世倾向，也并不稀奇，孔子在心境不顺时，也会想到"乘桴浮于海"的。

从法尔如是的缘起法界看：儒与道，可说各有所见。儒者欣赏那生生不已的生机，所以说"仁"；老子领略到灭灭不已的杀机——《阴符经》说："天发杀机"——，所以说"不仁"。这都是经验于现实不同观感。现实即是如此：有生也有灭，有爱也有恨，有和平也有战争。歌颂生生不已而以仁为本体的理学者，可以说：有所见而有所不见。

依《阿含》来谈谈佛法：在如实的自证中，世间与出世，都是闲话。在一般心境，安于现实的世间，不满现实的出世，都是情见。爱着世间是"有爱"，厌毁世间是"无有爱"。佛家从出世的情见——涅槃见——中，开发出"空相应缘起"的智见。真能有所契合，应该不但是出世，而更是入世——不是恋世——的。佛家说"缘起"、"缘生",并不歌颂生生不息的至德;生与灭是平等观的。由于从无限时空——流转不已去观察,觉得世界是成而又毁,毁而又成;众生是生生灭灭、哭哭笑笑、忽进忽退、相爱相杀,如此这般的"恒转"下去,真是莫名其妙的大悲哀!于此有彻底的觉悟,所以生出离心,生悲愍心。这可以说:天地虽不妨无心而成化,圣人却不能不与众人同忧!

论到出离,佛家从"生者必灭"而"灭不必生"的定律,确信苦痛有彻底解脱的可能。所以说了"此生故彼生",即反过来说"此灭故彼灭"。对于苦迫的世间,称此解脱为出世。佛家的出世,不是出家,多少在家的佛弟子,有家庭、有职业,凡有所证会的,不一样就是出世吗?也不是到天国,乘桴浮于海,解脱的圣者,还是在这人间的。也不是死后,是"现身作证"的。所以,出世并不如《新论》所想像的。是以信、戒为基,正觉甚深缘起,不但通达因果的秩然有序——法住智,而且悟入缘起的性自寂灭。由于正觉现前,情见与业习的治灭,开拓出明净心地,不为世法——苦乐等——所惑乱。有此正觉,行于世间,才能释迦那样的如莲华而不染,迦叶那样的如虚空而不著。如此的出世,似乎不可以呵毁;否则,《新论》所标揭的"自证相应"先该自动取消!不是这番出世的人生观,《新论》从那里去发见空空寂寂的穷于赞叹!儒家能有此一著吗?至于无余涅槃,是"离欲、灭、息没已,有亦不应说,无亦不应说,有无亦不应说,非有非无亦不应说";"生亦不然,不生亦不然";但说"甚深广大无量无数皆悉寂灭"。这是迥绝思议的,《阿含经》从不说个什么,如此如彼。龙树《中观论》,抉择得最为了当。《新论》解说为"入无余涅槃时,以惑尽故，得出离人间世或生死海；而个体的生命，乃与寂然真体契合为一”。这样的无余涅槃，不过是自以为然。涅槃是什么？还有世间可出离的；还有什么生命去与涅槃冥合的？这些，出佛道之外，到有点与神教的"神我离系独存"，或"小我与大梵合一"相像。这可能是"新的佛家"！《新论》在论到天地毁坏时说："染污不得为碍，戏论于兹永熄。"这虽然意许不同，而说明的方便，倒有点与涅槃近似。

　　佛家的毁訾生死，是觑破这生生不已的"恒转"，有解脱可能而不知解脱，醉生梦死的扮演着愚昧的悲剧。佛家要起来揭穿他，否则将永久的迷醉于现实。这如见到社会困苦、政治昏愦，即不能不起来揭破，否则是不会革命、不会改善的。生生不已的根源，即是爱："顾恋过去，耽着现在，希乐未来"，或是我，或是我所，深深的系缚着。这些，本是庸常的心境，平常不过，又切实不过，因为是一般"人同此心"的。佛家见到这流转不已的悲哀，即生出离心与悲愍心。如未能出世的，教他信三宝，知因果，行布施，持戒，修慈（悲喜舍）定——以慈悲心而入定，类于儒家的"三月不违仁"——，即是人天法，与儒家的精神相近。有出世倾向的，如以"己利"——即自证得解脱——为先的，即声闻法。如悲心增上，"未能自度先度人"的，以无限悲愿、无限精进，不急求自证而行利他的难行，即是菩萨。等到福智具足，悲智相应而妙觉圆证，即是佛。大乘精神，类于儒家而不同儒家，《新论》也有所见。如说："大乘不舍众生，似有接近儒家的人生观之可能；然毕竟未离出世思想的根荄，终与儒家异辙。"《新论》以"出世"为错谬，而不知大乘的不同儒家，即以出世的空慧，扫尽世欲仁爱的情见,而使之化为不碍真智的大悲。《新论》也知道"谈生生真几,恶知其不以惑取势力为生命耶"? 但自以为儒家的"仁"即是空空寂寂的,无需乎出世空慧的融冶;其实,儒家何处说仁是空寂的? 赞美空寂而怕说出世,即是《新论》的根本情见! 空寂,在《新论》中不过是点缀儒门,庄严玄学,何曾理会空寂来!

如依《新论》一二三的方式来说:庸众的爱乐的人生观,是一——正。生死的毁訾,否定我爱根源的生生不已,是二——反。出世,不但是否定、破坏,而更是革新、完成。行于世间而不染,既利己更利他,精进不已,是三——合。这即是出世的真义,真出世即是入世的。出世,不仅是否定,而富于肯定的建设性。除身心修养不谈,除大乘不谈,在原始教团的生活中,也充分的表现出来。家庭,可说人伦的根本,也可说罪恶的渊薮。因家庭的私爱而出现的私产制,佛家否定他,建设起十方僧——群众——物的"利和同均"。因血统偏爱而此起的种族不平等,佛家反对他,唱道四姓平等。不仅是种族的平等,也即是职业层——教化、军政、农(商)、工人——的平等。佛教僧团中,没有特权者,没有统治者,以僧和合的羯磨——会议,推行一切。佛教的出家,不是隐士式的,是过着集体的、精严的生活,平等的、自由的生活。虽然在当时的环境中,只能做到如此,但不是等待"大道之行"于将来,而是当下去建设自己的。时代的孔子,是"祖述尧舜,宪章文武"的传统文明保护者;老庄出世,仅是清谈、玄学的个人主义;释迦是婆罗门教——传统的——的反对者,宣言自觉自证的宗教革命者,集团生活的实行者。儒与道的文化,自有他的价值;佛家的出世人生观,也别有他彻天彻地的辉光!

# 四、融 会 与 附 会

我以为,《新论》原期融会儒佛,然彼于——有意——无意中,始终有一情见存在,即扬儒抑佛的观念。这大概是生长在理学传统的情见中,不免耳濡目染,视为当然。

由于理学传统的积习深厚,不能虚心理解完整的佛法,而只是片面的,见到一些似是而非的。即如大乘精神,《新论》以为:"虽复广大,超出劣机,然终以度尽一切众生令离生死为蕲向,但不忍独趣涅槃耳。"这意思说:结果是一切入涅槃,空空寂寂的,大乘还是出世的。不知佛家的入涅槃,本与《新论》所说不同。何况大乘——甚至声闻——不但是涅槃,而且是正觉。大乘涅槃,毕竟寂灭而悲智宛然;令一切众生成佛,即令一切众生积集无边福智资粮,利乐众生。然而,《新论》决不会见到这些,问题在胸中横梗着情见。

我们读《新论》,觉得他于般若及唯识,有所取,有所破;在修持上,还相对的同情禅宗;而即体即用以及种种圆理,是他自悟而取正于《大易》的独到处,——从自己的心中流露出来。有人问到台、贤,他以为"至其支流,可置勿论"。而且,"天台、华严等,其渊源所自,能外于大空大有乎"? 这似乎说:台、贤不出于大空大有,所以无须再说。然而,《新论》是不会误认台、贤为同于大空大有的,《新论》是有所取于台、贤的,轻轻的避开去,不是掠美,便是藏拙!

以本体的生起来说：《起信论》以众生心为本体，说"能摄一切法，能生一切法"。华严家据《华严经》的性起品，说"性起"。性起品说一切众生皆具如来智慧德相，即如来藏说。佛家的如来藏说，除少数极端的神我化而外，大抵以如来藏为心性本净与称性功德——智慧德相——不二，为一切净法的根源；杂染，由于无始来的客尘所染，隐覆真心而幻现的。天台家说"性具"：真性具足一切法而泯然无别；即性具而现为"事造"，理事不二。禅宗六祖在悟道时说："何期自性能生万法。"台、贤、禅所说性体——或心体——的能生、能起、能现，大有接近《新论》处，与《新论》所说的大有大空，那里会无所外呢？又如《新论》即体即用的玄学，虽或依据理学者的成说，但这种思想，从何得来！我们知道：《新论》所说的"举体为用，即用为体"；"称体起用，即用显体"；"全性起修，全修在性"；"小大无碍"；"主伴互融"；"一多相涉"等；以及"海沤"、"冰水"、"药丸"等比喻，在台、贤学者，甚至北朝地论学者，早已成为公式了。《新论》果真无所取于台、贤吗？台、贤果真不出大空大有吗？真常唯心论，在印度与婆罗门教合化的，在中国与儒道混融的，我从佛家本义的立场，是不能完全赞同；然而，这在印度是久已有之，在中国的台、贤更发挥到顶点。《新论》近于此系，也大量的融摄，然而不但默然的不加说明，还故意的抹煞，似乎有所不可！

《新论》继承理学的传统，以"寂然不动"，"上天之载，无声无臭"，"神无方而易无体"，说明儒家知道寂然的真体。此空此寂，即是佛家所见的，于是乎会通般若与禅宗。其实，佛家明空寂，彼此间也还有差别，浅深偏圆不等，那里能凭此依稀仿佛的片言只句,作为儒佛见(寂)体同一的确证!且如"寂然不动",《系辞》原意在"以卜筮者尚其占"。不过说蓍龟是无思的、无为的、寂然不动的;感而遂通天下之故,即是"诚则灵","至诚之道可以前知"。如可以以此融会佛法的"无为",那西洋学者谈本体、谈唯心,也许就是《新论》的本体与唯心了。儒家与道家,自有一番修养与体验,然修养与体验,为宗教所共有的,尤其是印度的外道,其中邪正、浅深不等,这必须从方法、成效,以及证验者的摹写如何而推定,不能即以此为彼。孔子说:"十五而志于学。"学是可以解说为"觉"的,但此觉是否"反求自证相应"的仁体?《论语》中的学字还多着呢!"五十而知天命",《新论》解说为证知本体的流行。理学家似乎太忽略墨家等批评儒者"知命"的天命了。"天命靡常"、"天之明命"、"受命于天"等,从天说,天命即是神的意志,神的赐予,从人(物)说,即是受之于神的分定,局限性——天命之为性。充其量,也只是受于自然的分定。"赐不受命",岂不是不甘淡泊而去经商吗? 玄学者以"本体"的眼光去看时,固然无往而不是本体;但古人未必如此。而且,佛家所契证的,即悟入一切法、一切众生心的本性,是众生——其实是一切法——所同的。而儒家,无论说仁、说良知,都是人类异于禽兽的人的特性。所以,史玉池反对饥来吃饭困来眠,以为"若饥食困眠,禽兽都是这等的,以此为当下,便同于禽兽"。禅者是不像儒者缴绕于伦常圈子里的,理学家那里理会得! 不过凭着会佛同儒的成见,到处以为会通而已! 儒者到佛门里来,仿佛得点知见,而夷夏不可不辨,于是乎反求六经而得之——未透过佛门,为什么不知此事——。于是乎援佛入儒,又扬儒抑佛。恰好,佛教是不事学问的禅宗世界,无力分辨,这才千百年来,造成不儒不佛的思想大混沌!《新论》虽然不同情优侗、附会,可是并没有离开这套作风。我时常想:这个时代,儒者还预备混沌一辈子吗?

掠取佛教皮毛,作为自家的创见;附会到儒家的古典里。然而,如《新论》所会通的般若空寂,破除情见等,到底是儒家没有什么说明的。《新论》即以"莫须有"的辩论法来掩饰。关于仁体的空寂,《新论》说:"虽复谈到空寂,却'不愿'在此处多所发挥;'或者'是预防耽空滞寂的流弊,亦未可知。""儒者在此,只是'引而未发'。""孔子于此方面,只是'引而未发','大概'恐人作光景玩弄。""孔子于门弟子问仁者……不曾克就仁体上形容是如何如何——《新论》还知道如此——:一则此非言说所及;二则强形容,亦恐人作光景玩弄。孔子苦心处,后人固不识也。"关于毁訾生死,《新论》以为"孔子'不肯'从这方面说,佛家偏要揭穿"。关于破除情见,《新论》说:"孔子境界高,'不肯'向这方面说,应有佛家说。"《新论》的"莫须有"论法,真是妙绝千古!似是而非的片言只句,称之为"引而未发",推想为"大概"、"或者"、"亦未可知"。毫无文证的,如以仁为体等,解说为"不肯说"、"不愿说"。玄学家的会通,妙哉!妙哉!不过,"大概"、"或者",仅是《新论》的推想,古人何尝如此?《新论》何以知道境界高而不肯说,恐人玩弄光景而不愿说,不是在情见中头出头没,境界低而不会说,不发明此事而不知道说?老实说:不说就是不说,就是没有说过,让孔老夫子没有说过吧!莫替死人作主!《新论》说:"孔子苦心处,后人固不识也。"但《新论》这番"苦心",总算被老僧一眼觑破了!这也许是真的!

# 五、空宗与有宗

　　"万变无穷,元是一真绝待,一真绝待,元是万变无穷。《新论》全部只是发明此意;平章空有,也在在引归此意。"《新论》既然平章空有,对于空有的是否了解,了解到什么程度,佛门弟子是有权加以检讨的,总不能谈空说有而不知空有是何事!

　　论到空宗,《新论》是"赞成空宗遮诠的方式"。曾一再说到:"破相显性的说法,我是甚为赞同";"一言以蔽之曰:破相显性"。然而,我敢说:"破相显性",不是空宗的空,决非《般若经》与龙树《论》的空义;反而是空宗的敌者——有宗。

　　《新论》以空宗是"破相"的,以为"空宗是要遮拨一切法";"空宗荡除一切法相,即是遮拨现象"。遮拨现象,这那里是空宗面目! 这是破坏因果的恶取空者! 空宗的精义,即"不坏假名——不破现象——而说实相"。如《智论》说:"空即五众,以是故不坏五众。"依空宗说:空,不但不破一切法,反而是成立一切,这是空宗独到的深义。如《中论》说:"以有空义故,一切法得成。"《观四谛品》即明确的说明了此一论题。隋唐的三论学者,也不以"空假名论"为然。《新论》根本没有懂得空宗,以为空宗即破一切法相,于是乎想入非非,以为"缘生是遮诠而不是表诠";"龙树之学不立依他。(《中论》破四缘)"龙树是否破四缘,《新论》慢作主张! 请听龙树所说!《智论》三十二论到四缘说:"但以少智之人,著于四缘而生邪论,为破著故说言诸法空。""般若波罗密中,但除邪见不破四缘。"凡《中论》、《智论》破荡一切,都应作如此解。《新论》以空宗为破相,可说全盘误解。所以虽赞成空宗遮诠的方式,空宗却不愿接受这番歪曲的同情。

《新论》以空宗为"破相显性",即"遮拨现象以显实体"。说"般若无量言说,只是发明生灭如幻本空";"岂可误会实体亦空"!"空宗的密意,本在显性"。然而,"不可误会",即是《新论》的误会处;"密意",即是《新论》的曲解处! 试问《新论》:《般若经》何处说实性不空!《新论》以为"计法性亦空,则是空宗外道矣",所以要误会、曲解,代为《般若经》辩护。但《般若经》自有非《新论》所知的独到体系,一再明确的说到:"为久学者说生灭不生灭——不但是生灭如幻——一切如化";"真如非有性";"涅槃亦复如幻如化"。《般若经》并非形而上的实在论,说一切法性空,并非误会,不需要《新论》代为曲解。《新论》虽照着自己的思想体系,误会他、曲解他,但到底误会不了、曲解不了,于是乎又说:"《般若》破相可也,乃并法性亦破,空荡何归?""真如虽无相而实不空,云何非有性? 焰梦并是空幻,都无所有,岂可以拟真如?《经》意虽主破执,而矫枉过直如此!""夫胜义、无为,皆性体之别名也,涅槃亦性体之别名也,此可说为空,可说为如幻乎?"《新论》的前后矛盾如此! 我敢套《新论》的成句说:"汝通《大般若经》大旨体会去!"如《新论》以为法性空是空见,那末《新论》有反对的自由。如误解《般若》,以空宗为破相,以空宗为有实性可显,莫名其妙的赞成一番,辩护一番,又反对一番,这是不可以的!"不知为不知",《新论》还是莫谈《般若》好!

《新论》以空宗为破相显性,不知这是空宗的敌者。大乘经中，尤其是《大般若经》，说一切法——生灭的、不生灭的，世间的、出世间的——如幻如化。如幻如化的一切，但有假名——假施设义——而自性毕竟空。如以一切法毕竟空为了义的、究竟的，这即是空宗。如以为一切法空是不了义的、不究竟的，某些空而某些不空的，这即是有宗。大乘有宗，略有两种类型：一、虚妄（为本的）唯识论，如无著、世亲学。此宗以虚妄生灭的依他起为本，此生灭的有为法，虽是妄有而不可以说是空的。假定说是空的，那即不能有杂染的生死，也就不能有清净的涅槃。惟有妄执的——实我实法实心实境——遍计所执性，才是空的。于因果生灭的依他起，由于空去遍计所执而显的真实性，即圆成实性。圆成实性不空，由于因空所显，所以也称为空性。本着这样的见解，所以说：《般若经》等说一切法性空，这是不了义的，是约空除一切法上遍计所执相而显实性说的。《新论》的破相显性，即从有宗处学来。二、真常（为本的）唯心论，如《胜鬘》、《涅槃》、《楞伽经》等。此宗以真常净心——净性——为不空的，有无量称性功德。这真性虽也可以称之为空性，那是说此真常净心从来不与杂染相应，不为杂染所染，不是说实体可空。《胜鬘》的如来藏空不空，《起信论》的真如空不空，都是如此。此真常净性，无始来为客尘所染，无始来即依真起妄，真性不失自性而随缘，有如幻如化的虚妄相现。此虚妄幻相，是可以说空的。所以，《圆觉经》说："诸幻尽灭，非幻不灭。"《楞伽经》说："但业相灭而自体相实不灭。"依此实性不空而妄相可空的见解，所以说：《般若》说一切法性空，是不了义的，是"破相宗"，虽密意显性而还没有说明。《华严》、《涅槃》、《起信》等，才是"显性宗"。破相显性,岂非从此等处学来(《新论》近于此一系)? 此二宗,都是有宗,都是"假必依实"的;"一切法空是不了义"的;"异法是空,异法不空"的。但也有不同:妄心派,建立一切法,不在真性中说,依于因果缘起的依他起说,是佛教本义的"缘起论",所以说依他不可空。真心派,依于真常性而成立一切法,是融会梵教的本体论,所以说妄相可空。总之,这都是空宗的反对者。

空宗即不然,空与有,是相成而不是相破的;空是无自性义,不是破坏缘起义。世出世间一切法,都是缘起有的,即相依相待而存在的。凡是因待而有的,即是无自性的,无自性所以是空的。反之,无自性的、空的,所以没有"自有自成"的,一切都是缘起依待而有。缘起,所以是空的;空,所以是缘起有的。一切的一切,如幻如化。幻化,也不是都无所有,龟毛兔角才是无的;幻化是绝无自性而宛然现的,如龙树说:"幻相法尔,虽空而可闻可见。"所以,一切是相待的假名有,即一切是绝待的毕竟空。空宗的空,是自性空,当体即空,宛然显现处即毕竟空寂,毕竟空寂即是宛然显现。所以说:"色即是空,空即是色。"空宗的空,非《新论》遮拨现象的空;遮拨现象,即是破坏世俗,抹煞现实。也不是遮拨现象而显实性,遮拨现象所显的,即是神化、玄化的神之别名。《中论》说:"因缘所生法,我说即是空,亦为是假名,亦是中道义。"即空即假的《中观》论者,与有宗大大的不同。空宗是缘起论的,说缘起即空——不是说没有——,所以与妄心派不同。依此即空的缘起,在相依相待的因果论中,能成立一切法,所以不幻想宇宙的实体,作为现象的根源,与真心派不同。空宗也说即空寂的缘起为现象,即缘起的空寂为本性;但本性不是万有实体,即此缘起的空性。《经》说:"一切法自性不可得,自性不可得,即是一切法之自性。"幻有二义:一、宛然现义;二、无自性义。真如、涅槃,非离缘起而别有实体,依相待施设(安立的)说,即具此幻的二义。依绝待离言(非安立)说,即具幻的无自性义。空与幻,不是《新论》所说的"都无所有",所以说真如非有性,涅槃如梦幻,都是究竟了义。《新论》误解《般若》为"只是发明生灭如幻",以为必须有一不空非幻的实体,这并非《新论》的体验超过了《般若》,这不过是众生无始以来的"有见根深",浅尝初学。佛为根性钝劣者,也曾方便作如此说,如《般若经》说:"为初学者,说生灭如化(虚妄、空寂),不生不灭不如化(真实不空);为久学者,说生灭不生灭一切如化。"所以,《新论》如要论究般若空宗,还得请进一步!

由于《新论》的不会空宗,所以解说《心经》,也似是而非:一、《新论》虽说"都无实自性故,即皆是空",但说"析至极微,分析至邻虚",仅是分破空,而不能真知自性空,故落于空是破相的妄执。二、经文的"色即是空",虽解说为"此色法即是离相寂然之真相";但对于"空即是色",却不能反过来说"此真如即是幻相宛然之色法",而增益为"离相寂然真理即是色法'之实性'"。三、本着"真性不空"的成见,以为"《心经》空五蕴,即令一切法都尽;而不空无为,所以存性"。不能虚心接受批评,不惜借重有宗大师玄奘来维护自己。不知《心经》明明的说:"无智亦无得。"无智即无能证得的现观,无得即无所证得的真如无为。二百六十字的《心经》,还要顾此失彼,"三藏十二部大意",如何体会得!

《新论》以为空宗能说"真如即是诸法实性,不能说真如显现为一切法",所以说"空宗是否领会性德之全,尚难判定";这留到下一章再说。

论到有宗,《新论》确乎认识一点,不比对于空宗那样的根本不会;对于唯识有宗的评难,也有部分可以参考的。但从根本体系去说,《新论》的批评,并不正确!首先,我要指出:唯识宗是缘起论的,是以因果能所成立一切的。释迦从缘起的深彻体验中,彻底否定了神秘的梵我论(婆罗门教),这才宣说"无师自悟",依缘起因果而"处中说法",开示无常、无我、涅槃。唯识学者即使没有究竟了义,但始终严守此缘起论的立场,不迷恋于神秘的虚玄。如《新论》的玄学立场,从超越时空的"至神至怪"的"神化"中成立一切,是出于佛道之外的。神化的本体论者,似乎不应该以独断专横的姿态,一味照着自己的情见而责难别人。如唯识家的种子与现行,《新论》以为犯"两重世界"的过失。其实,《成唯识论》说得明白:"此(种子)与本识及所生果,不一不异,体(指藏识)用、因果,理应尔故。"从种子与所依本识现行说,从种子与所生现行果事说,不一不异,唯识家是不承认为隔别对立的。在种子生现行时,"因果俱有",《新论》即断为"种现对立",这决非唯识的本意。经部师说种现前后,唯识家以为前后有中断的过失,所以修正为因果同时,却不想到有同时存在的对立嫌疑。这决非唯识者从两重世界的观点而成立种子与现行的。至于说:唯识家的种子与真如,犯"两重本体"的过失,那更为荒谬!种子,唯识家是作为"潜能"去理解的。此"潜能"与"现行",是互为因果的,是种子生现行、现行熏种子的;是无始以来,种现法尔而有的,种子如何可以称为本体?"两重本体",这是本体成见在作怪！欧阳竟无居士,曾解说为两重体用,称一真法界为"体中之体",种子为"用中之体"。《新论》见到真如不可说为生灭,没有说明真如与种子的关系,于是乎起来责难两重本体,这可见立义的不可不慎！

《新论》凭着玄学的立场,以"臆见"、"戏论"等呵斥唯识。如说:"他们所谓种子,也就是根据俗所习见的物种,如稻种、豆种等等。因之推想宇宙的本体,乃建立种子为万物的能作因,这正是以情见猜测造化！"然而,《新论》也称生生不息的真机为"仁";仁也即是从能生的桃仁、杏仁推想而来。这与种子有多大不同？这是否以情见猜测造化呢？老实说,一切的名言义理,都不外采用世俗共许的名言,加以多少修改,以申述所见的义理。也就因为如此,专在超时空的神化中打算,是神学路数,而不为释迦所采取的。玄学者不要过于向内了,学学释迦的"处中"说法吧！

有宗学者的反驳,已经不少,这不过略论大义而已！

# 六、性 相 与 体 用

《新论》与佛法的根本不同处,据《新论》说,即佛法说性相而《新论》谈体用。《新论》说:"他们所谓法性,即我所云体;其所谓法相,我则直名为用而不欲以法相名之。""本论不尽沿用实体和现象,或法性和法相等词,而特标体和用,这里却有深意。"深意是"即用显体",是"用依体现,体待用存",与佛法的"离用言体"不同。"因为,说个现象或法相与形下,就是指斥已成物象而名之;我人意想中计执有个成象的宇宙,即此便障碍真理。易言之,乃不能于万象而洞彻其即真理呈现,即不能扫万物以归真。"

《新论》的分辨性相与体用,贬抑佛家,是非常错误的。不知性与相的对立说明——以相为现象,以性为本体——,在佛教经论中,不是一般的,惟有在"能所证知"——认识论中,才有"以相知性","泯相证性"的相对意义。在一般的"因果"、"体用"、"理事"、"真俗"中,或说性,或说相,二者可以互用,并无严格的差别。佛法本来不以性相为对立的根本论题,性相的对立深刻化、普遍化,成为众所周知的论题,实完成于中国佛学之手。如天台者以"法性宗"自居;贤首家判别法相、破相、法性三宗;窥基的《唯识述记》,也科判为法相、法性、法位——《华严经》的法相、法性、法位,实即是真如的异名——;近人以唯识宗为法相,三论宗为法性;由于法相与法性宗徒的争辨不休,于是乎有"融会性相","性相通说"之类。所以,《新论》不满佛法的申明性相而别说体用,原则上即犯了严重的错误。

《阿含经》中,佛称世间法为行(samakara),也称为有为(samakrita);行与有为的字根(kr)与(作)业(karma)及力用(kriya)相同,所以佛法的宇宙观,是看作流行的、力用的、即生即灭而流转不已的存在。说相说性与说体用,都依此根本而施设。佛以为诸行是"虚诳妄取相"的,不可执为实有,所以以幻化阳焰比喻他。佛并不以常识所知的现象为适如现象而实在的,是看作虚诳如幻而无常无我的。"诸行空",为《阿含》的根本见地,大乘空义即从此开发而来。

流转不已的诸行,观为无常无我而证得涅槃。说为不生不灭的无为。但说为生死与涅槃,有为与无为,世间与出世,不过为"初学者作差别说",并非条然别体。大乘者指出:诸行性空即涅槃,有为实性即无为;即色即空,即空即色;即空即假即中。

中观者依缘起而明自性空与假名有,缘即相依相待的关系性,待缘力而有一切。唯识者,也是从现行熏种、种生现行的自性缘起为本,此缘起即潜在与显现间的相互熏生。显现即依他幻相,依此执实或智证而说为三相;即法相。相,不但是相状与体相,有情执的遍计执相,有缘生的依他起相,有离言湛寂的圆成实相。佛法的"相",依缘起的幻现说,约幻现的情执、智证说等,何曾"就是斥指已成物象而名之"?《新论》的不愿说"法相"而说用,不过是杯弓蛇影的庸人自扰!

佛法所说体用的体,与《新论》的"自体"相近,佛法是没有以体为真如实性的,可考《般若》的真如十二名,《辨中边论》六名而知——以体用之体为真如实性,起于南北朝的中国佛学者。佛法以为存在的即流行的、力用的、关系的、生灭的。从存在的自性——有部主张有恒住不变的自性,唯识者在种现熏生中有自类决定的自性,《中观》者仅认有相对特性的自性——说为体;从存在的关系业用说为用。体用是不一不异的,是如幻相现而本性空寂的。佛法以此不一不异的体用——如幻因果为本,确立实践的宗教,直从当前的因果入手,从杂染因果到清净因果,从缘起到空寂。所以,佛法于幻化的因果相,在世俗谛中承认他的相对真实性;在究竟实相中——第一义谛——,也是不容破坏的。佛法的不坏假名而说实相,不坏世俗而显胜义,与《新论》不同。《新论》不知幻相宛然的不可遮拨,想像那"至神至怪",称为

"神化"的一阖一翕之用,大谈"即用显体",不知道佛法不是玄学,不是遮拨现象而谈"即用显体",是不拨现象的"即俗而真"。

《新论》一再的评责佛法,以为"佛家语性体,绝不涉及生化之用";"不识性体之全";"万不可说空空寂寂的即是生生化化的";"不肯道真如是无为而无不为,只说个无为"。

《新论》那种玄学式的"用依体现,体待用存",凡是纯正的佛家,是决不赞同的。因为此种"神化"之用,是离开"常途的因果观"的;不能随顺世俗,也不能开显胜义。离开相依相待的缘起观——《新论》不知一翕一阖,即缘起相待性的通相,因此冥想无物(相)之先的妙用——,是不能净息众生的爱见戏论而现觉的。即使有所证验,也不出无明坑,不外乎神的别名。超越的离用得体,内在的即用显体,在自性妄执中,并无多大差别。

佛家中,大乘佛法,尤其是空宗,决不如《新论》所说的"离用言体"。推宗龙树的天台学者,认为证悟有见真谛及见中道二者:见真谛即见空寂而不了假有——并不是执为实有——;见中道是证真空即达俗有,即空即假即中的。西藏所传的龙树《中观》见,也有二家:一主"绝无戏论";一主"现(有)空双聚"。这可见离用契体(应说泯相证性),及即用显体(应说融相即性),在空宗学者间,是同时存在的。龙树解说"一切智一心中得",有"顿得顿用"及"顿得渐用"二说。所以,论证得,决非离真有俗或离用有体的;论智用,由于根性不同,可以有顿渐差别。《中观》学者,必先以二谛无碍的正见为加行,即观缘起故性空,性空故缘起,一切法是毕竟空,毕竟空不碍(不破)一切法,即有即空,即空即有。而在实践的体证边,虽不是离用得体或体外有用,但一般的每不能不先契入真谛，不能不集中于生死关键，戏论根本——自性见的突破，而先得绝无戏论的空智。由此再从空出假，再进而渐入中道。《心经》的即色即空而结归于是故空中无色，《华严经》的"相与无相无差别，至于究竟终无相"，用意即在于此。佛家的解得空有无碍而先证空中无色，这不是口舌可争，而是事实所限。如祖师禅的顿悟，本无次第，而末流也不能不设三关以勘验学人。佛法为实证的宗教，重视于如何体证，不在乎侈谈玄理。所以，如中国佛学者的高谈圆融，每被人责为"高推圣境，拟议圆融，障自悟门"。这所以佛家多说泯相证性——决不是离用言体。

经中说："依无住本，立一切法"，"不动真际建立诸法"；论中说"以有空义故，一切法得成"；谁说佛家只能说生生化化即是空寂，而不能说空空寂寂的即是生化？《般若经》的"色即是空，空即是色"；《中论》的"即空即假即中"；《回诤论》的"我说空、缘起、中道为一义"；《智论》的"生灭与不生灭，其实无异"：谁又能说佛法是离用言体？《新论》以为"经论中每举虚空喻真如，只是有为法依托此世界而显现其中"；这忽略了比喻的只取少分相似，忽略了空性的不是比喻可及。《新论》虽责难读者不理解麻绳、水冰的比喻，以为"至理、言说不及，强以喻显。因明有言：凡喻，只取少分相似，不可求其与所喻之理全肖"；而自己对于"虚空"的比喻，同样的"不察"，解说为"依托"，岂非"怪事"！

《新论》的根本谬误——以佛法的泯相证性为离用言体——即于佛法作道理会。不知自证的不可施设，说为无为空寂，不过于现前的有为生灭，指出他的错误而导会正觉。无为与空寂，当然可说为有为诸行的否定,但这不是自性的否定,当下含摄得否定之否定的。此否定之否定,从"寄诠离执"的引归自证说,即说"无常"而"非有无常";说"无为"而更说"非无为";说"空"而更说"空亦复空";说"无生"而更说"无不生",乃至五句都绝的。有纤毫自性可得,即不能实证,所以说:"凡所有相,皆是虚妄"——切勿作"破相"解。同时,此否定之否定,从"离执寄诠"说,"不生灭与生灭无二";"毕竟空中不碍一切";"惟佛与佛乃能究竟诸法实相",实相即是"如是性,如是相,如是体"等。换言之,"不可以言宣"而唯证方知的"寂灭相",即是如实的缘起性相、体用、因果。所以说,"离一切相,即一切法"——切勿作取相解。说真说俗,说性说相,说体说用,说离说即,一切是依言施设,如指月指。由于众生无始来的自性——实有——执为错乱根本,佛法对治此自性执,所以多明空寂;对治众生的"实体"执,所以多说法性如虚空。适应实际的需要,所以每先证入毕竟空性。这那里能解说为"离用言体"? 那里可以说"真如只是有为法依托此世界而显现其中"?

总之,佛法的"泯相契性",决非"离用言体";"融相即性",也不应偏执为"即用显体";此"用",也并非《新论》的神化之"用"。

# 七、心 与 物

论到心与色,佛家的本义,《新论》原有大体不错的理解。如说:"释迦创教时,解析色心,只是平列而谈,并未以色摄属于心,其骨子里已近二元论。"佛法虽不是二元论,但就事论事,心、色是相依互缘而各有特性的。"名色缘识,识缘名色",心色平等的缘起论,与唯心论者确有不同。但《新论》倾向于神化的唯心论,所以忽略佛家的本义,舍本逐末说:"中国哲学思想,要不外儒佛两大流,而两派又同是唯心论。"如此而谈融会儒佛,纯正的佛家,即万难同意!

《新论》自己说:"我之所谓唯心,只是着重心之方面的意思。"但从《新论》的全体思想看,不单是着重吧!如说:"一、克就法相而谈,心物俱在。二、摄相归体,即一真绝待,物相本空,心相亦泯。三、即相以显体,则说本心是体。"《新论》的主要思想,即在第三的以相(用)显体。依《新论》说:"翕,元是本体的显现,但翕则成物,故与其本体是相反的。辟,虽不即是本体,却是不物化的……是本体的自性的显现。"《新论》的本体显现说,虽一翕一辟而似心物二相,但物相是反本体的,虽从本体显现而几乎可以不称之为用的;唯有心,才是本体的自性显现,才真是本体的大用流行。这样,《新论》是从重心轻物,到达唯心非物的本体论。"故说物质宇宙本来是无,是如实说",《新论》的玄学体系,岂但是着重心而已。

从现象的重心轻物,到达本体的唯心非物,原是宗教及神学式的玄学的老调。如耶和华上帝创造一切——心与色,但"上帝是灵",人类的灵性也是从上帝那里来的。如婆罗门教的梵我论,虽为万化的本原,显现一切;但"不可认识的认识者,即真我",与大梵是同质,也有说是同量的。如笛卡儿在心物二元上有上帝,而心是更近于上帝的。类似的意义,多得很。《新论》的唯心论,实在庸俗得可以!与其说融会儒佛,倒不如说融会神学,更为恰当!

《新论》说:"唯物论者……妄计有物质才有生化。殊不知如有物质,便成滞碍,何能生化!"《新论》批评以"功用流行为物"者,"与世间所云之物之本义不符"。但《新论》心目中的物质——假使有的话——,是质而非力的,静而非动的,是滞碍的死物!玄学者的"物",也决不是世间所云之本义。依世间说:物有质也有力;物是存在的,也是活动的。依佛法说:色(物)即"变碍"义;色——四大,即任持、凝摄、熟变、轻动,为什么有色——物——即滞碍而不能生化?《新论》抹煞现实(破相),剥夺了物质的变化性,把他看作凝固的死物。同时,又漫无范围的扩大了心的意义,说什么"健而不可挠名心,神而不可测名心,纯而不染名心,生生而不容已名心,勇悍而不可坠堕名心"。"确是依着向上的,开发的,不肯物化的刚健的一种势用而说名为心。"《新论》的心,即神的别名,"与世间所云心之本义"是否相符,《新论》不妨反省看!

色是变碍义,心是觉了义,佛法的说色说心,是现实的。依此现实而悟得性自空寂的实性;悟得缘起心色的绝无自性,但是相依相待而幻现有色心的相对待性。宇宙是心色而空寂,空寂而心色的。没有独立自性,所以不成为二元。心与色,惟有在缘起幻相边说;在空寂的自证中,是什么也不可安立的。然而,为自性妄执所诳惑的,不能不寻求什么万化的本源实体,他们仅凭想像,或似是而非的神秘经验,不知毕竟空寂——《新论》也没有例外——而妄执本体。其实,所谓本体,到底不过是在现象的心或色等中,给予神秘化、艺术化,称之为神、为本体,陶醉自己,自以为满足了!

缘起心色,即宇宙的现实,而世学者不能如此。如唯物论者,以物质为实体,以精神为物质所派生的;但是,自然科学的物质,在哲学中,在认识论中,不得不修改为"心外的客观存在为物",也即不能不承认心物的同在。如唯心论者,由于幻想物相从心体而现起的,所以以"向上的、开发的"等为心;但在认识论中,也不能否认心物俱在,仅能说"境必待心而始呈现,应说唯心,不说唯境"。唯心论者的对待心待境起,与唯物论者忽视与客观相待的主观一样。总之,由于心色的极无自性,即在缘起相对的心与色中,各有特性,谁也唯不了谁。唯物论者不能不承认意识的相对主动性;唯心论者也不能漠视心为物所限制——坎。依佛法来说:唯物是外向的俗化,唯心是内向的神化,过犹不及!

真常唯心论者,在从心而物,从善而恶的解说中,包含有同一性质的难题。如论到心与物,《新论》以"本心即是实体",强调心的自在,不失自性。但在现实世界中,极难同意。"心之能用物而资之以显发自己也,则唯在有机物或人体之构造臻于精密时始有可能耳! 前乎此者,心唯固蔽于物。据此,则心之力用甚微,奚见其能宰物而言唯耶?"此难,是极为彻底的。这等于责难上帝:上帝是全能的,一切是上帝造的,为什么世界一塌糟,甚至有人根本反对上帝,想取消教会,上帝也还是毫无办法!《新论》在这里,以坎、离来解说。坎陷与出离的现象,确乎是有的。然在坎陷的阶段,决不能忽略被陷者本身的缺陷,或外来力量强大而自身过于渺小。假使说心为物陷，这必是心的微弱渺小，心的本身不够健全，不能幻想此心为尽善的、自由的、能主宰物的！在坎陷阶段——如奴隶社会中的奴隶——充满缺陷、不自由，不能抹煞事实而说他还是尽善的，自由主宰的！唯心论者，并不能答复此铁的事实。

依佛法的缘起论说：坎陷，是依于缘起——种种因缘——而如此的。但缘起的缺陷相，不是自性的，不变的，坎陷必将被否定而到达出离的。依缘起性空义，指出坎陷有出离自在的可能；但并不在系缚的坎陷中，即幻想内在的自由与主宰。佛法的无我论，否定真心真我论，即是如此。

《新论》的善恶说，是"吾人本性无染，只徇形骸之私，便成乎恶"。"惑非自性固有，乃缘形物而生。""因本心之力用，流行于根门，而根假之以成为根之灵明，乃逐物而化于物，由此有染习生。"这样的将一切罪恶根源，推向物质、根身，归咎于根的逐物；反显心体的本净性。这等于国政荒乱，而归咎于人民，归咎于官吏，而圣王无罪。论理，心为本体的流行，形物不过似相，心体总是主宰而自由的。就以人类来说，也应该善多而恶少，"性智"显现者多而妄执者少。然而，除了"满街都是圣贤人"的幻觉而外，有眼有耳者是谁也不会赞同的。真心论者与神我论者，真是一丘之貉！假使依佛法的缘起论说：众生无始以来，有——有漏——善也有恶。恶，待因缘生，虽也与境相的诳惑，根身的逐物有关，而心识本身为无始来习以成性的贪、瞋、痴、慢所恼乱，知情意一切都不能得其正，决不能漠视。所以，佛法的修持，不是不受用——见闻等——外界，也不是自毁根身，是反省自心的缺陷而对治他、净化他，根本在深见缘起本相，以智化情而融治他。佛法确信众生"生得善恶"而可善可恶，所以止恶行善，圆满善行到成佛，都需要我们自己的精进不已！

# 八、相似证与颠倒说

《新论·明宗》章，首揭"令知一切物的本体……惟是反求实证相应"。自以为"自家深切体认，见得如此"。"游乎儒与佛之间，亦佛亦儒，非佛非儒，吾亦只是吾而已矣。"这种气概，不但"生肇敛手"，"奘基挢舌"，怕释迦与孔丘，也许要叹后生可畏！我愿意《新论》主确从真实体悟得来！虽然玄学者的本体要求，不过为了满足求知欲，但我是愿意把《新论》的玄学，作为体验的产物看。

即使《新论》主"深切体认，见得如此"，但不能保证《新论》的正确性。因为，体认有邪正深浅，有幻境、定境、慧境。大概《新论》受过禅宗——理学者本来如此——的影响，于禅定极为推重。禅即静虑，是偏于静定的。佛法说三学——戒、定、慧；说六度——施、戒、忍、进、禅、慧；慧与禅定，显然的有所不同。或者以定为体而慧为用，或者以定为寂而慧为明，或者以定为无分别而慧有分别，或者以为有定即能发慧，这都是似是而非的。禅定与慧的本义，应求之于《阿含》、《毗昙》、《中观》、《瑜伽》。佛法对于一般宗教及玄学者的超常经验，判摄为定境，是有漏的，不能解脱。所以，佛法与外道的不共处，是治灭无明的明慧——般

264

若,不是禅定;是如实正观,不是收摄凝聚。《新论》虽标揭"自家深切体认,见得如此",高谈性智,然从实践的方法说,是重定而薄慧的——以定为善心所,病根即在于此。《新论》的深切体认,充其量,不过近似的定境!

《新论》说:"如在凡位,不由静虑功夫,即无缘达到寂静境地……其第三法即曰涅槃寂静。""佛家惟静虑之功造乎其极,故于空寂本体得以实证。""定者,收摄凝聚,并力内注,助心反缘,不循诸惑滑熟路数,……是能引发内自本心,使诸惑染无可乘故。"这可见《新论》以佛家的见体——空寂、寂静,误与静虑的静相附合;以为由于静功的造乎其极,所以能证体;以为人类的习心是外放的,是"逐物而化于物"的,"不妨总名为惑",惟有收摄凝聚,才能灭惑而显露本心。《新论》以静为见道的要着,极为明白。当然,《新论》也曾抉择体用,不能说毫无观慧。然而,他是"性智"本有论者,必然的重禅而轻慧。如说:"慧唯向外求理,故恃慧者恒外驰而迷失其固有之智。"以观察慧为外驰,为迷失固有,这惟有摄心向内了。如说:"诚能痛下一番静功(静之深义,深远难言。切近而谈,如收敛此心,不昏昧,不散乱,不麻木,如《礼经》所云清明在躬,志气如神,此即静之相也),庶几本心呈露。"《新论》即用见体的功夫,无疑的偏于定而略于观。假使,《新论》自以为此静功能实证,不妨让《新论》自以为见道去。但如以为佛家如此——如佛家如此,必是变质的,相似的——,即不能不加以纠正。释迦本教,不但不由静证体,而且还是不必深入的。如慧解脱阿罗汉,没有得到根本定,仅得未到定,甚至一刹间的电光喻定,即能证得涅槃;与深入禅定者的俱解脱罗汉,在息妄体真的解脱方面,毫无差别。从定发慧,不过说真慧要在不散乱心中成就,那里一定要"静虑之功造乎其极"?

禅定,以离欲为目的,为情意——非理智——的修养。略有二类:一、消极的,渐舍渐微的,如四禅与四无色定。二、积极的,推己以及人的,如四无量——慈悲喜舍定。前者近于空慧,后者近于大悲。但佛法不认这些是能得实性的,因为没有彻见性空即无常无我无生的深慧。换言之,偏于调柔情意的禅定,不能证真;惟缘起正观,才能离无明而得解脱。所以,一般离性空慧而趋向离欲的四禅、四无量、四无色定者,虽在定中直觉(现量)到净、乐、明,以及空、识等超常经验,终究落于形上的实在论——神学或玄学。《杂阿含经》本以空、无量、无所有三昧——定从观慧得名——为入道门。但一分学者,以无量但俗的,专以空、无相、无愿——无所有为解脱门,重慧而轻悲,以致造成醉三昧酒的焦芽败种。大乘学者深见佛陀本怀,以悲为本,要等到悲愿深切,定慧均等,这才能实证空性。如悲愿不切而急求自证,必要落入耽空滞寂的小乘;定强慧弱,那又落入定境而不能自拔了。如《新论》那样的一再赞美静功,忽略性空慧的观察,好在《新论》主并无深切的禅思,《新论》学者也没有"静虑之功造乎其极",否则,《新论》所极力指斥的耽空滞寂,即会由《新论》学者实现出来!

《新论》说:"性智者,即是真的自己的觉悟……它是自明自觉,虚灵无碍,圆融无缺,虽寂寞无形而秩然众理已毕具,能为一切知识的根源。"《新论》的性智,即万化的根源,真我与本心。由于"本心之力用,流行于根门,而根假之以为根之灵明,乃逐物而化于物",所以,非"下一番静功","常令此廓然离系",即不能显发性智,契会本体。这显然与一般神学及玄学者,同一路数;如印度的婆罗门教,佛教末流——佛梵同化与儒佛一家者,大抵如此。

这种思想及体验,大抵是唯心的、内向的、重静的,漠视一切而专于内求自我或真心的。这种经验的发现,总是在自我与心识中,一层层的深入进去。如婆罗门教的从食味所成身到妙乐所成身,从对境的认识而到达不可认识的认识者,即所谓绝对主观。如佛教的唯心论者,从相分、见分而到证自证分,从六识、七识到如来藏藏识,从事心、妄心到真心(基督徒所说的体治、魂治、灵治,也略同)。到达的究竟处,以为是真实的、常住的、清净的、遍在的、明觉的、本有的,具一切功德而无所欠失的,是即心即理的。这才自以为"返之即是,无待外索";这才说"保任此本体,方名功夫"。以为这已经达到究竟,生命的本源,万化的本体。

这种真常我的唯心论,有他的体验处,也有他的颠倒处。佛法说"理智一如","无有如外智,无有智外如",这是指从依智显理,依理发智,从加行观的理、智相依相应,进入泯绝内外的证觉。此理智一如,即绝无戏论的如实觉,是没有纤毫名相可为我们拟议的;不能说此理此智,也不能说即如即智;不能说此内此外,也不能说即内即外;这惟是不可安立的如如(不可作理解)。如江河的东流入海,虽说江水与河水融即为一,实则到达大海,江水河水的差别相不可得,还说什么江水河水,说什么相即!虽然《新论》也在说"摄相归体,则一真绝待,物相本空,心相亦灭",

似乎与佛家相近。然而，这些学者，缺乏正观，偏于静虑，并没有摄相归体——应说泯相契性——的如实体验，所以不能如圣者那样的从二谛无碍而来的——从绝无戏论而方便智（般若用）现前，了达心色相依、理智相依的缘起如幻，不知即空空寂寂而心色宛然，即空空寂寂而理智宛然。因为没有如实的正觉，所以在相似的体验与推论中，落于摄色而归于心、摄智而归于理的偏执。解说为智即是理，性智即是本体，即是本体的作用；说色即是心，即心的似现。因为在一般的体验过程中，必反观自心，如不悟缘起的心境如幻，不悟缘起的毕竟空寂，为自性见所蒙惑，必直觉的引发理智同一的体认；特别是深入静定——定学即心学——心力增强而有自在无碍的经验，每不自觉的落于唯心论。唯心论的极端者，不但以心夺色，而且以理夺事。总之，《新论》典型的真心论，偏执"相即"，将心境理智搅成一团。不知"如实"的真意，以理去说智，以即理的智去说心，于是乎在众生的流转中，幻想真我与本心的"虚灵无碍，圆融无缺"。由此，在修持的体验上，只是破除障碍而使本心显现，只是保任此本心，不违此本心；不能正解闻思修慧的无边功德，于本有、始起的缘起正义毫无认识，而说"不断的创新，其实正是反本"。反本！反本！一切是本具的，反也本具，创也本具，一切都圆满无缺了，还反什么，创什么？劝《新论》者歇歇去！

　　我愿意《新论》的玄学，确乎是体验的产物。有人嫌我过于奉承《新论》了；虽然如此，我总是希望《新论》者是向着体验而摸索前行的！

　　《新论》者不仅是体验者，而且在内学院学过唯识，在大学中讲过唯识,想成为"新的佛家"。大概《新论》者过于求于自己,所以对法界等流的佛法,常是错乱得可笑! 有点新而忘本。这里不妨再举出几点不大不小的错误,结束我的批评。

"因为没有实在性的,就没有引发感识的功用,这也是经部师所共同许可的。"错了! 经部是承认可以"缘无生心"的。所以唯识家难他"是所缘非缘"。

"印度佛家于物质的现象,不许有等无间缘。"不一定! 经部师是主张有等无间缘的;《摄大乘论》也承认有的。

"此念,即是刹那之异名,所以刹那不可说是时间。"误会了! 心念的一生一灭,为一念,依此安立为刹那;刹那即念的念,即一念,如何误会刹那为不是时间!

"大乘空宗诸师……可以说他们只是站在认识论方面来说话。"你从何见得?

"无著造《摄大乘论》,始建立功能,亦名为种子。"错了! 种子功能的思想,小乘中早已有之!

"至赖耶见分,有宗经典则说为极深细,则为吾人所不可知。"这只是说了一半。深细不可知,不但是赖耶见分,相分的根、器、种子,也是这样的。

"世亲以后的唯识师,乃唱士用果义,即以因缘(种子)名为作者。"这不免望文生义。唯识者以为种现同时,例如小乘因缘中的"如俱有因得士用果",不是前后因果的"如同类因得等流果"。重在"同时",并非以种子为作者。

"无著虽建立种子为一切法的因缘。……他所谓种子,应该是法尔本有的。"这却是大大的不应该! 代表无著自家思想的

《摄大乘论》，是"内种必由熏习"的新熏论。

"安慧菩萨说'根者最胜自在义'；此本非心亦复非物，却是介乎心和物之间的一种东西。"《新论》尽可自立根义，不必谬引妄证。"最胜自在"，只是说明"根"的胜用；根通二十二根，那里只是五根？

"据大乘义：众生无始以来，只是赖耶为主人公。……无漏种子，从来不得现起。必至成佛，方断尽有漏种，始舍赖耶。其时，无漏种发现，即生第八净识，是名无垢。赖耶未舍以前，其前七识悉从有漏种生，自不待言。"《新论》主是曾在内院修学唯识；依这段文看，真不知学了些什么？连六七二识，地上能生无漏智都不知道！基本的事相都不会，难怪说空说有，说性说相，一切是缠夹廿三，莫名其妙！

"其极悖谬无理者，众生无始以来，只是赖耶为主人公，自性涅槃与自性菩提，众生分上不可说有。而专恃后起与外铄之闻熏，此非无本之学哉！"唯识家虽不承认自性菩提，但自性涅槃，为四种涅槃之一，为什么不可说有？无漏种子，无始以来成就，那里是"专恃后起与外铄之闻熏"？关于无漏现，《新论》是那样的胡说，也许是仅读半部《成唯识论》，即自觉大非昔比，急于援佛入儒而就中止了吧！

（此文刊发于 1948 年，此据台北明文书局《现代儒佛之争》，1990 年版）